1ª edição
20.000 exemplares
Janeiro/2016

© 2016 by Boa Nova Editora.

Capa e projeto gráfico
Juliana Mollinari

Diagramação
Juliana Mollinari

Revisão
Alessandra Miranda de Sá

Assistente Editorial
Ana Maria Rael Gambarini

Coordenação Editorial
Ronaldo A. Sperdutti

Todos os direitos estão reservados.
Nenhuma parte desta obra pode ser reproduzida ou
transmitida por qualquer forma e/ou quaisquer meios
(eletrônico ou mecânico, incluindo fotocópia e gravação)
ou arquivada em qualquer sistema ou banco de dados
sem permissão escrita da Editora.

O produto da venda desta obra é destinado à
manutenção das atividades assistenciais da Sociedade
Espírita Boa Nova, de Catanduva, SP.

1ª edição: Janeiro de 2016 – 20.000 exemplares

AMBIÇÃO

Assis Azevedo
ditado por João Maria

Instituto Beneficente Boa Nova
Entidade coligada à Sociedade Espírita Boa Nova
Av. Porto Ferreira, 1.031 | Parque Iracema
Catanduva/SP | CEP 15809-020
www.boanova.net | boanova@boanova.net
Fone: (17) 3531-4444

Dados Internacionais de Catalogação na Publicação (CIP)
(Câmara Brasileira do Livro, SP, Brasil)

João Maria (Espírito).
 Ambição / ditado por João Maria ; [psicografado
por] Assis Azevedo. -- Catanduva, SP : Boa Nova
Editora, 2016.

 ISBN 978-85-8353-036-7

 1. Espiritismo 2. Psicografia 3. Romance
espírita I. Azevedo, Assis. II. Título.

15-09826   CDD-133.9

Índices para catálogo sistemático:

1. Romance espírita psicografado : Espiritismo
   133.9

SUMÁRIO

Prefácio..7

Capítulo 1 - O suicídio 9

Capítulo 2 - Falcão Nobre 17

Capítulo 3 - Falcão e o amigo espírita....................................23

Capítulo 4 - Alonso de Aquino...27

Capítulo 5 - O medo 39

Capítulo 6 - Alma perturbada 49

Capítulo 7 - Bira na mira de Jacaré...55

Capítulo 8 - O velório...71

Capítulo 9 - Falcão é advertido 85

Capítulo 10 - Mistérios 95

Capítulo 11 - Falcão e Jacaré...103

Capítulo 12 - Bira sob ameaça 111

Capítulo 13 - Suborno...117

Capítulo 14 - Angelina, o secretário e Vicente.......................129

Capítulo 15 - Uma estranha visita 133

Capítulo 16 - Falcão e Dalva 147

Capítulo 17 - Falcão nas trevas 163

Capítulo 18 - O inspetor escapa novamente da morte 169

Capítulo 19 - Inspetor desconfia da balística 179

Capítulo 20 - Marcos e Angelina 185

Capítulo 21 - Dalva visita o Centro Espírita 203

Capítulo 22 - A recepção 209

Capítulo 23 - Jacaré ameaçado 223

Capítulo 24 - Jacaré a beira da morte 233

Capítulo 25 - Falcão aperta o cerco 247

Capítulo 26 - Falcão é incansável 263

Capítulo 27 - Marcos procura Falcão 269

Capítulo 28 - O encontro 283

Capítulo 29 - O assassino volta a atacar 297

Capítulo 30 - Falcão pressiona Angelina 309

Capítulo 31 - Alonso foi assassinado 323

Capítulo 32 - Ambição fatal 331

Capítulo 33 - O crime não compensa 345

AMBIÇÃO

PREFÁCIO

Desde a remota Antiguidade esse mal faz vítimas. De todas as formas e em todos os meios, ele consome a mais bela chama dos corações frágeis que se deixam levar pelo prazer hedonístico.

Quando li este livro tive a visão perfeita de como ainda nos deixamos levar pelas falsas impressões do profano e como a humanidade tergiversa em torno de questões lacônicas. Fala-se de amor, mas se induz ao ódio, fala-se de caridade, mas promove-se o egoísmo, fala-se de desapego, mas promove-se a ambição desmedida... E, nessa linha de pensamento,surge uma classe tão desacreditada nos dias atuais, que é a classe política.

Buscareis a verdade e a verdade vos libertará –, disse Jesus. E ainda escuto frases do tipo: Que verdade? A nulidade e a insipidez de alguns nos fazem acreditar que está tudo perdido. Contudo, ao terminar de ler a referida obra, o meu coração se encheu de um brilho indulgente, por ficar gravado em minha alma que nos é dado o poder da escolha, e que ela nos revela que tipo de espíritos somos e que tipo de vida teremos ao longo de cada existência.

Falcão Nobre, além de simpatizar com a Doutrina Espírita é inspetor de Polícia Civil e representa a maioria dos irmãos que, silenciosamente, luta, trabalha e constrói dias melhores, reavivando a chama do divino amor de Deus dentro de nós, mostrando que não é fácil essa jornada, mas é possível.

Como é agradável folhear páginas de um romance empolgante, sério e repleto de ensinamentos capazes de promover mudanças, sem ser enfadonho, pois não nos dá fórmulas prontas e desgastantes de um futuro irreal e impossível. No caso desta obra, o leitor se vê preso em uma trama cheia de mistérios e revelações acerca das vilezas do homem e das conquistas alcançadas de alguns, quando decidem percorrer o bom caminho.

Não só recomendo esta obra como acho necessário, a todos que buscam um mundo melhor, a leitura de obras como esta.

Natal, 21 de março de 2015

Observação: Giseti Marques é autora dos livros: *Sophia, a Rainha do Povo, A Viagem e O Escritor – uma história de amor.*

CAPÍTULO I

O SUICÍDIO

O portão de uma belíssima mansão abriu-se automaticamente, dando entrada a um belo automóvel, último modelo, que conduzia uma linda mulher. O carro rodava serpenteando sobre um piso de concreto, margeado por um jardim bem cuidado que ia desde o portão de entrada até aos degraus da escada, levando ao andar superior da bela residência. À frente da mansão havia uma piscina construída de maneira que quem estivesse na varanda do segundo piso da casa pudesse observar o pessoal que se banhava ou simplesmente aproveitava o sol. Perto dos degraus das escadas que se abriam em duas havia um espaço para abrigar vários carros. Algumas árvores bem cuidadas rodeavam a mansão, servindo de enfeites e sombras, onde estavam localizados alguns bancos, que serviam de acomodações à família aos parentes e amigos.

– Antônio! – gritou a mulher estacionando o carro, enquanto abria a porta.

Em seguida apareceu um rapaz alto, de cabelos pretos, aparentando uns quarenta anos de idade, que rapidamente deu a mão a ela, ajudando-a a descer do automóvel.

– Senhora Angelina, o patrão a espera em seu quarto – disse fazendo uma reverência.

Angelina era uma moça muito bonita, loira de olhos verdes, elegante, com estatura mediana – enfim, um conjunto perfeito de uma beleza nobre, que chamava a atenção de qualquer pessoa, principalmente a dos homens.

Suspendeu os óculos até a testa, fitou o rapaz e, com ares de patroa, ordenou:

– Por favor, conduza esses pacotes para o meu quarto – disse fitando o empregado.

– Sim, senhora. Vou guardar o carro e depois levarei essas compras ao seu quarto.

Minutos depois, Antônio e Josefa – a empregada – ouviram um grito, e em seguida um choro descontrolado. Ambos correram para o lugar de onde vinha o barulho e descobriram que vinha do quarto dos patrões.

Quando adentraram o ambiente ficaram surpresos e sem fala.

Angelina estava gritando e chorando desesperadamente.

O quadro era aterrador. De bruços, no chão do quarto do casal, perceberam um homem de meia-idade vestido de terno, de cor branca e cabelos cor de caju, coloridos por produtos químicos. Seu rosto estava imerso em uma poça de sangue, que saía do seu ouvido direito. Sua destra estava quase fechada em torno da coronha de madrepérola de uma pistola razoavelmente pequena, que aparentava um enorme poder de fogo.

Angelina correu e se refugiou chorando no ombro de Josefa, enquanto lamentava a morte do esposo, indicando que este havia se suicidado.

Antônio ficou paralisado, como se não quisesse acreditar no que estava vendo e, olhando o corpo do patrão, lamentou-se:

– O senhor tanto confiou em mim como seu segurança e mordomo da patroa. Mas não fui eficiente bastante para impedir esse ato tresloucado!

Angelina quis correr para abraçar o corpo do marido, porém, Josefa a impediu:

– Patroa, espere a polícia chegar para fazer a perícia e registrar a ocorrência, qualquer detalhe será o suficiente para incriminar alguém; é importante para sabermos o que houve.

De repente, saiu de trás das cortinas grossas um jovem com seus quinze anos, chorando e falando coisas desconexas.

Angelina correu para o rapaz, abraçou-o e perguntou com carinho:

– Meu filho, o que você está fazendo em nosso quarto?

O rapaz fitou a madrasta e respondeu com outra pergunta, visivelmente nervoso:

– O que aconteceu com o meu pai, Angelina?

– Não se preocupe, meu filho. Vamos resolver tudo.

Longos minutos depois, entraram três homens no quarto. Identificaram-se como policiais civis. Um deles aproximou-se das pessoas que estavam no quarto e pediu-lhes que deixassem o ambiente.

Logo a mansão estava cheia de policiais civis e militares, todos fazendo o trabalho inerente à polícia, porque o homem que havia morrido era rico, poderoso e muito conhecido.

Um dos policiais começou a fotografar a vítima de todos os ângulos, enquanto, com as mãos protegidas por luvas, o parceiro retirava da mão do morto a arma e começava a averiguá-la com atenção, para depois recolher os objetos ao redor do cadáver e colocá-los dentro de um saco plástico.

Um terceiro policial ficou em pé com a mão no queixo, esquadrinhando o lugar com olhar interrogativo.

O local do sinistro era um dormitório bastante amplo, com duas janelas: uma que se abria para um jardim e a outra para um belo pomar.

Pelo luxo e pelas peças de arte distribuídas pelo ambiente, percebiam a importância e a riqueza do dono daquela mansão.

AMBIÇÃO

– Vicente, mande conduzir o corpo para o necrotério, pois o trabalho agora é com os peritos – ordenou o policial e chefe da operação.

– Chefe, o que você acha? – perguntou Mauro, o perito.

O chefe era um homem alto, moreno, com cabelos castanho-escuros e olhos inquietos da mesma cor, que, pela movimentação deles mostrava rara inteligência. Ele era o chefe daquela diligência e chamava-se Falcão Nobre.

– Mauro, você sabe que sou contra esse negócio de emitir uma opinião sem ter certeza.

– Desculpe-me, Falcão...

Vicente, que estava preparando o corpo para enviar ao hospital, voltou-se e comentou:

– Muito estranho esse suicídio.

Todos se entreolharam e baixaram a cabeça.

No começo da noite os jornais televisados noticiavam: *É com imensa tristeza que informamos aos nossos telespectadores que o nosso querido amigo e protetor dos pobres, o riquíssimo empresário Alonso de Aquino, se suicidou no final desta tarde.*

No dia seguinte, estava estampada em todos os jornais a seguinte manchete: *Alonso de Aquino suicidou-se. O "pai dos pobres..."*

No final da tarde, após a liberação pelos órgãos responsáveis, a família pôs o corpo para ser velado por algumas horas e depois sepultaram-no.

A viúva e seu enteado foram avisados, quando voltaram do enterro, que se encontravam na sala de visitas alguns policiais à paisana.

Angelina dirigiu-se para a referida sala e encontrou os mesmos policiais que fizeram a ocorrência por ocasião do suicídio do marido.

Todos se ergueram em respeito à bela viúva.

Angelina, pálida, denotando cansaço, perguntou:

– Senhores, eu posso ser útil em alguma coisa?

– Estamos aqui para uma simples visita de rotina, para completar alguns dados necessários ao arquivamento do caso – disse Falcão Nobre, meio displicente.

Angelina fitou o policial e pensou: *Tenho certeza de que esse homem não acredita no suicídio do meu marido.*

Vicente notou o pequeno impasse e falou:

– Fique tranquila, senhora. Essa visita é só uma rotina de trabalho.

Mauro continuou em silêncio, entretanto, e, com uma minúscula máquina fotográfica, semelhante a uma caneta, fotografava a viúva, principalmente as mãos e o rosto.

Fizeram algumas perguntas e depois se ergueram e despediram-se.

Encaminharam-se para a saída, acompanhados pela viúva de Alonso de Aquino.

Enquanto o carro dos policiais dirigia-se ao portão, Angelina pensava: *Este caso não está encerrado, tenho certeza.*

Dentro do carro, o policial Vicente tentava acender um cigarro, enquanto Mauro preocupava-se em dirigir o veículo.

Falcão Nobre, sentado no banco traseiro, com o olhar perdido em algo invisível, pensava: *Alonso de Aquino, "pai dos pobres"... Quem teria interesse em sua morte? Talvez...*

Mauro olhou pelo retrovisor interno e viu um vinco na testa do chefe, então pensou: *Acredito que ainda vamos ter muito trabalho, e perigoso, pois quando vejo este vinco na testa do Falcão sei que o caso não está encerrado.*

De repente Falcão ordenou:

– Vamos voltar à mansão do Alonso!

Os amigos ficaram surpresos.

– Para quê? – perguntou Vicente, com ar preocupado.

– Não faça perguntas. Vamos voltar!

O carro fez o retorno e após alguns minutos já estava estacionando no pátio da belíssima mansão da família de Alonso de Aquino.

Antônio, que estava cuidando do jardim, franziu a testa, mas mesmo assim foi receber os policiais, perguntando:

– Aconteceu algo, senhores?

– Por favor, avise a sua patroa que, se for possível, desejamos falar com ela mais alguns instantes – respondeu Falcão, colocando a cabeça para fora do carro.

Após alguns minutos, Angelina entrou novamente na mesma sala de antes e perguntou:

– Senhores, esqueceram alguma coisa?

Falcão Nobre colocou a mão na testa e fitou a bela mulher, dizendo:

– Senhora, desculpe-nos a falha. Contudo, esquecemos um quesito para encerrar nosso relatório.

– Fique à vontade. Em que, posso ajudá-lo?

Após um instante, Falcão levantou-se e perguntou:

– O senhor Alonso estava falido?

– Não. Ele sempre conversava comigo sobre os negócios e nunca demonstrou nenhuma preocupação com a situação financeira das empresas.

Falcão foi até a janela e olhou através do vidro. Observou Antônio conversando com Josefa, depois se voltou para a viúva e indagou:

– Seu finado marido estava com alguma doença incurável?

– Também posso afirmar que ele estava com uma saúde perfeita. Nosso médico nunca me escondeu nada, mesmo porque Alonso jamais teve alguma doença grave.

O policial sentou-se e encarou a bela viúva, perguntando:

– O relacionamento entre vocês estava normal?

Falcão notou que a mulher descruzou as pernas e tentou apoiar as mãos no espaldar da poltrona.

– Todo casal tem seus problemas conjugais, mas, atualmente, eu não tinha nada do que reclamar, haja vista o profundo amor que existia entre nós – respondeu, enxugando com elegância uma lágrima que teimava em rolar por sua face.

Falcão ergueu-se, e curvando-se, cumprimentou a viúva, desculpando-se:

– Senhora, desculpe-nos o incômodo.

Angelina cruzou as belas pernas e, com ar de quem estava desinteressada pelo caso, perguntou:

– Por que você fez estas perguntas? Paira alguma dúvida sobre a morte do meu marido?

– Senhora, este é um procedimento normal da polícia – respondeu Vicente, que até então estivera calado.

– O óbito atestado pelo médico-legista não deixou nenhuma dúvida quanto ao tipo de morte do meu marido. Ou vocês sabem de algo que não estou sabendo?

– Não se preocupe, senhora. Nós somos desconfiados por natureza...

Em seguida os homens despediram-se, rumando para o carro, que tomou o destino da Central de Polícia daquela cidade.

Angelina ficou sentada no mesmo lugar onde conversara com os policiais até tarde da noite.

Josefa estava preocupada com a patroa. Ela foi até a sala de visitas e perguntou:

– Senhora, eu posso lhe servir algo para comer ou beber?

– Não, Josefa. Vou me recolher. Depois conversaremos. Até amanhã.

– Boa noite, senhora!

CAPÍTULO 2

FALCÃO NOBRE

Na manhã seguinte, o investigador Falcão Nobre estava sentado em sua sala, na Central de Polícia, pensando e analisando as fotografias tiradas por ocasião da perícia no local do suicídio. De repente, o policial Mauro jogou na mesa do chefe um envelope amarelo, contendo várias fotos que ele tirara com a sua minúscula máquina.

Falcão levantou os olhos e saudou o amigo, perguntando:

– Olá, Mauro. Já revelou as fotos?

– Veja o conteúdo do envelope – respondeu apontando as fotos. – Sei que você não gosta das digitais, porque abomina a tecnologia nos casos de polícia.

– Esse negócio de câmeras digitais, é muito complicado. Sou das antigas, meu caro Mauro.

O investigador abriu o envelope e perscrutou algumas fotografias sem demonstrar nenhuma surpresa. Depois, com gesto de enfado, empurrou-as para um lado de sua mesa e continuou pensando.

Mauro colocou a mão no ombro do amigo e disse:

– Chefe, o caso está realmente encerrado. Tudo indica o suicídio de Alonso de Aquino, portanto, vamos esquecer esse assunto.

Enquanto isso, na mansão do finado Alonso de Aquino, Angelina acordara e estava sentada em frente ao espelho, fazendo sua maquiagem matinal, quando ouviu alguém bater na porta de seu quarto.

– Pode entrar.

Roberto entrou, beijou a madrasta e perguntou:

– Angelina, a senhora acredita que o meu pai realmente se suicidou?

– Filho, o resultado que nos foi apresentado no atestado de óbito confirma a sua pergunta.

Angelina fitou o enteado e acrescentou:

– O que você estava fazendo no nosso quarto na hora que a tragédia ocorreu?

– Eram quase quinze horas, e eu estava estudando, quando ouvi o estampido de um tiro, vindo dos aposentos de vocês. Corri imediatamente e, ao abrir a porta do quarto, vi o meu pai no chão, deitado sobre uma poça de sangue. Quis abaixar-me para socorrê-lo, todavia, no mesmo momento escutei você entrar no quarto, então fiquei com medo e escondi-me atrás das cortinas.

Angelina olhou firme nos olhos de Roberto e depois baixou a cabeça.

– Estou apenas repetindo o que aconteceu – disse o rapazinho abraçando a madrasta.

– Você falou isso para o inspetor Falcão?

– Claro. Ele me fez várias perguntas, inclusive esta, e eu as respondi.

A madrasta levantou-se e, simulando pegar uma peça de roupa no armário, ainda perguntou:

– Por que você me perguntou se eu acreditava realmente que o seu pai havia se suicidado?

Roberto, garoto de feições finas e gestos afeminados, porém, de atitudes firmes e denotando muita inteligência, respondeu:

– Esqueça, Angelina.

Roberto beijou-a e saiu do quarto.

A bela mulher sentou-se na cama e pediu: *Meu Deus, ajude-me!*

Neste exato momento, a empregada entrou no quarto conduzindo o café matinal.

Josefa observou que a patroa não havia dormido, notando que seu belo rosto estava cansado e com olheiras.

– Bom dia, patroa!

– Bom dia, Josefa – cumprimentou a patroa. – Josefa, estou sem fome, mas deixe a bandeja, por favor.

– A senhora deseja mais alguma coisa? – indagou ela.

– Mande preparar o carro. Irei sair.

– Pedirei ao motorista para ficar pronto desde já.

– Eu dirigirei o carro.

– Não é perigoso a senhora dirigir neste estado?

– Faça o que estou dizendo, Josefa. Não estou doente – rebateu Angelina com ar aborrecido.

– Sim, senhora – respondeu a outra, deixando o quarto em seguida.

Angelina terminou sua toalete e tomou um pouco de café, descendo para o pátio, onde seu carro já estava pronto. O motorista abriu a porta, ela entrou e saiu dirigindo-o, tomando o destino do centro da cidade.

Na Central de Polícia, o investigador Falcão Nobre estava sentado, tomando uma xícara de café, enquanto parecia brincar com as fotos espalhadas em sua mesa. Repentinamente parou de brincar com elas e ficou analisando o local apontado por seu dedo em uma foto. Foi puxando-a com o mesmo dedo, sem tirar o olhar do local que fitava como se estivesse hipnotizado. Olhou em volta e, discretamente, guardou a fotografia em seu bolso.

Vicente entrou na sala do inspetor e com cara de satisfação jogou sobre a mesa dele um envelope, porém, antes o saudou:

– Olá, chefe.

– Olá, Vicente. Alguma novidade?

– Infelizmente, nenhuma.

Falcão fitou o envelope e dele retirou uns papéis, nos quais constavam nomes e telefones locais. Consultou a lista com o dedo e de repente parou em um número, deu um meio sorriso e guardou a relação. Ele pensou: *É natural que um homem com o dinheiro e a fama do dr. Alonso de Aquino tivesse vários amigos, principalmente...*

Um policial entrou na sala do inspetor e anunciou:

– Inspetor Falcão, tem visita para você.

– Mande entrar, por favor.

Falcão ainda estava pensando e olhando para uma janela de vidro que se encontrava à sua frente, quando de repente ouviu uma voz de mulher:

– Posso entrar, inspetor?

Falcão voltou-se para o local da voz e, fazendo um esforço muito grande para se controlar, disse:

– Senhora Angelina! Pode entrar. Sente-se, por favor!

O inspetor, após os cumprimentos de praxe, perguntou:

– Posso ser útil, senhora?

A bela mulher sentou-se propositadamente numa cadeira um pouco afastada da mesa do inspetor, mostrando um sorriso lindo, e cruzou as pernas. Com gestos elegantes, acendeu uma cigarrilha, ao mesmo tempo em que perguntou à queima-roupa:

– Inspetor Falcão, por que o senhor acha que o meu marido foi assassinado?

Com o sangue-frio dos grandes investigadores, Falcão fez o possível para se manter calmo, como se nada tivesse ouvido. Ergueu-se e foi até a janela, pensando: *Esta mulher é muito esperta...* Encaminhou-se para a bela mulher e parou à sua frente, respondendo:

– Eu nunca disse que o seu marido foi assassinado; no laudo está óbvia a causa da morte dele.

Angelina notou que caíra numa armadilha, entretanto, não perdeu a pose. Baixou a cabeça e começou a chorar. Retirou um lenço da bolsa e levou aos olhos para enxugar as lágrimas, dizendo em seguida:

– O senhor fez muitas perguntas, deixando-me na dúvida sobre a morte de Alonso.

O inspetor percebeu algo, no momento em que Angelina enxugava as lágrimas, que o fez empalidecer.

Angelina notou, porém, disfarçou e comentou:

– Você sabe que o caso está encerrado e que somente com autorização da justiça ele pode ser reaberto?

– Senhora, que caso?

Angelina notou que havia tropeçado nas palavras e imediatamente remendou:

– Por enquanto, é assim que chamo o suicídio do meu marido.

Falcão pensou: *O jogo ainda não terminou*... Depois comentou:

– Que belíssimo anel a senhora tem.

– Você acha? Foi presente de Alonso, inclusive, ele tinha um idêntico.

– Nunca vi joia tão bonita.

– É apenas uma cópia.

– Uma cópia? – indagou o inspetor, surpreso, mas mantendo a frieza.

– A autêntica está com outra pessoa. Esta que uso é imitação, assim como a que pertencia a Alonso.

Falcão respirou fundo e pensou: A primeira pista foi anulada, pois no dedo do morto encontrava-se um anel igual e Angelina retirou-o, talvez para guardá-lo.

Após alguns minutos conversando assuntos sem importância, Angelina ergueu-se e despediu-se:

– Foi um imenso prazer haver conversado com você

e tirado esse peso em pensar que meu marido havia sido assassinado.

– Fique à vontade, senhora Angelina.

Ela saiu deixando um aroma de perfume no ar.

Falcão se ergueu e fez um sinal através da parede transparente para o policial Mauro, que estava sentado numa mesa conversando com outro amigo. Ele entendeu o recado e imediatamente entrou em sua sala, perguntando:

– O que houve, chefe?

– Se alguém da sua família morresse, faria diferença para você se houve um homicídio ou um suicídio?

Mauro pensou e respondeu:

– Claro que faria. Embora tudo seja morte, a causa influencia bastante o sofrimento da família.

– Obrigado, amigo.

– Não fiz nada de mais, colega – disse Mauro, encaminhando-se para a sua mesa.

Falcão pensou: *Estou ficando velho, preciso descansar. Não consigo mais farejar onde houve crime ou suicídio.*

CAPÍTULO 3

FALCÃO E O AMIGO ESPÍRITA

À noite, o inspetor dirigia cantarolando uma música dessas que estão na boca do povo, em direção a um bairro afastado do centro da cidade.

Aproximou-se de uma casa simples, estacionou o carro e fitou-a, depois saiu do carro e se dirigiu ao interior da residência humilde, sendo muito bem recebido por algumas pessoas que já lotavam a pequena sala.

A casa era constituída de pequenos cômodos, destacando-se apenas um, que parecia um pequeno salão onde podiam observar várias cadeiras formando um pequeno auditório. Havia uma pequena tribuna, que se destacava à frente das cadeiras, indicando que era normal alguém fazer palestras destinada ao público ali.

Ele vestiu o paletó, sentou-se, cruzou as pernas e se manteve em silêncio, apenas meditando. Não saía de sua cabeça o suicídio do megaempresário, Alonso de Aquino.

Falcão Nobre, além de policial, simpatizava com a Doutrina

23

Espírita, religião herdada de sua mãe, que antes de desencarnar o alertara contra os perigos do mundo e que jamais deixasse de fazer o bem, pois o bem era a única coisa que levaríamos deste mundo quando desencarnássemos. "Está muito difícil de o ser humano fazer o bem, porque parece que a Terra virou de cabeça para baixo. O que era certo, agora é errado, e o que era errado, agora é certo. Sinceramente, não entendo mais esse mundo de Deus", pensava.

De repente, o investigador ouviu alguém cumprimentá-lo:

– Olá, meu amigo Falcão! Há quanto tempo não o vejo!

– Trabalho, meu amigo. Trabalho, muito trabalho, e mistérios que esquentam nossa cabeça – comentou erguendo-se e cumprimentando o amigo com um aperto de mão e depois um abraço.

– Meu irmão Falcão, antes de a reunião ter início, ainda temos um tempinho, que poderemos aproveitar para botar nossos assuntos em dia.

Afinal de contas, você demora a comparecer às nossas reuniões.

Falcão ergueu-se e acompanhou o amigo até uma sala que ficava nos fundos da casa. Sentou-se numa cadeira indicada pelo amigo e depois, encarando-o, disse:

– Aconteceu algo em meu trabalho que está me tirando o sono, Carlos.

– Falcão, as profissões independem de religião. Temos políticos, empresários, policiais, governantes, gente humilde e pessoas intelectualizadas que se dedicam à mesma religião – explicou Carlos, presidente do centro espírita que funcionava naquela humilde casa. – Você, por exemplo: é um grande inspetor da polícia desta bela cidade, mas nem por isso deixa de ser espírita, acreditando nos princípios básicos da Doutrina Espírita.

– Mesmo assim, é muito difícil conciliar essa bela doutrina com minha profissão.

– Por quê?

– Imagine você desconfiar de tudo e de todos, por causa dessa minha percepção extrassensorial... Fico tirando conclusões que minha profissão não permite.

Carlos era um homem ainda jovem, branco, de olhos e cabelos castanho-claros. Enquanto o policial falava, o fitava prestando atenção em seus comentários.

O investigador respirou profundamente, tomou um pouco de água de uma jarra e continuou:

– Desde criança minha mãe falava que eu tinha manias esquisitas, por isso ela me levou a frequentar um centro espírita muito cedo.

– Você ainda coloca em dúvida essa sua faculdade mediúnica, que sempre o acompanhou? – indagou o presidente da instituição espírita.

– Não. Acontece, meu amigo, que para nós, policiais, não existem "coisas do outro mundo". Não podemos assegurar que essas faculdades mediúnicas possam produzir peças de um processo, que venham incriminar alguém por algo que cometeram contra as leis que regem um país.

O presidente tomou um gole de água e depois fitou o amigo indagando:

– Você quer me perguntar algo sobre seu trabalho?

– Sim.

– Fique à vontade, meu querido irmão.

Falcão ergueu-se, fitou-o e disse:

– Você soube do suicídio do grande empresário conhecido por "pai dos pobres?"

– Claro que soubemos, inclusive vai nos fazer muita falta, pois nos ajudava nas despesas de nossas atividades sociais – respondeu erguendo-se.

– Acho que a reunião já vai começar – disse o inspetor.

Ambos caminharam em direção ao auditório, porém no meio do caminho Falcão Nobre parou e cochichou no ouvido do amigo:

– Alonso de Aquino não se suicidou; foi assassinado!

AMBIÇÃO

Carlos abriu a boca, mas nada disse, apenas observou o inspetor e, quase sussurrando, indagou-lhe:

– Era essa a pergunta?

– Sim.

– Acredito em sua intuição, meu amigo Falcão – comentou o presidente do Centro Espírita Francisco de Assis.

Falcão parou, fitou o amigo, aproximou novamente a boca do ouvido dele e disse:

– Não é intuição, amigo, é certeza.

Carlos fitou o inspetor em silêncio, observando-o sentar-se e se preparar para assistir à palestra. *Que Deus o proteja, meu caro amigo*, pensou, depois se encaminhou à tribuna, de onde iria dirigir a reunião.

CAPÍTULO 4

ALONSO DE AQUINO

Alonso de Aquino era descendente de uma família espanhola, que acumulou fortuna no Brasil fazendo de tudo um pouco. Atualmente, era proprietário de um grupo de empresas que se ocupava com a importação e exportação de vários produtos. Viúvo e casado pela segunda vez com a bela Angelina, tivera um filho do seu primeiro casamento com Rosa.

Roberto, seu filho, vivia com a madrasta, porém, o relacionamento entre eles não era dos melhores, haja vista o rapaz demonstrar claramente que não simpatizava com Angelina.

O ilustre empresário era conhecido pelo epíteto de "pai dos pobres", porque ajudava a população carente dos bairros pobres, principalmente as comunidades. Era muito respeitado pela sociedade local e bastante conhecido pelos políticos e empresários ligados ao poder.

Por ocasião da morte do "pai dos pobres", houve manifestações de despedidas da população carente e "excluídos"

– mendigos, crianças de rua, prostitutas, viciados, homoafetivos – enfim, de todos aqueles que se sentiam marginalizados pela sociedade. Todos sofreram a perda daquele que sempre conversava com eles, distribuía presentes, atendendo ao pedido de alguns com a compra de remédios, alimentos ou algo de que necessitassem.

No pequeno bar de uma comunidade pobre, alguns homens comentavam a morte de Alonso. Um rapaz tomou um pouco da bebida que estava em seu copo e, cuspindo de lado, disse:

– Baiano, não consigo acreditar que o doutor Alonso tenha se suicidado.

Aquele homem era o nosso pai.

Um homem ainda jovem, com ares de viciado, denotando que estava quase bêbado, retrucou:

– Bira, estão dizendo por aí que ele foi assassinado.

Um rapazola, que estava sentado, levantou-se, entornou um gole de bebida e, depois de sugar um pedaço de limão, comentou:

– Vocês estão procurando encrenca. Vou embora. Até mais tarde, rapaziada.

– Borracha, por que você diz isso? – questionou Baiano com ar desconfiado.

Borracha ergueu a mão espalmada e saiu dizendo:

– Imagine se o doutor tiver sido assassinado. Nós estaremos em perigo, os pobres sempre são os culpados. Entenderam, seus palermas?

Enquanto Borracha ia embora, Bira e Baiano continuavam sentados em silêncio. Bira tomou mais um gole da bebida e, depois de alguns minutos, cuspiu de lado e falou:

– Ele tem razão.

– E muita gente vai morrer. Nem quero pensar nisso! – confirmou Baiano.

Eles silenciaram. Ambos se aproximaram e, como se estivessem com medo, olharam para os lados, depois Bira perguntou:

– Você acredita que o doutor foi assassinado?

– Acredito. – Mas tome cuidado, pois, se alguém souber que estamos falando essas bobagens, adivinha quem vai pagar?

Baiano se benzeu e, olhando para o alto do morro em que se situava aquela comunidade, disse:

– Deus tenha piedade de nós... Estou todo arrepiado.

– Você está com medo do quê? – perguntou Bira com o cenho carregado fitando o amigo. – Lembre-se de que a mãe Luiza fechou o corpo da rapaziada contra bala e faca.

– Somos pobres, viciados e pequenos traficantes – respondeu Baiano.

– E daí?

– Quem mandou apagar o doutor vai querer alguém para substituir o verdadeiro assassino.

– Não entendi, Baiano!

– Deixe de ser burro, parceiro! Se o doutor foi assassinado, alguém mandou matá-lo, e nós sabemos que a polícia vai procurar logo a favela e acusar um irmão da nossa comunidade por esse assassinato.

– E daí, parceiro?

– Bira, se mataram o doutor, o responsável pelo serviço deve ser um "peixe grande" que jamais vai aparecer, e quem vai arcar com as consequências somos nós, pois a polícia, antes de perguntar, vai acabar com muita gente da comunidade para justificar, ou até mesmo disfarçar, o crime. Entendeu?

Os dois amigos ficaram em silêncio. Ambos se entreolharam e Bira encostou a boca no ouvido do amigo, perguntando:

– O Jacaré sabe disso?

– Não sei.

– Acho que ele, como chefe, deve saber de alguma coisa.

De repente perceberam um rapaz negro, muito jovem, com os cabelos tipo rastafári e de altura mediana, vestindo apenas uma bermuda e ostentando no pescoço várias correntes de ouro maciço, além de carregar uma metralhadora portátil pendurada nas costas. Ele descia o morro gingando o corpo suado.

O rapaz que parecia ser o chefe foi ao encontro dos parceiros.

Bira e Baiano ergueram-se e cumprimentaram o rapaz:

– Olá, Jacaré.

– Tudo bem, rapaziada?

– Tudo.

Jacaré aproximou-se do boteco e pediu uma bebida, sendo atendido imediatamente. Após ingerir o conteúdo do copo, voltou-se para os rapazes e perguntou:

– Eu soube que vocês estão desconfiados de que o doutor Alonso foi assassinado.

Bira olhou para Baiano e sussurrou:

– Ele já sabe o que conversamos. Alguém bateu com a língua nos dentes.

Baiano, em voz alta, respondeu à pergunta de Jacaré:

– Não estou sabendo de nada, chefe.

– Você está me chamando de mentiroso, mano? – perguntou Jacaré com seus olhos vermelhos.

– Eu não disse isso! Só não sabemos dessa história – respondeu Baiano.

Jacaré encarou os dois, caminhou num gingado arrastando os pés, aproximou-se da mesa deles e sentou-se. Após um silêncio mortal, encarou os dois e alertou:

– Cuidado com a boca de vocês. O vento leva as palavras aos ouvidos dos interessados.

Bira ergueu-se e despediu-se, dizendo:

– Bem, pessoal, a conversa está boa, mas preciso resolver uns problemas.

– Eu também vou nessa – disse Baiano.

Jacaré colocou a metralhadora sobre a pequena mesa e ordenou:

– Sentem-se. Ninguém deixa Jacaré falando para o vento. Entenderam?

Os dois sentiram um frio na barriga e sentaram-se novamente.

– Estamos bebendo desde cedo, chefe – disse Baiano, desculpando-se.

– Preciso comer algo, tenho muita coisa para fazer.

Bira também se justificou:

– Jacaré, preciso resolver aquela parada, por isso estou saindo.

O chefe continuava calado, observando os dois com seus olhos vermelhos. Depois de tomar mais um gole daquela bebida de péssima qualidade, cuspiu de lado e passou as costas da mão na boca. Ficou ainda em silêncio por alguns minutos e depois disse:

– Sabe quem também está desconfiado dessa história do suicídio do doutor Alonso?

– Não – responderam os traficantes num coro, com ares de que iam desmaiar a qualquer momento.

– O inspetor Falcão Nobre!

Bira e Baiano pularam das cadeiras como se tivessem sido impulsionados por molas. Arregalaram os olhos e Baiano falou, atropelando as palavras, visivelmente apavorado:

– Então o doutor foi mesmo assassinado! O Falcão já tem certeza disso, apenas procura um caminho para chegar ao assassino.

Quase sem fala, Bira ainda conseguiu concordar com o amigo, dizendo:

– Estamos ferrados!

– Ferrados por que, parceiro? – perguntou Jacaré, passando a mão no rosto suado.

– Ora, Jacaré! Você é tão vivo e ainda não conseguiu ver que o inspetor está apenas querendo uma pista para chegar àquele que matou o doutor? Isto é, se é que ele foi realmente assassinado – explicou Bira, claramente incomodado com aquela conversa.

– E o que temos com isso, parceiros?

– Nada! Mas a polícia sabe perfeitamente que determinados crimes de "bacanas", como o do doutor, de alguma forma têm ligação com as comunidades.

AMBIÇÃO

Baiano fitou o chefe e completou o raciocínio do amigo:

– E, mesmo que sejamos inocentes, a investigação sempre começa em nossas comunidades.

– Vocês são do nosso comando, portanto, também sabem que, se alguém apagou o doutor, não foi ninguém daqui – comentou Jacaré seguro de si.

Bira pensou e perguntou:

– Por que o Falcão está desconfiado de que o Alonso de Aquino foi assassinado?

– O inspetor Falcão Nobre está jogando no escuro, pois o laudo pericial foi claro: suicídio. E, mesmo que o crime tenha ocorrido, não partiu desta comunidade a ordem, porque nem conhecíamos esse tal de Alonso de Aquino, a não ser a fama que ele tinha por ajudar os pobres – comentou o chefe dos rapazes.

Bira e Baiano estavam em silêncio. Jacaré baixou a cabeça. Após alguns minutos levantou-se e disse:

– Não fiquem preocupados, o doutor era gente boa e honesta. Ele jamais se meteria com pessoas desclassificadas como nós. E, se realmente o mataram, deve ter sido alguém do meio deles, por motivos que não nos interessam – olhou para o alto do morro e continuou falando: – Além disso, dizem por aí que o Falcão Nobre tem pacto com o demônio, pois descobre qualquer tipo de crime.

– Mãe Luiza disse que gente como o Falcão é médium – falou Bira, benzendo-se.

– Você acredita nessa bobagem, Bira? – indagou Jacaré fitando o rapaz.

– Claro que acredito.

– E o que faz um médium? – indagou o chefe.

– Diz o Espiritismo que ele vê, escuta e fala com os mortos – respondeu Baiano, com ar de quem está com medo.

– Mas ninguém precisa se preocupar: um médium espírita não trabalha para o mal, pelo contrário, se dedica a fazer o bem ao seu próximo – completou Bira.

Jacaré despediu-se e foi se afastando com o seu gingado, subindo o morro, deixando os dois rapazes em silêncio.

Com ar sério, Bira comentou:

– Estou muito preocupado.

– Por quê?

– Baiano, o inspetor Falcão Nobre é muito perigoso!

– Concordo. Entretanto, mano, não temos nada com isso. Vamos cuidar dos nossos negócios e deixar essa gente pra lá.

– O que está acontecendo com você, parceiro? Está com medo?

– Claro, mano! Sou fugitivo da justiça. Já pensou se o inspetor resolve investigar para valer esse caso? Eu serei o primeiro da lista dele – respondeu Bira em voz baixa.

– Você tem razão, mas não vamos nos precipitar – tentou acalmar o amigo.

Ambos se levantaram e, com passos incertos, procuraram o caminho de seus barracos.

Bira sentiu dificuldade em abrir a porta do barraco, construído precariamente com tábuas. Quando entrou e abriu uma janela, viu sentada num canto uma linda mulher. Ele piscou e passou as mãos no rosto, pensando: *Já estou bêbado a essa hora?* Olhou novamente com mais cuidado e lá estava a bela mulher sorrindo.

– Como a senhora conseguiu entrar na minha casa? – perguntou. – E por que está aqui?

A mulher fitou os olhos vermelhos do rapaz e, com um meio sorriso estampado no rosto, respondeu:

– Calma, rapaz! Vamos por partes. Fui indicada por um de seus amigos deste morro e foi ele mesmo que me trouxe até aqui e mostrou-me a sua casa. E, quanto a minha vinda até aqui, é porque tenho algo a lhe propor – disse a mulher, erguendo-se e caminhando pelo minúsculo barraco.

Bira puxou um banco e sentou-se. Fitou a mulher com desconfiança, começando a fazer uma inspeção naquela criatura para saber se lembrava de alguma pessoa parecida com ela. Após alguns minutos, ele foi até uma geladeira velha, pegou uma garrafa com bebida, colocou um pouco num copo e bebeu.

A mulher ficou observando aquele rapaz mulato, com cabelos encaracolados, vestindo roupas compradas em butique e calçando tênis caríssimos, contrastando com aquele barraco miserável. Ela pensou: *Talvez eu tenha encontrado o que estou procurando.*

O rapaz aproximou-se daquela mulher misteriosa e anunciou:

– Moça, eu não a conheço, portanto, não quero ouvir sua proposta. Agora, por favor, queira sair de minha casa, pois quero dormir.

A mulher inquiriu:

– Vim oferecer muito dinheiro para você fazer um pequeno serviço. Aceita ou não?

– Não.

– Por quê?

– Não conheço a senhora e não quero saber do seu dinheiro.

– Isso é uma pena. Fui informada de que você me faria esse pequeno favor.

Bira continuou na porta.

A mulher pegou sua bolsa e, quando foi saindo, perguntou:

– Você é fugitivo da penitenciária?

O rapaz gelou, empalidecendo de repente, encaminhando-se para a geladeira, respondeu:

– Nada devo à Justiça, senhora.

– Eu soube que você foi condenado e mandado para uma penitenciária de segurança máxima, de onde fugiu.

– Fui solto pela Justiça e nada devo a ninguém.

– Vou embora. Foi um prazer conhecê-lo – despediu-se a mulher encaminhando-se à porta.

O rapaz segurou o braço da mulher e anunciou:

– Um momento! Vamos conversar.

A mulher sabia que Bira era um foragido da Justiça e

escondia-se na comunidade. Sentou-se novamente e esperou o bandido se acalmar.

O rapaz perguntou, depois de ingerir a bebida no gargalo da garrafa:

– Qual sua proposta?

Ela explicou o que queria, depois sorriu com a cara que o rapaz fez.

– A senhora procurou a pessoa errada.

– Acho que não. Fui informada de suas habilidades.

Bira pensou e resolveu perguntar:

– Quem é a pessoa que você quer tirar de circulação? Posso saber pelo menos o seu nome?

A mulher passou a conversar normalmente com o rapaz a partir daquele momento. Expôs o seu plano, fixou preço e disse o seu nome, embora falso.

O moço, enquanto ouvia o plano sórdido da desconhecida, pensava: *Meus Deus, como existem pessoas piores do que eu, e estão infiltradas numa sociedade constituída de gente acima de qualquer suspeita. Existem verdadeiros bandidos, que estão soltos com o aval de alguém, merecedores de penas máximas, e no entanto o dinheiro não deixa que eles sejam condenados ou presos.*

Bira ouviu tudo em silêncio, porém, antes de se pronunciar, perguntou:

– Posso saber por que a senhora está mandando matar essa pessoa?

– Isso não é problema seu. Faça o serviço e pagarei o que prometi, inclusive, deixo a metade hoje, e o restante quando eu souber do resultado.

– Fazer esse serviço não vai ser fácil. A senhora sabe que é muito perigoso matar essa pessoa, principalmente se eu falhar.

– Antes de procurá-lo tive o cuidado de informar-me sobre quem era um bom profissional no assunto, portanto, sei que você não falhará.

A mulher jogou sobre uma pequena mesa um envelope grande, com algo dentro, e disse:

– Aí está a metade da grana. Agora vou embora. Até mais.

O rapaz abriu o envelope, que continha muito dinheiro. Em seguida procurou um lugar seguro para guardá-lo. Após esconder o dinheiro, deitou-se numa cama e dormiu.

Passados uns minutos, alguém bateu na porta de Bira. Ele levantou-se meio tonto e a abriu, dizendo:

– Qualquer dia, antes de abrir a porta, atiro primeiro. Quero descansar um pouco. Hoje já tive problemas demais.

O rapazola que havia batido na porta comunicou:

– O Jacaré quer falar com você imediatamente.

– Diga que já estou indo.

O barraco do Jacaré ficava localizado na parte mais alta do morro.

Visto por fora, era realmente um barraco, porém, dentro, a coisa mudava, pois tinha um conforto considerável. A casa era construída de alvenaria, com uma sala ampla, dois quartos, uma pequena cozinha, banheiros e um segundo piso, onde se encontravam o escritório e outro quarto particular do traficante.

Quando Bira entrou, ficou surpreso com a presença do amigo Baiano e de Borracha. Ele saudou a todos e, olhando para o bandido chefe do tráfico, perguntou:

– Qual é o problema, chefe?

Jacaré ergueu-se do velho sofá e perguntou:

– O que a mulher estava fazendo em sua casa?

– Tentando me contratar para fazer um pequeno serviço.

– Que serviço?

– Apagar alguém.

– Você aceitou?

– Aceitei, fui obrigado.

– Não entendi – disse o chefe passando a mão nos cabelos.

– Ela sabe tudo sobre a minha vida e ameaçou contar para a polícia que estou escondido neste morro.

Baiano e Borracha entreolharam-se e continuaram em silêncio.

– Você sabe quem vai matar?

– Sei.

– Eu conheço?

– Não. Se você quer saber, ele não nos interessa. O problema é meu e farei o serviço discretamente.

Jacaré ficou mais calmo, porém, alertou todos que estavam no Barraco:

– Se o problema de vocês atrapalhar os nossos negócios, alguém vai pagar – ameaçou o chefe, enquanto chutava uma caixa vazia que estava no meio da sala. – Agora, quero ficar só.

CAPÍTULO 5

O MEDO

À tarde, num apartamento discretamente localizado num bairro afastado da grande cidade, um casal conversava.

– Angelina, nós estamos ferrados. Se o Falcão Nobre desconfiar de que o Alonso não se suicidou, a conclusão será óbvia.

A moça esfregou as mãos uma na outra, visivelmente nervosa, e comentou:

– Meu amor, não se preocupe com isso. Está tudo sob controle. Além disso, o Alonso já foi sepultado e o caso foi oficialmente encerrado.

– Não posso confiar nesse policial. Você sabe muito bem que ele já começou a investigar esse caso por conta própria, com o objetivo de encontrar uma prova concreta para pedir a abertura de um inquérito.

Angelina foi até a geladeira, colocou água num copo e começou a bebê-la em pequenos goles, enquanto pensava: *O Marcos é muito medroso e pode estragar nossos planos.*

Marcos era um rapaz de estatura mediana, louro, de

olhos claros, aparentando ter uns trinta anos. Era advogado, filho de um dos políticos mais influentes da cidade e do país, amigo de Alonso de Aquino.

Angelina era uma mulher prática, inteligente, dominadora, e estava apaixonada pelo rapaz. Eles mantinham, havia vários meses, um romance em segredo e pensavam em casar-se logo que a situação se acalmasse.

Angelina foi até a janela e ficou em silêncio por alguns minutos, depois se sentou e comentou, encarando o namorado:

— Marcos, eu não consigo dormir. Sinto a presença do Alonso; além disso, sonho com coisas horríveis, principalmente com gente que já morreu.

— Será que existe um centro espírita aqui por perto que possa nos orientar a respeito desse assunto? — perguntou o rapaz com cautela.

— Não acredito nessas coisas, meu querido — disse ela, fazendo um carinho no rosto do namorado.

— Será que existe mesmo vida após a morte? — indagou ele meio receoso.

— Dizem que existe, mas eu não acredito nisso. Morreu, acabou-se — arrematou a moça.

Ambos ficaram em silêncio por alguns momentos e se abraçaram como se quisessem esquecer algo muito terrível. Marcos, que estava sentado numa poltrona, ergueu-se e começou a caminhar pela sala do belo apartamento. Sentou-se novamente e, fitando-a, indagou-lhe:

— Você já se perguntou por que estou com medo?

— Não.

— Você não sabe mesmo da gravidade do assunto?

— Não vejo nada de grave nessa história. Somos inocentes, caso o Alonso tenha sido assassinado.

— Minha querida, eu a amo de todo o coração e temo que você seja a primeira suspeita da morte de Alonso, caso ele não tenha se suicidado. Agora você me entende?

— Não.

– O seu marido, Alonso de Aquino, era riquíssimo e muito influente em todos os segmentos da sociedade – explicou. – Se o meu raciocínio está certo, tenho certeza absoluta de que Falcão Nobre não tem mais dúvida quanto ao assassinato dele.

– E daí?

– Ele está tentando descobrir por que mataram Alonso de Aquino.

Angelina ficou em silêncio. Levantou-se da poltrona em que estava sentada e sentou-se no braço da que o namorado estava. Beijou o rapaz e falou:

– Querido, vamos planejar nosso casamento e tornar público nosso amor. Você sabe muito bem que, como advogado e muito influente no meio jurídico e político, se o Alonso tiver sido assassinado, nada acontecerá conosco.

– Esse é o meu medo, Angelina.

– Por quê?

– Porque quem matou o Alonso é muito poderoso e acredito que muita gente vai morrer, como queima de arquivo.

– Quem morrer por causa disso não nos interessa, meu amor. Sabe por quê? Porque cada um que cuide de si – disse a bela mulher. – O meu marido gostava muito de ajudar os pobres, principalmente umas instituições de caridade que existem por aí.

– Angelina, não acredito que você esteja raciocinando friamente, uma vez que muitos inocentes das comunidades poderão ser injustamente culpados pela morte de seu marido.

– O que é isso, Marcos? Agora deu para defender esse bando de pobres, que só prestam para dar trabalho ao governo?

– Angelina, você sabe que Falcão Nobre é espírita?

– Não. Agora entendo por que dizem que ele trata bem os bandidos – comentou a mulher surpresa. – Ele perde o seu tempo, pois bandido é bandido e pronto.

Por alguns momentos o casal esqueceu os problemas.

Angelina chegou a casa por volta das vinte horas. Antônio abriu a porta do carro e saudou a patroa, como de costume, comunicando:

– O inspetor Falcão Nobre está esperando-a na sala de visitas.

Angelina empalideceu e não conseguiu esconder seu nervosismo do empregado.

– Avise-o de que irei retocar a maquiagem e logo desço para falar com ele.

O inspetor estava em pé na aconchegante sala de visitas, fitando um belíssimo quadro pintado a óleo, quando ouviu uma voz de mulher.

– Boa noite, inspetor!

– Boa noite, senhora Angelina – cumprimentou o policial, ficando de frente para a viúva.

A dona da casa sorriu, tornando-se extremamente encantadora. Ela perguntou:

– A que devo a honra de uma visita a esta hora da noite?

Falcão sentiu que havia sido repreendido, porém, não deixou transparecer, fazendo outra pergunta como resposta:

– A senhora conhece o doutor Marcos?

Angelina sentiu as pernas tremerem e sentou-se imediatamente, antes que o visitante notasse seu nervosismo.

– Somos velhos amigos – respondeu ela. – Sente-se, por favor, meu caro Falcão.

Ele sentou-se, cruzou as pernas, e em seguida ficou em silêncio como se estivesse pensando em algo, antes de continuar a conversa.

A bela Angelina fitou aquele homem e teve a impressão de ter visto no seu semblante um sorriso disfarçado. Sentiu um frio lhe percorrer o corpo e um grande pavor daquele simples inspetor de polícia.

Ambos estavam em silêncio e concentrados.

– Mataram o deputado Josias – disse o policial de surpresa, como se o fato fosse a coisa mais natural do mundo. – O crime aconteceu por volta das dezenove horas, no exato momento em que entrava com o carro no jardim de sua mansão.

Angelina começou a tremer. Levantou-se e passou a caminhar inquieta pela sala.

Esse mundo é cheio de armadilhas. Vive quem consegue vencê-las. Muito engraçado!, pensou o inspetor. Então olhou para a moça e solicitou:

– Por favor, minha senhora, não fique tão aflita. Isso é normal nos dias de hoje.

Angelina parou, fitou o inspetor e pensou: *Ele pensa que sou uma idiota!*

– Então, por que o senhor fez questão de vir à minha casa avisar-me, em primeira mão, do assassinato do deputado Josias?

– A senhora está enganada. Apenas informei que mataram o deputado Josias, um velho amigo de Alonso de Aquino.

– Acho que o senhor está tentando tirar algum proveito de sua informação.

O inspetor fitou a viúva longamente e sorriu.

– Senhora, eu vou embora – disse erguendo-se. – Depois passarei aqui novamente para conversarmos. Parece-me que a notícia a deixou abalada.

A mulher tremia. Deu dois passos e abraçou o policial.

Falcão ficou impassível e, abraçando aquela mulher bonita, tentou tranquilizá-la:

– Angelina, fique calma.

– Estou com medo!

– Por quê?

– Acho que você tem razão quando diz que Alonso foi assassinado.

– Eu nunca disse que o doutor Alonso foi assassinado.

Ela se afastou do homem e pensou: *Esse homem é perigosíssimo.*

Falcão Nobre aproveitou o momento para despedir-se e ir embora.

Quando estava na porta de saída, voltou-se e comentou:

– Aquele quadro fica melhor no outro lugar onde estava.

Depois que o inspetor foi embora, a mulher sentou-se na poltrona e começou a chorar. Ela ouviu a voz do enteado perguntar:

– Antônio, onde está Angelina?

– Está na sala de visitas, conversando com o inspetor Falcão Nobre.

Roberto encaminhou-se para o local indicado, encontrando a madrasta sentada e chorando.

– Aconteceu alguma coisa? – inquiriu o rapaz, aproximando-se da madrasta.

– Muitas coisas estão acontecendo, meu filho.

– Trago péssimas notícias.

– Já soube, Roberto. O Josias, amigo de seu pai, foi assassinado.

– Quem lhe contou?

– O inspetor Falcão.

– Não gosto desse policial. Parece-me que ele está sempre desconfiado de alguma coisa.

– "Desconfiado" não é a palavra certa. Ele realmente tem certeza de que o seu pai não se suicidou.

– Repita, por favor, o que você disse – pediu o rapaz, nervoso, mordendo o dedo da mão esquerda com trejeitos afeminados.

– Ele não afirma claramente que o seu pai foi assassinado, porque ainda não tem provas, mas tenho certeza de que ele descobriu alguma coisa que o deixa certo do assassinato de Alonso.

– Então por que o laudo pericial acusou suicídio?

– Não sei...

– Estou com medo, Angelina.

– Se realmente o seu pai foi assassinado, temos de nos preparar para passarmos por uma série de aborrecimentos.

Roberto beijou a madrasta e, despedindo-se, partiu em seu carro.

Angelina permaneceu sentada por alguns minutos, depois foi para o seu quarto, avisando que não desceria para jantar.

Minutos depois, Antônio bateu de leve na porta do quarto da patroa.

– Entre! – ordenou a viúva.

O rapaz entrou e ficou calado observando aquela bela mulher, que estava sentada numa banqueta, em frente a um espelho.

A moça perguntou:

– O que houve, Antônio?

– Eu soube da morte do deputado Josias.

– Infelizmente, o nosso amigo também partiu.

– Não consigo aceitar a morte de uma pessoa tão boa.

– Você sabe muito bem que a violência está fora de controle.

Antônio ficou em silêncio. Andou pelo quarto e depois falou:

– Alguém mandou matar o Josias.

Angelina levantou-se apreensiva. Pegou o braço do empregado e perguntou:

– Por que você afirma isso?

– Ora! Os noticiários dizem que ele foi morto com vários tiros e que o assassino não roubou nada.

– Você acha que foi execução?

– Eu não acho, tenho certeza.

– Quem teria interesse em matar um homem tão caridoso como o Josias? – perguntou a viúva, com o rosto contraído pela preocupação.

– Só Deus sabe. Talvez alguém que teve seus planos atrapalhados por ele.

A viúva ficou em silêncio, pensou e perguntou:

– Você tem ideia de quem seja essa pessoa?

– Não sei.

Antônio pediu licença à patroa e saiu do quarto.

Angelina estava inquieta. Resolveu ligar para o namorado.

– Alô, Marcos! Tenho novidades.

A moça relatou a conversa que teve com o inspetor. Marcos ouvia do outro lado da linha, sem interromper a namorada.

– Como o inspetor ficou sabendo que nos conhecemos?

– Não sei.

AMBIÇÃO

– Pois eu sei!

– Como?

– O inspetor Falcão sabe tudo sobre nós, inclusive do nosso relacionamento amoroso, e isso indica que as investigações dele estão bem avançadas.

– Então temos de fazer alguma coisa!

– O quê?

– Intimidá-lo, por exemplo.

– Como?

– Ameaçando denunciá-lo aos seus superiores, dizendo que ele está fazendo uma investigação extraoficial.

– Como você é ingênua, querida.

– Por quê?

– Ele simplesmente vai dizer que tudo isso não passa de fantasias da sua cabeça, pois não temos prova alguma. Além disso, as suspeitas dele sobre o possível assassinato de Alonso vão adquirir mais consistência e talvez ele consiga até uma autorização para abrir um inquérito policial.

– Meu amor, o que faremos?

– Por enquanto, nada – respondeu o rapaz. – Minha querida, lembre-se de que o velho Falcão é um fenômeno como detetive. Se ele já sabe da minha ligação com você, não tenho a menor dúvida de que logo teremos novidades desagradáveis.

– Você já sabia da morte do Josias?

– Sim, e não gostei, pois o deputado era muito ligado ao Alonso.

– O que você quer dizer com isso?

– Tudo indica que o assassino do Alonso já começou a agir.

– Querido, vou desligar, estou com sono – disse a namorada, preocupada com aquela conversa. – Amanhã nos encontraremos no mesmo lugar.

– Ok. Até amanhã.

Angelina vestiu um robe, desceu até a sala de visitas e ficou observando o quadro pintado a óleo. Sentou-se no sofá e ficou pensando: *Foi o Alonso quem pintou esse quadro, quando estivemos em Madri. Meu Deus, o que o Falcão descobriu? Acho que vou dar um fim nesse quadro.*

Neste momento, ouviu os passos de alguém, então se voltou e viu Josefa também de robe:

– Se eu fosse você, deixaria o quadro aí.

– Criatura, você me assusta entrando assim, sutilmente, e ainda por cima querendo adivinhar os meus pensamentos!

– Acho melhor a senhora não se desfazer do quadro. Se o inspetor descobriu alguma coisa ligada a ele, você passa a ser uma suspeita em potencial de um crime que ele acha que houve.

Angelina olhou para a empregada e perguntou:

– Do que você está sabendo?

– De tudo o que o pessoal já sabe.

– O que, por exemplo?

– Que o doutor Alonso de Aquino foi assassinado.

– Você acredita nisso?

– Não. Mas não se deve brincar com esse policial. Ele tem faro de cão treinado e vai descobrir o que quiser.

– Vou dormir, boa noite! – disse Angelina de surpresa, despedindo-se da empregada.

– Ontem, eu vi o inspetor.

– Onde? – perguntou interessada a patroa.

– No centro espírita que frequento próximo ao meu bairro.

– O quê? Então é verdade que esse homem é espírita? – indagou a viúva.

– Sim. E é muito amigo do nosso presidente do centro.

– Alguém já havia me informado, mas não achava que um policial da fama dele acreditasse em religião, principalmente na Doutrina Espírita – comentou a patroa.

Angelina refletiu por alguns instantes e depois seguiu em direção aos seus aposentos.

A empregada continuou na sala de visitas e pensou: Ainda me lembro quando o patrão estava pintando esse quadro.

No dia seguinte, Antônio sentou-se numa cadeira na cozinha para tomar sua refeição matinal, em silêncio.

Josefa aproximou-se e serviu o café dele, também em silêncio. De repente, ela comentou:

– O homem está muito desconfiado do suicídio do doutor Alonso. Ele viu alguma coisa naquele quadro que está na sala de visitas.

– O que ele descobriu?

– Não sei. Nem imagino o que se passa naquela cabeça.

Antônio, ao terminar de tomar seu café, ergueu-se e ficou observando a sua amiga. Josefa notou e, aproximando-se, perguntou:

– O que houve, Antônio? Quer fazer alguma pergunta?

– Sim. Você é espírita?

– Simpatizo com um centro próximo a minha comunidade e o frequento. Isso você já sabia. Então qual é o problema? – indagou a mulher curiosa.

O rapaz pensou, aproximou-se mais um pouco da mulher e, como se estivesse com medo de algo, disse:

– Ontem tive um pesadelo horrível.

– Posso saber como foi esse pesadelo?

– Sonhei que o doutor Alonso tentava me matar, apertando o meu pescoço e chamando-me de traidor – respondeu o homem de cabeça baixa.

– Será que esse homem está me perseguindo mesmo depois de morto? Pois tudo indica uma perseguição.

– O Espiritismo explica que a perseguição de um espírito, seja ele encarnado ou desencarnado, geralmente com a finalidade de vingança, se caracteriza como uma obsessão – respondeu a mulher com os olhos arregalados.

– Não acredito nisso, Josefa. Ninguém nunca voltou do mundo dos mortos.

– Segundo essa doutrina, nós não morremos nunca, portanto, se não morremos, quem morre é somente o corpo material que vai para o cemitério – comentou a mulher.

Antônio olhou para os lados, fez um gesto com as mãos e deixou a cozinha quase correndo em uma direção desconhecida para a mulher.

CAPÍTULO 6

ALMA PERTURBADA

O espírito Alonso de Aquino ergueu-se, olhou o quarto e viu Angelina sentada na cama, escovando seus cabelos, vestida com sua bela camisola, indicando que estava se preparando para dormir. Observou o ambiente e notou que tudo estava diferente, inclusive que sua cama fora trocada, alguns móveis também foram removidos, só permanecendo seus quadros preferidos. Perguntou-se: *Por que tudo está diferente em meu quarto? Não dei ordens para Angelina fazer nenhuma modificação.* Ele foi até o grande espelho do casal e não se viu. *Acho que ainda estou de ressaca,* pensou o homem. Caminhou pelo quarto, sentou ao lado da mulher, ficou em silêncio por alguns segundos, depois perguntou-lhe:

– O que houve, Angelina? Parece que estou chegando de uma grande viagem e não lembro de nada.

Não recebeu resposta. Novamente perguntou:

– Você me ouviu, Angelina? – falou em voz alta.

A mulher ignorou sua pergunta novamente.

– O que será que está acontecendo comigo? – perguntou-se o espírito desconfiado.

A mulher passou as mãos nos braços como se estivesse sentindo frio, ficou toda arrepiada e pensou: *Parece que tem alguém neste quarto que não vejo. Será que estou sendo observada?* Ergueu-se, foi ao banheiro, escovou os dentes, depois voltou ao quarto e deitou-se, mas seus pensamentos não a deixavam em paz, pois ora pensava no finado Alonso, ora em Falcão Nobre e ora no namorado.

O espírito recém-desencarnado não perdia nenhum pensamento da Viúva; estava com seus sentidos ampliados, visto que, quando alguém se desliga do corpo material, seus sentidos ficam livres e passam a abranger uma extensão maior, ainda desconhecida do ser humano. O espírito Alonso sabia perfeitamente o que Angelina estava pensando.

– Quem será esse Falcão Nobre? E quem será esse namorado, ao qual ela também se refere? Mas o que está me deixando nervoso é que, quando se refere a mim, é como se eu já tivesse morrido – pensava o espírito. – Acho que vou tomar um banho, trocar essa roupa e tentar descansar um pouco. Depois conversarei com Angelina.

Enquanto tirava a roupa, notou que estava suja de sangue, mas não ligou. Quando foi tomar banho, percebeu que continuava vestido e que o sangue continuava sujando-o. Passou a mão no lugar de onde o sangue saía e descobriu que era do ouvido. Apavorou-se e gritou:

– Angelina!

A viúva, que não conseguia dormir, ergueu-se rapidamente e ficou escutando.

– Parece que ouvi o Alonso. Acho que estou ficando maluca – falou para si. – Vou dormir, pois isso é sono.

O espírito Alonso de Aquino passou a mão no ouvido e certificou-se de que estava ferido. Saiu do banheiro e correu para a antessala dos seus aposentos e começou a se transformar, pois o períspirito, que ainda se encontrava envolvendo o espírito, sentia todas as sensações do mundo material, desequilibrando-o, a ponto de começar a chorar e a gritar que estava morrendo. Quanto mais passava a mão no ouvido, mais sangue saía, até que correu para a cama e chamou a viúva:

– Angelina, ajude-me, estou morrendo.

A mulher sentou-se na cama assustada, suando muito, e começou a ouvir vozes.

– Meu Deus, estou ouvindo a voz de Alonso pedindo ajuda – falou em voz baixa. – Será que esse homem não morreu mesmo? Mas, Falcão disse não ter dúvida de que ele suicidou-se, embora esteja investigando um possível assassinato. – Começou a andar pelo quarto com medo das vozes que ouvia, pensando em falar rapidamente com o inspetor, pois estava quase enlouquecendo com aqueles pensamentos. Ligou para o inspetor Falcão, que havia chegado a seu apartamento e continuava pensando na morte do empresário.

– Alô!

– Falcão, sou eu, Angelina!

– O que houve, Angelina?

– Estou ouvindo Alonso, falando, gritando e chorando – disse a mulher. – Acho que vou enlouquecer!

– Calma! Procure um lugar calmo e faça uma prece; Alonso deve estar perturbado sem saber o que houve.

– Falcão, esse homem já morreu. Será que você ficou louco?

– Angelina, nós não morremos – disse o inspetor. – Apenas mudamos de estado: do material para o espiritual.

– Vou tentar.

Estou pasma em saber que Falcão mandou-me orar, pensou a mulher ironizando.

– Amanhã passarei em sua casa e conversaremos com mais calma – disse o inspetor desligando.

O espírito Alonso de Aquino viu caído ao solo de seu quarto um homem todo ensanguentado. Aproximou-se, abaixou-se e ficou observando aquela criatura.

AMBIÇÃO

O homem pôs a mão na cabeça e comentou para si:

– Esse homem está morto em meu quarto e a Angelina não viu.

Angelina orou, recorrendo às preces que havia aprendido com sua mãe enquanto criança. Depois tomou um pouco de água, pegou um livro e tentou ler, para distrair a mente.

Enquanto isso, o espírito Alonso de Aquino aproximou-se do cadáver e observou com cuidado que era ele mesmo que estava morto. Começou a tremer, gritou, correu para a porta e saiu correndo, até que chegou ao cemitério.

Alguns espíritos que transitavam ali gritavam; outros gemiam e lamentavam suas dores, passando pelo espírito Alonso de Aquino e zombando dele.

– Olha aí o pai dos pobres – dizia um.

– Eu pensei que rico não morresse, mas a vez dele chegou também – dizia outro.

Alonso, observando aquela balbúrdia, perguntou-se:

– Será que morri mesmo? Mas eu estou vivo, nem fui sepultado.

De repente começou a sentir dores. Ouviu um barulho como se fosse de um tiro, passou a mão no ouvido e sentiu que o sangue escorria. Ficou apavorado e saiu correndo sem destino; não sabia onde buscar socorro.

Quando pensou em socorro, imediatamente se encontrou num hospital, onde observou várias pessoas sendo atendidas, mas ficou desconfiado porque esses pacientes estavam sendo socorridos por médicos e enfermeiras diferentes daqueles que estava acostumado a ver. Sentou-se, encostou as costas na parede de um grande corredor e começou a chorar de dor. Verificou suas roupas e notou que estavam rasgadas e sujas; calçava uns sapatos velhos e sempre tentava pensar em algum conhecido, mas, aos conhecidos que lhe vinham à mente não tinha coragem de pedir socorro, por causa da vergonha que sentia de si, principalmente quando pensava:

– *"Não posso pedir socorro a essa gente, pois todos vivem à custa do meu dinheiro. Tenho que me esconder até melhorar um pouco e pedir para Angelina que me interne num dos melhores hospitais do país".*

A perturbação espiritual do espírito Alonso de Aquino continuou, até que perdeu totalmente a sua identidade, já que os espíritos afastados de Deus, principalmente aqueles que louvam o dinheiro como se fosse seu Deus, levarão anos para entender que não pertencem mais ao mundo dos "vivos".

Angelina adormeceu e sonhou que o marido estava vivo, sofrendo de fome, sede e dores provenientes do tiro no ouvido. Ela o viu deitado no corredor de um hospital público, gemendo e delirando de febre. Tentou aproximar-se, mas algo a repelia, sem deixá-la aproximar-se daquela alma que começava a sofrer do outro lado da vida. Quando acordou, sentiu necessidade de conversar com Falcão Nobre, querendo tirar umas dúvidas, mormente quando se lembrava de que ouvira a voz do finado marido.

Será que existe fantasma?, pensava a mulher, enquanto fazia sua higiene matinal.

Sentou-se na cama, refletiu mais um pouco e levantou-se quando seus pensamentos voltaram à realidade, e a realidade, para ela, era o inspetor Falcão Nobre, que desconfiava de que o marido não havia se suicidado, e, sim sido assassinado.

Nem quero pensar se o inspetor descobrir que realmente Alonso foi assassinado, pensou, descendo para tomar sua refeição.

Antes que Angelina chegasse à sala de refeições, uma de suas empregadas avisou que havia um homem da polícia esperando-a na sala de visitas.

– Ok. Já estou indo.

Assim que a viúva viu o inspetor, aproximou-se, pediu que ele se sentasse e foi logo narrando o que tinha acontecido na noite anterior.

Falcão ouviu Angelina com atenção, tentando esquecer a investigação por alguns momentos, com o objetivo de ajudar aquela mulher tão perturbada.

– Fico com vergonha de estar tomando seu precioso tempo narrando essas bobagens – desculpou-se.

O homem aproximou-se e com voz calma e firme fez um breve comentário sobre a Doutrina Espírita, depois a fitou e acrescentou:

– Você deve ser uma pessoa que tem uma faculdade especial, que nós, os espíritas, chamamos de mediunidade.

– Desculpe-me, inspetor, mas não acredito em nada além desta vida – disse a mulher com voz firme. – Porém, eu sei que não estou louca, porque ouvi muito bem a voz e sei que era de Alonso.

Falcão ergueu-se, demonstrando que ia embora, mas Angelina adiantou-se e perguntou:

– O que devo fazer nesse caso, segundo sua religião?

– Orar muito por seu finado esposo; ele deve estar sofrendo bastante – respondeu o policial.

– Falcão, eu sei que temos nossas diferenças, portanto lhe pergunto: você acredita que foi mesmo o meu marido que falou o que ouvi?

– Não tenho a menor dúvida; nós não morremos – respondeu ele, caminhando em direção à porta.

Antes de deixar a sala, Falcão fitou a viúva e mais uma vez, falou: – Quero avisá-la, de que, como policial, não posso misturar religião com minha profissão, pois posso cometer o erro de me mistificar, e a lei não aceita nada que não possa ser comprovado materialmente.

– Quer dizer...

– Quer dizer que as minhas desconfianças sobre qualquer crime, eu tenho que provar materialmente – disse o policial, interrompendo a mulher e caminhando em direção ao seu carro.

Ele ainda não desistiu de provar que Alonso foi assassinado, pensou a viúva.

CAPÍTULO 7

BIRA NA MIRA DE JACARÉ

No barraco do traficante Jacaré, na Favela do Camarão, alguns homens estavam reunidos e outros conversavam na laje observando a paisagem maravilhosa da natureza.

– Bela paisagem – disse um dos homens.

– Essa vista é privilegiada, pois o chefe consegue saber quem vem subindo o morro – disse o outro, com ar de quem estava admirado.

Passava da meia-noite.

Bira adentrou o barraco, cumprimentou todos com seu linguajar próprio de gente que fora criado na comunidade e sentou-se.

– Parceiro, o que houve com o doutor Josias? – perguntou o chefe.

– Não sei, Jacaré – respondeu Bira de maneira natural.

– Você quer brincar comigo, parceiro?

– Eu juro que não conheço esse tal de Josias.

Jacaré demonstrava inquietação. Voltou-se de repente

com a pistola na mão e, surpreendendo o bando, bateu com o cano da arma na cara de Bira.

– Não me faça de idiota! – berrou o traficante, com os olhos injetados de sangue.

Bira urrou de dor. Tentou limpar o sangue que escorria pelo rosto, através de um corte provocado pelo impacto do cano.

O chefe segurou o comparsa pelos ombros e jogou-o no chão, depois colocou a pistola em sua cabeça e perguntou:

– Quem matou o doutor?

Bira, que estava bastante machucado, se manteve em silêncio.

Jacaré olhou para os amigos, que estavam sentados em silêncio na sala, e perguntou:

– O que faço com esse idiota?

Ninguém se atreveu a falar. Todos disfarçaram o olhar, como se nada estivesse acontecendo naquele momento.

– Chefe, é melhor saber a verdade para se tomar uma decisão acertada – sugeriu Borracha com muito cuidado, para não irritar o bandido.

– A verdade eu já sei! Bira matou o deputado! Amanhã, ou ainda esta noite, a polícia fará uma *blitz* em nossa comunidade, por causa da burrice desse moleque! – esbravejou o traficante.

Baiano, com ar tímido, pediu licença e perguntou:

– Como você soube que foi o Bira quem matou o deputado?

– Alguém de minha confiança viu tudo e na mesma hora eu fiquei sabendo.

Disfarçadamente, Baiano olhou para Borracha. Ele olhou para Bira e perguntou:

– Mano, diga a verdade. Você matou o doutor?

– Matei.

– Por que você fez isso? – perguntou o chefe do bando.

– Você sabia de tudo! – respondeu o acusado com voz firme.

– Eu sabia que você havia recebido dinheiro de uma mulher da alta, para apagar alguém.

– Que diferença faz agora?

– Muita diferença, pois, se eu soubesse que a vítima seria o deputado Josias, jamais permitiria que você apagasse o homem.

Um rapaz magro que estava encostado na parede atreveu-se a falar:

– Chefe, nós não podemos matar nossos homens por causa desse pessoal da alta, porque essa gente é pior do que nós. Além disso, o Bira é especial para os nossos negócios e é nosso irmão.

– Rato, você não sabe o que está dizendo – comentou Jacaré, tomando mais um gole de bebida.

– Esse tal de deputado não era mais importante do que os nossos manos da comunidade – disse o Rato com voz firme, encarando o chefe.

– Parceiro, não se meta nas minhas decisões! – disse Jacaré com ar ameaçador.

– Você chefia o tráfico no morro, porém, isso não lhe dá o direito de matar nossa gente, simplesmente porque um sujeito pior do que nós morreu! – atreveu-se a dizer Baiano.

Jacaré chutou uma cadeira que estava na sua frente, arremessando a garrafa com um resto de bebida na parede. Fitou Rato e Baiano e, com o semblante demonstrando uma fúria descontrolada, disse:

– Vocês são burros e merecem ser a escória da sociedade!

Fez uma pausa, enquanto respirava e pensava, depois continuou:

– Ninguém percebeu ainda que quem manda realmente nesta porcaria de comunidade são os homens do poder? – perguntou o bandido, furioso. – Nós não somos nada, entenderam, seus idiotas? Nós não passamos de massa de manobra, que os poderosos usam para desculpar seus crimes.

Baiano aproximou-se cautelosamente do chefe, pensou e depois perguntou:

– Você tinha negócios com esse deputado?

AMBIÇÃO

– Os meus negócios não interessam a vocês!

Bira continuou sentado no chão, limpando o sangue com a camisa.

Jacaré aproximou-se dele e disse:

– Levante-se e vá cuidar desse ferimento.

O silêncio reinou no ambiente.

Jacaré, cambaleando, sentou-se num sofá e fechou os olhos. Após alguns minutos levantou-se e, andando meio trôpego pela sala, começou a falar:

– Pessoal, temos um problema muito sério e devemos resolvê-lo com urgência.

Os bandidos ficaram em alerta.

– Vocês têm razão quanto à questão de estarmos nos destruindo, enquanto muita gente fica mais rica à nossa custa, com o sacrifício das nossas vidas – disse o chefe com a voz atropelada pelo efeito das drogas e bebidas.

Jacaré era viciado, traficante de todos os tipos de drogas e armas, e movimentava muito dinheiro, que ele quase não via em seus bolsos, pois tudo era escoado para as contas de pessoas aparentemente honestas – autoridades e grandes empresários – , gente acima de qualquer suspeita.

– Que problema tão sério é esse? – perguntou Borracha, curioso e com ar preocupado.

– Temos de matar o inspetor Falcão Nobre.

Todos silenciaram, como se estivessem combinados. Naquele momento ouvia-se até o voo das moscas.

Bira, que estava limpando o sangue do rosto, começou a andar, visivelmente nervoso. Baiano contraiu o rosto, fez um cacoete, olhou para Borracha e baixou a cabeça. Rato com ar desafiador aproximou-se do chefe e disse:

– Mano, estou fora disso!

– Se não tirarmos Falcão de circulação, todos nós vamos parar na cadeia. Entenderam a situação ou não? – perguntou Jacaré com um sorriso irônico.

Bira mantinha-se calado e pensativo.

– No que você está pensando, Bira? – perguntou o traficante, agora com voz mais calma.

– Alguns dias atrás você disse que não se preocupava com o inspetor Falcão, porque nada devia a ele – respondeu Bira com a cabeça baixa.

– Realmente, nada devo a ele.

– Então, por que devemos matá-lo? – perguntou Bira.

– Ordens.

– De quem, mano? – atreveu-se a perguntar um dos bandidos que estavam no barraco do chefe.

– De alguém com poder suficiente para mandar o Bira de volta à cadeia. Inclusive, esse "alguém" sabe que esse moleque está foragido e escondido na Favela do Camarão.

– Se matarmos o inspetor, vamos atrair as polícias estadual e federal para todas as comunidades da cidade. Portanto, é melhor pensarmos melhor e traçarmos um plano antes de para executar o inspetor.

– Concordo com o Bira – disse Baiano

– O Bira tem razão. Já estamos muito visados – também falou Borracha.

– Estou com os manos, porém, aviso que matar o inspetor em plena investigação para saber quem "apagou" o deputado é suicídio – falou Rato.

Jacaré, que estava caminhando inquieto, sentou-se e disse:

– Tudo bem. Por enquanto daremos uma trégua, mas, na primeira oportunidade, tiraremos o inspetor de circulação.

Amanhecia quando os bandidos saíram da casa de Jacaré e tomaram a direção de seus barracos. Por volta do meio-dia, Bira foi ao local onde o corpo do deputado estava sendo velado, para sondar o ambiente e tentar ouvir algum comentário nos bares adjacentes. Foi quando, repentinamente, ele viu o inspetor Falcão saindo do velório. Apesar de tentar disfarçar, tinha certeza de que o policial o tinha visto.

AMBIÇÃO

O celular de Jacaré tocou. Ele ergueu-se meio trôpego – consequência da noite maldormida, provocada pelo consumo de droga, bebida e a reunião com seus comparsas. Atendeu ao telefone.

– Alô!

– Jacaré, é o Bira.

– Diga lá, parceiro.

– Estou em frente ao velório do homem.

– E daí?

– Vi o inspetor Falcão saindo do velório.

– Ele viu você?

– Acho que não – Bira omitiu esse detalhe.

– Cuidado, parceiro. Até mais.

O bandido desligou o telefone e ficou de olhar fixo na parede em frente. Pensou: *Esse homem está sabendo de tudo. Tenho duas alternativas: matá-lo ou despistá-lo. Mas como farei isso?*

– Coceira! – gritou o chefe do tráfico.

Um rapazola vestindo somente uma bermuda suja entrou com os olhos arregalados no barraco.

– Pronto, chefe!

– Chame o Borracha imediatamente.

Borracha havia acordado e estava bebendo no mesmo bar de costume.

Recebeu o recado e foi imediatamente falar com o chefe.

– Pronto, chefe.

– O Bira telefonou dizendo que viu o inspetor saindo do velório do homem.

Borracha fez uma cara de preocupação, passou a mão na cabeça e depois retrucou:

– Qual o problema?

De repente ouviram o barulho de um helicóptero.

Ambos deram um salto do sofá. Alguém entrou correndo.

– Chefe, desde cedo os homens estão fazendo uma barreira na subida do morro, e as outras comunidades também estão sendo vigiadas por helicópteros.

– Avise para todos tomarem cuidado. Todo mundo tem de se livrar daquilo que pode ser motivo de uma prisão em flagrante. Também devem conduzir seus documentos, evitar portar armas, drogas e, se possível, não ingerir bebidas alcoólicas por esses dias.

Borracha mostrava estar preocupado. Ele perguntou:

– Por que você mandou me chamar?

– Vá imediatamente a esse endereço e avise que o inspetor deve morrer, pois não estou mais segurando a barra. Entendeu, parceiro?

– É melhor você telefonar.

– Deixe de ser idiota, parceiro! Todos os telefones do morro devem estar grampeados pela polícia!

– Ok – ele pegou o papel, meteu no bolso e saiu.

Jacaré ficou sentado, pensando consigo mesmo: *Calma, Jacaré.*

À tarde, Bira entrou no barraco de Jacaré e informou-lhe:

– Mano, as coisas estão ficando perigosas para nós.

– Por quê?

– Eu não sabia que matar um deputado era tão perigoso.

– Agora, você já sabe. Bem, não interessa o que passou, o importante é buscarmos uma solução.

– Mano, estou desconfiado do motivo que levou a polícia a escolher justamente nossa comunidade para fazer essa barreira.

– Certamente alguém deve ter denunciado que o assassino é daqui – comentou o chefe do tráfico, pensativo.

Bira ficou em silêncio, depois se despediu e foi para o seu barraco deixar as coisas esfriarem.

No dia seguinte, a barreira da polícia continuava na subida do morro.

Jacaré estava escondido, pois não podia vacilar, uma vez que os homens estavam lá embaixo – todos os clientes foram avisados de que naquele dia era feriado –, quando alguém bateu na porta de seu barraco. Ele gritou:

– Entre!

A porta se abriu. A figura imponente de um homem com ares de dono adentrou a sala. Ele tinha olhos frios e não mexia sequer um músculo da face, demonstrando uma segurança total das emoções, não deixando que ninguém percebesse o que estava se passando em seu interior.

Jacaré limpou o nariz e, com uma pistola na mão, perguntou:

– Quem é você, parceiro? Hoje estamos de folga!

O homem vasculhou com o olhar todo o ambiente e depois, fitando dentro dos olhos do bandido, se apresentou:

– Sou o inspetor Falcão Nobre.

Jacaré ficou pálido. Tentou soltar a arma e ficou sem ação, magnetizado pelo olhar e pela figura daquela criatura.

O homem acendeu um cigarro e sentou-se num sofá.

– Estou aqui em missão de paz, ou melhor, eu sou de paz, amigo, graças a minha santa mãe, que deve estar num bom lugar.

O bandido olhou para suas pistolas e para a metralhadora que estava sobre o sofá e pensou: *Posso acabar com ele aqui mesmo*.

O policial disse, adivinhando seu pensamento:

– Tente fazer o que está pensando. Pode ser que você tenha sorte, quem sabe...

Jacaré tentou se controlar. Sentou-se também e, depois de alguns minutos observando aquele homem sentado de pernas cruzadas, com uma das mãos sempre solta, sinal de que ela podia entrar em movimento a qualquer momento, talvez para empunhar uma arma, pensou: Credo! Esse sujeito parece que tem acordo com o diabo, pois sabe até o que estamos pensando.

– Você não pode me prender, estou limpo. Além disso, não tem uma ordem judicial para entrar na minha casa. Quanto a falar com a chefia, isso somente na presença do meu advogado – disse o rapaz.

– Não vim prender você nem estou interessado nisso. Quanto a entrar em sua casa, estou apenas fazendo uma visita a um amigo. Além disso, se eu quisesse prendê-lo já o teria feito, pois motivos não me faltam.

O inspetor respirou profundamente, esquadrinhou o ambiente à procura de algo e disse:

– Meu jovem, eu não sou um policial bandido, pois, se fosse, você já estaria sendo levado para o Instituto Médico Legal ou o cemitério de vocês, que se resume a jogar o corpo do alto do morro.

Jacaré ficou mudo e engoliu seco. Tremeu, baixou o olhar e pensou:

Tenho que ir devagar com a chefia. Talvez ele queira uma desculpa para prender-me ou mesmo matar-me.

O inspetor fitou-o e, displicentemente, como se estivesse conversando com um amigo, comentou:

– Falam por aí que o doutor Alonso de Aquino foi assassinado.

O traficante ficou arrepiado e tentou tomar um gole de bebida, porém, olhou para Falcão e desistiu da ideia.

– O que você me diz dessa história?

– Que história, chefia?

– Na sua opinião, Alonso foi ou não assassinado? – perguntou o inspetor.

– Sei lá. Estou sabendo disso agora – respondeu o marginal passando a mão no nariz.

O inspetor foi até uma porta com cortina, atravessou-a e ficou observando um pequeno quarto que estava vazio. De repente tirou um canivete do bolso, raspou algo no piso, colocou na mão e provou. Cuspiu e disse:

AMBIÇÃO

– Cocaína de péssima qualidade.

Jacaré começou a tremer, pois aquilo já era o suficiente para o inspetor prendê-lo. Pensou nos seus homens, nos amigos que tinha na polícia para defendê-lo, todavia, desistiu da ideia – aquele homem era um verdadeiro policial, não havendo nada que desabonasse sua idoneidade moral.

– Gente boa, será que Alonso realmente se suicidou? – indagou novamente o inspetor com ar irônico.

– É isso que todo mundo sabe, doutor.

– É. Eu também acho.

O traficante estava com a cabeça doendo, por falta da droga e porque o inspetor queria confundi-lo de qualquer maneira.

Falcão fitou o rapaz e, sorrindo, inquiriu-lhe:

– Por esses dias apareceu por aqui alguém que não frequenta a comunidade?

– Sempre aparece, né, doutor.

– Quero saber de alguém que não veio comprar droga.

– Não vi ninguém.

Falcão Nobre se levantou e, aproximando-se mais um pouco do bandido, disse-lhe:

– Vou embora. Cuidado com a droga que você tem em estoque e com o paiol de armamento e munição que você ocultou lá em cima, pois, ainda hoje, algum policial honesto poderá vir até aqui.

Jacaré sentiu a ameaça no ar e falou rápido:

– Chefia, soubemos que uma mulher muito bonita esteve nesta comunidade há uns dois dias, conversando com um dos nossos amigos.

– Você conhece essa mulher?

– Não. Soube apenas que ela conversou com um de nossos amigos e foi embora.

– Estamos ficando amigos, Jacaré.

– Agora não sei mais nada, doutor.

– Como é o nome do seu amigo?

O rapaz, antes de responder, pensou: *Não posso trair meus homens, senão perderei o comando. E se eles souberem de uma traição dessas estou morto.*

– Doutor, eu soube apenas que era um amigo nosso, mas não sei o nome dele, não.

– E quem falou isso para você? Outro amigo? Esse você sabe quem é?

O bandido notou que havia perdido o jogo.

– Sei.

– Chame-o, por favor.

O chefe do bando gritou:

– Coceira!

– Pronto, chefinho.

– Chame o Borracha aqui, imediatamente.

O inspetor fez um gesto com a mão e falou:

– Não precisa chamar o rapaz. O nome dele é Borracha?

– É sim, chefia.

– Vou embora, acho que nos veremos depois. Até logo!

Antes de o inspetor Falcão Nobre deixar o barraco de Jacaré, pôs a mão no ombro do rapaz e perguntou:

– Aqui nesta comunidade tem centro espírita?

– Tem. O Centro Espírita João Batista – respondeu o rapaz, desconfiado.

– Acho que depois farei uma visita a essa instituição espírita.

– Esse centro é muito pequeno, serve apenas para os poucos que são espíritas na comunidade – disse o Jacaré tentando desviar a atenção do policial.

– São desses centros que eu gosto. A minha santa mãe dizia que o que importa são nossas ações, e elas podem ser praticadas em qualquer lugar – disse o policial fazendo um gesto e despedindo-se. – Aconselho-o a participar das reuniões desse centro, pois você vai entender a beleza dos ensinamentos da Doutrina Espírita.

Após a saída daquela visita estranha, o bandido começou a chutar tudo o que estava à sua frente. Praguejava e ameaçava,

AMBIÇÃO

dizendo que ele mesmo daria cabo daquele maldito policial. Ele falava alto:

– Ele acha que sou um idiota? Conseguiu que eu delatasse meus amigos e agora ele sabe de muita coisa. Sou burro e medroso! Como vou encarar meus homens? Tenho que resolver a parada pessoalmente.

Ele sentou-se, pensou e falou em voz baixa:

– Esse sujeito é tão cínico que ainda me aconselhou a frequentar um centro espírita.

Borracha, que estava na espreita, entrou no barraco e viu o estrago que o amigo fizera.

– O que houve, Jacaré? – indagou Borracha, cauteloso.

– Não me faça perguntas, Borracha. Deu o recado no endereço que lhe passei?

– Sim.

Jacaré, que estava com a pistola na mão, mirou o amigo, pensando: *Agora seria uma boa oportunidade de calar a boca dele. Sei que ele logo ficará sabendo que o traí, mas a polícia está lá embaixo e com certeza eu me daria mal. Não vou me arriscar mais uma vez.* Baixou a arma e disse para si: *Calma, Jacaré.*

Borracha estava desconfiado; sabia que o homem que terminava de sair daquele barraco era o inspetor Falcão Nobre e que algo de muito grave havia acontecido.

– O que o inspetor queria? – perguntou ele.

– Nada que lhe interesse.

Neste momento, Bira entrou quase correndo e atrás dele vinham Rato e Baiano, ou seja, o estado-maior do tráfico na Favela do Camarão.

Quando eles adentraram o barraco, viram os móveis de pernas para o ar, algumas coisas quebradas, o amigo Borracha em pé e Jacaré sentado espumando, como se estivesse tendo um ataque epilético.

Eles ficaram em silêncio.

Baiano, muito sagaz, chamou Coceira e perguntou:

– O que houve por aqui, Coceira?

– Não sei de nada.

– Quer morrer, moleque?

– Não tenho nada para falar.

O silêncio se abateu sobre o bando. Cada um pensava em algo diferente.

O chefe, mais calmo, foi até uma janela e voltou. Resolveu falar a verdade.

– O inspetor Falcão Nobre esteve aqui.

– Isso nós já sabemos, pois, quando ele subiu, fomos informados imediatamente, e só não comunicamos a você, porque a polícia estava observando e ouvindo tudo – disse Baiano com ar irônico.

– Queremos saber o que aconteceu entre vocês – perguntou Borracha com voz trêmula.

– Nada.

– Então, por que você teve esse acesso de raiva? Por acaso vocês brigaram?

– Seu burro! Você acha que Falcão é homem de andar se agarrando com outro homem? Isso fica para quem não usa a cabeça!

Bira perguntou também, meio receoso:

– Ele desconfia de que o assassino do deputado está aqui?

Jacaré observou Bira longamente – o que causou um grande mal-estar no rapaz – e, com os olhos vermelhos, pensou: *Vou dizer a verdade, e, se houver briga, resolveremos logo a parada. É matar ou morrer. Ninguém pode atirar, porque a polícia está lá embaixo.*

– Ele já sabe que o assassino do deputado foi um de nós.

– Não estou entendendo essa parada, chefe – falou Rato desconfiado.

– Eu contei que uma mulher lá de baixo veio falar com um dos nossos homens, mas não falei o nome do matador.

Jacaré fez uma pausa e continuou:

AMBIÇÃO

– Eu disse que foi um dos nossos que havia matado o "homi".

– Por que você disse isso? – inquiriu Baiano, nervoso.

– Porque fui coagido e não me restou alternativa. O homem entrou no meu barraco e descobriu muita coisa.

– O que, por exemplo? – indagou um deles, com ar de quem estava bastante preocupado.

– Descobriu drogas, armas, munição e ameaçou mandar fazer uma busca ainda hoje.

Todos se levantaram e alguns quiseram correr, porém, o chefe notou que o momento era propício para se limpar.

– Eu falei apenas um nome – disse o chefe, tentando encontrar uma solução.

– Qual? – perguntou Bira, passando a mão nos cabelos.

– Borracha.

Borracha levou a mão ao revólver, mas viu uma firme decisão no olhar de Jacaré de mandá-lo para o outro mundo, então ele parou, pois o chefe já estava com a metralhadora apontada para eles.

– Sentem-se e vamos conversar – ordenou Jacaré. – Vocês estão enganados com Falcão Nobre.

Borracha perguntou, meio desconfiado:

– Por quê?

– Ele não está querendo pegar "peixe pequeno", pois, se quisesse, já o teria feito. O homem merece o nome que tem, ele realmente é "nobre". Além disso, é espírita, e todo mundo sabe que os espíritas evitam fazer o mal, pois, segundo ouço falar por aí, a doutrina deles ensina que existe uma Lei de Causa e Efeito, ou seja, se alguém faz o mal vai ter de pagar – respondeu Jacaré, meio aborrecido com os comparsas.

Baiano arregalou os olhos e disse:

– Não estou entendendo nada!

– Por isso é que você é bandido pobre!

– Não me ofenda, Jacaré!

– É verdade.

– Por quê?

– Porque homens como Falcão só pescam "peixe grande".

– E o que nós temos a ver com isso?

– Somos as iscas para ele chegar até os tubarões. Entenderam, idiotas?

Borracha, ainda com raiva, perguntou:

– Por que você falou meu nome?

– Foi a maneira que encontrei para frear as intenções dele, por enquanto.

– Por enquanto?

– Sim. Nós acabaremos com a vida daquele safado.

Nervoso, Rato também perguntou:

– Nós?

– Sim.

Bira, que estava calado e inquieto, perguntou:

– E a minha situação, como é que fica?

– Ele não sabe que foi você quem matou o deputado.

– Mas ele sabe que o Borracha, um amigo nosso, sabe quem matou o "homi", e por isso não vai ser difícil ele chegar até a mim.

– Ele jamais chegará até vocês.

– Por quê?

– Porque vocês vão matá-lo ainda hoje.

Os dois se levantaram, como se impulsionados por molas invisíveis, e questionaram em coro:

– Nós?

– Exatamente.

– Estou fora! Prefiro sumir daqui para outro lugar a enfrentar aquele homem – disse Borracha.

– Você ficou louco? Jamais conseguiremos matar aquele cão – falou, também, Bira.

– Qual alternativa vocês escolhem? Matar o inspetor ou a cadeia?

– Por que você está falando assim? – perguntou Bira.

– Não vejo outra saída a não ser entregá-los para a polícia lá embaixo, pois foram vocês que criaram toda essa confusão em torno do nosso pessoal. Não mato vocês neste momento porque os considero meus manos.

Bira e Borracha saíram do ambiente e foram para o boteco onde costumavam beber e conversar.

Os outros foram saindo de cabeça baixa.

Jacaré pensou, quando ficou só: *Tenho de tomar cuidado, pois eles vão buscar uma solução. Talvez matem Falcão ou vão resolver acabar comigo.*

– O que você acha da proposta do Jacaré? – indagou Bira de surpresa no boteco.

Borracha, que estava de cabeça baixa, disse:

– Deus me livre de tentar matar aquele homem.

– Por que você diz isso?

– Bira, por favor, seja mais inteligente. O inspetor está esperando que alguém tente matá-lo a qualquer momento.

– E daí?

– Não temos nenhuma chance nessa tentativa. O homem está prevenido, principalmente agora que ele sabe o meu nome.

– E o Jacaré?

– O que tem o Jacaré?

– Ele pode morrer a qualquer momento.

– Acho que você ficou maluco! Se por acaso o Jacaré sonhar que estamos cogitando a morte dele, não teremos nenhuma chance de sobrevivermos.

Ambos ficaram em silêncio.

Enquanto isso, em seu carro, Falcão dirigia-se para a Central de Polícia, ouvindo uma música no rádio e pensando: *Plantei uma semente no meio do bando de Jacaré; agora, é só esperar pela colheita.*

CAPÍTULO 8

O VELÓRIO

O dr. Antunes, empresário e importante político, estava sentado à cabeceira da mesa com uma caneta na mão, riscando aleatoriamente um papel. Quem prestasse atenção, observaria que o pensamento dele não estava concentrado naquela reunião.

O restante rodeava a mesa: dois homens e duas mulheres estavam em silêncio.

– Vocês tomaram conhecimento do assassinato do nosso amigo, o deputado Josias? – indagou o senador como quem não soubesse de nada.

Um dos homens que participava da reunião confirmou.

– Tomei conhecimento do caso desde ontem. Estamos no meio de uma guerra civil neste país e ninguém ainda se deu conta disso.

– Meu caro Alexandre, cada um que se cuide, principalmente você, que está à frente dos meus negócios.

– Isso é verdade – disse Alcântara, outro participante da reunião.

– Temos de tomar providências urgentes. A situação é de dar medo – disse uma mulher jovem e bonita, que estava ao lado do senador.

– Que providências devemos tomar, Ester? – indagou o parlamentar. – Lembre-se primeiro do quanto é precária a nossa situação.

– Você está se referindo às empresas? – perguntou Marta, outra mulher que estava fazendo alguns apontamentos.

– Claro! Você acha que estou preocupado com a morte do Josias? Ora, ele se expôs demais, por isso morreu. Minha preocupação é com os negócios, pois, como parlamentar, eu não posso me arriscar misturando as coisas – respondeu o político. – Devo tomar cuidado com o povo senão terminarei sendo rejeitado pelo partido e perdendo as bênçãos do governo.

– Você sabe muito bem que as empresas estão saindo do vermelho graças à injeção de dinheiro que recebemos – disse Ester, irmã do senador.

– Sabe quem está duvidando do suicídio de Alonso de Aquino? – indagou Soares, o segurança do senador.

– Não.

– O inspetor Falcão Nobre.

O senador levantou-se automaticamente e perguntou a todos:

– Vocês estão sabendo disso?

Soares era um homem que aparentava uns trinta e cinco anos, alto, moreno claro, com um semblante que não deixava dúvidas quanto ao seu caráter e profissão.

– Consegui esta informação através de um colega que trabalha na polícia – comentou o segurança.

– Quem mais sabe disso?

– Angelina, Marcos e alguns policiais, colegas de Falcão.

O senador sentou-se e colocou as mãos na cabeça,

ficando em silêncio. Aos poucos as suspeitas do assassinato de Alonso vão se tornando perigosas, pensou.

– A reunião está encerrada! – disse ele, levantando-se. – Não tenho mais condições de falar sobre negócios. Vou visitar o corpo de Josias.

O corpo do deputado estava sendo velado na Assembleia Legislativa.

Muita gente fazia fila para despedir-se daquele homem bom, que ajudava às comunidades carentes, junto com o seu amigo Alonso de Aquino, que se suicidara.

Enquanto o povo comum entrava na fila, para ver, pela última vez, o corpo do seu benfeitor, vários amigos e parentes prestavam solidariedade à família dele.

Entre os amigos encontravam-se políticos, empresários, autoridades, lideranças comunitárias, representantes de religiões e seitas, e outras pessoas menos conhecidas na cidade.

Quando o senador Antunes entrou no recinto, algumas pessoas cochicharam. Ele, acostumado com essas manifestações, continuou na fila.

Foi até o caixão e fez uma reverência religiosa, depois se encaminhou para o local onde estava a família e apresentou suas condolências e pesares, beijando a mão da viúva.

O parlamentar observou Angelina sentada, cabisbaixa, tentando enxugar as lágrimas.

– Olá, Angelina – saudou o senador, aproximando-se da viúva de Alonso de Aquino. – Como você está?

– Bem, senhor.

– Depois que tudo isso passar, eu desejaria conversar com você – disse o senador Antunes.

– Tudo bem. Quando o senhor quiser, vamos marcar um horário para ficarmos à vontade em minha casa.

– Acho melhor conversarmos em um lugar discreto.

– Como assim? Não estou entendendo.

– Devemos evitar um contato muito exposto, pois estão acontecendo coisas estranhas – disse o senador.

AMBIÇÃO

– O senhor se refere ao assassinato do deputado?

– Também.

– Então adiante logo o assunto que devemos tratar.

– Não tenha pressa, minha querida.

O senador afastou-se discretamente, deixando Angelina pensativa.

Antunes dirigiu-se novamente à família do morto para despedir-se, quando de repente ele viu alguém que o deixou paralisado e pensativo: *O que esse homem está querendo?* Em vez de despedir-se, como era seu propósito, sentou-se e ficou observando a pessoa que havia entrado naquele momento: o inspetor Falcão Nobre.

O policial, também, como exímio observador, vasculhou todo o ambiente com o seu olhar de investigador.

Angelina estava de cabeça baixa, com os olhos encobertos pelas lentes escuras dos óculos, observando todos os movimentos das pessoas.

Notou que o político estava de saída, porém sentou-se, adiando sua retirada. Observou num canto, quase escondido, dr. Marcos. Vislumbrou, também, na fila do pessoal que ia visitar o corpo, Ester, Marta e Roberto, filho de Alonso de Aquino.

O inspetor Falcão Nobre já descobriu alguma coisa e agora confere, disfarçadamente, os que estão em seus apontamentos, pensou o político.

Falcão saiu discretamente do velório após ver o corpo; porém, antes disso, cumprimentou Angelina com um aceno de cabeça. Quando entrava em seu carro, pressentiu que alguém o observava. Voltou-se de repente e viu um rapaz mulato, vestido com roupas caras, com uma das mãos no bolso e a outra segurando um cigarro. Já vi alguém com esse jeito de colocar a mão no bolso, mas agora não consigo me lembrar quem. Bem, por hoje chega. Vou comer algo, enquanto tento concatenar minhas ideias, para ver se consigo descobrir alguma coisa. O assassinato do deputado Josias está sendo investigado por um amigo, não tenho nada a ver com isso, pensou.

O senador estava distraído, quando, repentinamente, Soares apareceu e falou rápido em seu ouvido:

– O senhor viu Falcão?

– Sim.

– Estranho, não?

– Não temos nada a ver com as investigações dele.

– É, o senhor tem razão – assentiu com a cabeça o segurança.

Soares retirou-se e foi para o seu ponto estratégico, como um bom segurança. Após certificar-se de que Falcão havia deixado o velório, o senador Antunes saiu discretamente, entrou em seu carro e foi embora.

Assim que chegou a sua mansão, foi avisado de que Alexandre estava em seu escritório particular, esperando-o.

– Qual o assunto, Alexandre? – indagou o senador. – Seja rápido e conciso, pois preciso descansar um pouco.

– O Josias foi assassinado por encomenda.

– Meu caro Alexandre, isso nós já sabemos, até mesmo pela maneira como ele foi executado.

Alexandre sentou-se em frente ao amigo e, falando em voz baixa, confidenciou:

– A mandante do crime foi uma mulher.

Antunes levantou-se e depois se sentou novamente, fitando o amigo, surpreso com a informação.

– Quem foi essa mulher? – perguntou o parlamentar, assustado.

– Não sabemos.

– O que nós temos a ver com isso, meu amigo? – perguntou novamente o político, tentando disfarçar a preocupação.

– Algo me diz que existe muita gente, neste momento, na mira para morrer.

– E por que você está com medo?

– Porque alguém está tentando eliminar as provas que levem Falcão ao verdadeiro assassino de Alonso de Aquino – respondeu Alexandre.

AMBIÇÃO

– Nós não temos nenhuma ligação com esse caso – disse o político.

– Mas, se ele realmente foi assassinado, existem vários negócios, muito dinheiro, patrimônios, entre outras coisas, em jogo.

– E daí?

– Quem matou Alonso está querendo algo mais.

– O que, por exemplo? – indagou o parlamentar tenso.

– Não sei.

– Vou descansar um pouco, depois iremos ao enterro para observarmos as coisas – disse Antunes, levantando-se e dirigindo-se para os seus aposentos.

– Certo, chefe.

No enterro do deputado havia muita gente acompanhando o corpo.

No cemitério, o senador Antunes, ladeado pelo filho Marcos e a irmã Ester, caminhava em silêncio.

Dr. Marcos aproximou-se do pai e perguntou:

– Sabe quem vem caminhando logo atrás de nós?

– Não, filho.

– O inspetor Falcão Nobre.

Antunes quis voltar-se, mas foi impedido pelo filho.

– Não faça isso, papai! – advertiu Marcos em voz baixa.

– Por quê?

– Esse homem é o diabo em pessoa. Ele não fala nem pergunta nada, apenas observa para no momento exato dar o bote mortal.

Marcos viu que o pai empalideceu. Ester, irmã do senador, estava impassível e pediu:

– Por favor, fiquem em silêncio! É pecado e falta de respeito tratar desses assuntos num funeral.

Ambos calaram-se.

Enquanto o corpo estava sendo encomendado pelo padre, o inspetor olhava ao redor e prestava atenção nos detalhes importantes. Ele pensou: *Realmente a vida é um palco e nós somos os atores, pois somente os autores das peças conhecem os seus personagens.*

Angelina, que também acompanhava o funeral, pensava: *Tenho certeza de que esse homem já sabe quem matou Alonso e está só colhendo mais informações para ter certeza e partir para o ataque.*

A viúva de Josias era uma mulher ainda jovem e muito bonita. Estava ladeada por dois filhos homens, que aparentavam idades entre oito e dez anos. Ela chorava e falava coisas ininteligíveis, provocadas pela morte do marido.

– Dalva, minha querida amiga, a vida é assim mesmo. Tenha fé em Deus para suportar essa dor e logo ela passará. Ainda bem que você simpatiza com o Espiritismo – disse Angelina.

Dalva passou o lenço no rosto e, depois fitou a amiga e perguntou:

– Por que você disse, isso?

– Querida, dizem que os espíritas não acreditam na morte, pois, segundo eles, nós somos imortais – respondeu a amiga.

– Minha amiga, eu sei que Josias não morreu, por isso estou aflita.

– Por que o motivo da aflição? – indagou Angelina.

– Porque... deixe pra lá. A explicação seria longa, depois a gente conversa sobre essa maravilhosa doutrina – respondeu a viúva.

– Sou sua amiga, Dalva. Também preciso conversar com você sobre o Espiritismo, pois estou quase enlouquecendo.

– O que houve, querida?

– Ontem à noite, quase não consegui dormir – respondeu Angelina em voz baixa. – Imagine que ouvia bem nítida a voz de Alonso pedindo socorro.

– O quê? Isso não é coisa de sua imaginação? – indagou Dalva preocupada.

– Não, pois, se fosse, eu deveria ser internada, porque isso é coisa de gente louca.

Ambas se abraçaram, enquanto o caixão era sepultado num mausoléu da família.

– Depois iremos conversar sobre esse assunto, fiquei bastante interessada – disse Dalva, despedindo-se da amiga e beijando sua face.

Após o sepultamento do corpo de Josias, algumas pessoas foram se despedir da viúva e logo o cemitério estava vazio, restando apenas aqueles que faziam suas visitas de rotina. Dalva, que estava de cabeça baixa, fazendo uma prece, levantou-se e disse para os filhos:

– Vamos, minhas crianças, lutar e vencer a falta do papai.

A viúva e os filhos começaram a caminhar em direção ao portão do cemitério, acompanhados de longe pelos seguranças da família. Ela olhou de viés e vislumbrou um homem alto, moreno, com as mãos nos bolsos, caminhando indolentemente. *Que homem misterioso!*, pensou. Fez um sinal para um de seus seguranças, pedindo que se aproximasse.

– Quem é esse homem? – perguntou, indicando com o queixo, num gesto gracioso e discreto, o homem misterioso.

– É o inspetor Falcão Nobre. A senhora conhece?

– Não. Isto é, não o conheço pessoalmente.

– Falcão é o policial mais temido desta cidade e cotado para assumir um alto cargo na Secretaria de Segurança.

Dalva ficou em silêncio enquanto caminhava sondando aquele homem. Após as informações do segurança, o dispensou. Andava e olhava de lado, observando que o policial continuava a andar no mesmo passo que ela, encaminhando-se também para o portão de saída, sempre de cabeça baixa, como se estivesse pensando, sempre pensando.

Falcão prestava atenção aos movimentos da viúva, inclusive, tentou adivinhar o que o segurança falava, pois sabia que ela estava se informando a seu respeito. Ele pensava: *Essa mulher é muito linda, nem parece que é mãe de dois filhos; todavia, algo nela me deixa em alerta.*

Quando Falcão e Dalva, acompanhada pelos filhos,

saíram do cemitério, todos se encaminharam para os seus respectivos carros.

Falcão notou que havia três carros estacionados a cerca de cinquenta metros de distância do portão do cemitério. Parou e abaixou-se, simulando ajeitar algo em seus sapatos, e observou que o vidro de um dos carros desceu o suficiente para ser colocado algo para fora. Farejando perigo, ele fingiu que caía, quando ouviu vários estampidos abafados, pois a arma que fizera os disparos estava equipada com um silenciador.

Alguém, que estava dentro do carro, atirou no inspetor três vezes, depois o carro, que já estava com o motor ligado, arrancou e partiu a uma velocidade acima da média e, desaparecendo.

No momento dos disparos, Falcão havia rolado na calçada e, com o revólver na mão, disparado várias vezes em direção ao carro que fugia, porém, sabia que não adiantava mais. Levantou-se e viu três buracos no muro do cemitério, ao passo que dois homens também disparavam contra o carro que já havia desaparecido. O policial reconheceu os seguranças da viúva.

Dalva aproximou-se de Falcão e, nervosa, perguntou:

– O senhor está bem?

– Senhora, vaso ruim não se quebra!

– Tem certeza de que não precisa de ajuda?

– Fique despreocupada. Estou bem.

A viúva, admirada, despediu-se. Sentiu uma vontade repentina de saber mais sobre aquele homem.

Um dos seguranças, que conhecia o inspetor, aproximou-se dele e também perguntou:

– Chefe, está tudo bem?

– Tudo bem. Ainda não foi dessa vez que me mandaram para o outro mundo.

– Estamos à sua disposição. Fique à vontade.

– Obrigado.

O segurança despediu-se e encaminhou-se para o seu carro.

Angelina ainda estava dentro do carro, dirigido por Antônio, quando o celular tocou. Era Marcos.

– Querida, sabe quem sofreu um atentado na saída do cemitério?

– Não faço a menor ideia.

– Falcão Nobre.

A moça gelou e, trêmula, perguntou:

– Como foi isso?

– Alguém disparou três vezes, mas a raposa velha caiu no chão, rolando e disparando também, conseguindo livrar-se na hora exata das balas, que passaram sobre ele perfurando o muro do cemitério.

– Três tiros? Graças a Deus que ele está bem!

– Você ainda fica alegre? Eu pensei que ficaria triste por ele continuar vivo.

– Por que você pensa assim, Marcos?

– Esqueça. Até mais tarde!

A moça desligou o aparelho e ficou pensando: *Muita gente está com medo. É melhor assim, pois Falcão perde sua pose de imortal e começa a temer o óbvio.*

Antônio, que estava atento à conversa da patroa, perguntou:

– Quem foi o alvo de três tiros?

– Antônio, cuide de sua vida e não seja curioso.

– Tenho certeza de que se trata do temido inspetor.

– Se for, você não tem nada a ver com isso.

– A senhora tem razão.

O motorista chegou à mansão. Angelina desceu, sendo recebida por Josefa, que foi logo dizendo:

– O senador Antunes a espera na sala de visitas.

Angelina estranhou, pois ele havia dito que o encontro seria num lugar discreto. Encaminhou-se até a sala.

O senador estava em pé, com as mãos no bolso.

A moça entrou e foi imediatamente cumprimentada pelo parlamentar, que tomou as suas mãos e beijou-as.

— Minha querida, eu fiquei com receio de algo ruim acontecer a você, por isso estou aqui.

— O que, por exemplo, Antunes? — perguntou com ar irônico.

— Você não soube do atentado que o Falcão sofreu?

— Soube, mas o que tenho com isso?

— Nada. Mas você tem de tomar cuidado. Já sabemos que alguém anda querendo eliminar algumas pessoas deste mundo. Aliás, o assunto que eu queria tratar com você era este.

— Que assunto? — perguntou a viúva com ar altivo.

— Se Alonso foi realmente assassinado, a pessoa que o matou não vai parar de matar. Prova disso foi o atentado ao inspetor hoje.

— Não tenho nada a ver com isso, meu caro senador.

— Até que se prove o contrário, há muita gente suspeita.

— Quais são essas pessoas de quem você suspeita?

O parlamentar percebeu que havia falado demais, então tentou remediar o erro:

— Ninguém. Todavia, se o próprio Falcão quase foi alvejado, tudo indica que existe alguma verdade nas suspeitas dele.

— Ora, quem tiver culpa de algo que se cuide.

O senador ficou sem jeito e, meio desconfiado, disse-lhe:

— Angelina, eu estou lhe oferecendo minha solidariedade, porém, vejo que não sou compreendido.

Angelina ficou calada, observando aquele homem.

O senador despediu-se e foi embora.

Em outra residência, Dalva deitou-se e fechou os olhos, começando a chorar. Pensava nos problemas que teria de enfrentar após a morte do marido, que há muito, sabia que não amava mais. Viviam de aparência. De repente pensou naquele inspetor de polícia que a impressionara com a sua coragem e destreza, livrando-se da morte por pura intuição, e sentiu certo alívio de ele não ter sucumbido.

Neste exato momento, estavam reunidos três homens num quarto de uma velha casa, discutindo em voz alta.

– Você errou o alvo? Não posso acreditar que um atirador profissional tenha errado três tiros numa pessoa que se encontrava completamente de peito aberto – falou, alterado, um homem, parecendo ser alguém acostumado a mandar.

– Chefe, acabar com aquele inspetor não vai ser fácil – comentou o pistoleiro.

– Por enquanto, vamos esquecer a operação até recebermos novas ordens – ordenou um homem bem-vestido e elegante.

No dia seguinte, os jornais estampavam em suas manchetes: "Ex-policial foi encontrado morto"; "Pistoleiro famoso foi morto a tiros"; "Inácio, ex-policial foragido, foi executado".

Enquanto isso, no luxuoso quarto da bela mansão da viúva de Josias, Dalva e Angelina conversavam.

– Não consigo me conformar com a morte de Josias, Angelina.

– Minha amiga, a realidade é cruel, mas temos que encará-la senão prejudicaremos nossa saúde.

– Fico horas imaginando quem matou o meu marido. Espero que se faça justiça.

– Não se preocupe, Dalva, pois a polícia já tem vários suspeitos; todavia, o crime foi quase perfeito e ninguém conseguiu nenhuma pista do assassino.

As mulheres ficaram em silêncio.

– Você conhece o inspetor Falcão Nobre? – perguntou Dalva, rompendo o silêncio, interessada.

– Conheço – respondeu Angelina. – Por que, Dalva? Você o conhece?

– Conheci-o no cemitério. Fiquei impressionada com como conseguiu se salvar da armadilha que havia sido preparada para acabar com a vida dele.

– Você viu o que aconteceu?

– Eu estava presente na hora do tiroteio.

– Por que tentaram matá-lo?

– Tenho a impressão de que esse inspetor sabe de muita coisa.

– A que, você está se referindo, Dalva? – investigou Angelina, com as sobrancelhas arqueadas.

– A muita sujeira, que aos poucos ele está descobrindo.

– Bem, amiga, a conversa está boa, mas tenho de ir – disse levantando-se e passando a mãos nos cabelos.

– Está cedo. O inspetor está desconfiado de que seu marido foi assassinado?

A viúva de Alonso fitou a amiga, querendo adivinhar o que estava por trás daquela pergunta, e respondeu:

– Sim. Qual a sua impressão sobre esse policial?

– Minha querida amiga, a impressão que tenho é a melhor possível – respondeu Dalva voltando-se para a amiga. – E que, se não matarem o inspetor Falcão Nobre, ele vai mandar muita gente para a cadeia. – Fez uma pausa, fitou a amiga e completou: – E muita gente vai morrer.

Angelina arregalou os olhos e, pegando o braço da amiga, perguntou:

– No que você se baseia para ter tanta certeza disso?

– Quem matou o riquíssimo Alonso de Aquino não foi uma pessoa qualquer.

Ambas ficaram em silêncio novamente. Dalva fitou a amiga, certificou-se de que a porta do quarto estava fechada a chave, aproximou mais sua cadeira e, num sussurro, indagou:

– Querida, o que aconteceu com você, que não conseguiu dormir naquela noite que me falou?

A viúva de Alonso de Aquino pensou um pouco, fitou a amiga e narrou o que tinha acontecido na noite que ouvira vozes parecidas com a do finado, inclusive o sonho estranho a respeito do desespero e da doença dele.

Dalva estava com os olhos arregalados, surpresa com aquela história macabra.

– E você acredita mesmo que ouviu a voz de Alonso?

Angelina pensou, baixou a cabeça e, com voz quase sumida, respondeu-lhe:

– Não sei o que lhe responder.

– Você acredita em espíritos?

– É difícil acreditar nessas "coisas", mas não estou doente e tenho certeza de que a voz era do Alonso – respondeu a viúva do empresário.

Dalva ergueu-se, caminhou pelo quarto, novamente se sentou e, fitando a amiga, comentou:

– Eu também acredito, porque já vi o Josias sentado em sua cadeira preferida lendo seu jornal.

– O quê? Você ficou louca? Como você viu Josias lendo se ele já morreu? – indagou espantada Angelina.

– Do mesmo jeito que você ouviu seu marido que já morreu falar em seu quarto.

As mulheres se abraçaram como se estivessem com medo de algo invisível e ficaram em silêncio.

– Precisamos encontrar uma pessoa que seja espírita e nos informe mais a respeito da Doutrina dos Espíritos – comentou Dalva, levantando-se.

Angelina beijou a amiga no rosto e sem qualquer outro comentário despediu-se.

CAPÍTULO 9

FALCÃO É ADVERTIDO

Angelina estava inquieta. Esperava pelo namorado no apartamento onde sempre se encontravam. Após alguns minutos andando na sala do apartamento, Marcos chegou e abraçaram-se.

— Por que você se atrasou? – perguntou a moça.

— Eu estava resolvendo o problema de um cliente. Vejo que você está aflita.

— E não era para estar? Principalmente depois de tudo o que aconteceu.

— Querida, não vejo motivo para tanta preocupação.

— Marcos, não seja cínico. Tenho certeza de que você também está preocupado, pois o inspetor descobriu que mantemos um relacionamento antes mesmo da morte de Alonso.

— Minha maior preocupação é saber que um perigoso assassino está solto por aí, isto é, se realmente Alonso foi assassinado, em vez de ter se suicidado.

– Não vejo motivos para você ficar preocupado. Quanto à certeza de que Alonso foi assassinado, isso foi confirmado desde que tentaram matar Falcão na porta do cemitério.

– É verdade. Por isso estou preocupado – passou a mão no queixo em um sinal de confirmação.

– Por quê?

– Qualquer um pode ser assassinado para apagar os vestígios de um possível crime – comentou o advogado em voz baixa. – Entende o que quero dizer?

– Claro que entendo.

– Então, vamos ficar calmos. Não temos nada a ver com tudo isso.

Começaram a conversar sobre outros assuntos. Aos poucos foram relaxando e se entregaram às carícias.

Na Central de Polícia, o inspetor Falcão Nobre estava em sua sala, analisando alguns papéis.

– Falcão, o chefe quer falar com você. Acho que deve ser mais um caso especial para você resolver – disse-lhe um colega após entrar na sala do inspetor.

Falcão pensou: *Talvez não*. Levantou-se e foi atender o chefe.

Quando o chefe de Polícia viu o inspetor através da porta de vidro, fez um gesto com a mão, mandando-o entrar.

Falcão pediu licença e entrou, sentando-se em frente ao seu superior.

– Como vai meu velho amigo Falcão?

– Muito bem, Arnaldo. Você, como está?

– Mais ou menos.

– Por que mais ou menos?

– Porque tenho de tratar de assuntos desagradáveis com você.

Falcão ficou na defensiva. Porém, tentou manter-se calmo, esperando que o chefe de Polícia Civil falasse.

– Falcão, eu soube que houve um atentado contra você. Fico satisfeito em saber que está bem, e que o atirador não conseguiu seu intento.

– Graças a Deus, Arnaldo! Devo passar mais alguns anos incomodando muita gente.

O dr. Arnaldo foi até uma mesa em que se encontrava uma garrafa com café. Serviu-se e encheu outra xícara, levando-a para o inspetor.

– Falcão, eu venho observando que você não tira férias há algum tempo. Por isso, sugiro que tire uns dias para descansar e, assim, quando retornar ao serviço, estará renovado para continuarmos nossa luta – disse seu chefe calmamente. – O secretário de Segurança soube que você duvida do suicídio de Alonso de Aquino – continuou a falar o chefe de Polícia. – Ele acha isso muito grave, pois suas suspeitas atingem a credibilidade da polícia.

– E por esse motivo querem me dar férias forçadas? Estão tentando anular temporariamente minhas ações?

– Não é isso, amigo. O problema é que não temos provas concretas a respeito do que você anda desconfiado, e a polícia não pode se responsabilizar por isso. Além do mais, todas essas conjeturas não passam de utopias, porque você não tem provas de que assassinaram Alonso.

– Quem disse que não tenho?

O chefe de Polícia levou um susto. Ficou quieto por alguns segundos e depois indagou:

– Você tem provas de que o doutor Alonso de Aquino foi assassinado?

– Claro.

– Eu posso saber que provas são essas?

– Não.

– Inspetor Falcão Nobre, eu sou o seu chefe. Você se esqueceu disso?

AMBIÇÃO

– Não. Assim como não esqueci que sua nomeação para chefe de Polícia Civil se deu após a prisão de um inocente, que até hoje está preso.

Dr. Arnaldo empalideceu. Ele tentou respirar normalmente, mas não conseguiu. Pensou: *Tenho de tomar cuidado. Esse homem sabe tudo a meu respeito.* Ele se recompôs e, aparentando calma, perguntou:

– Por que você não pode me apresentar as provas do suposto assassinato de Alonso?

– Ainda não chegou o momento certo, e, se o senhor solicitar oficialmente a reabertura do caso, eu não conseguirei mais nada, pois os informantes da polícia apagarão tudo o que sei.

– Neste caso, quer dizer que só apagarão suas provas se você morrer?

Falcão encarou fixamente o chefe e questionou:

– Estou sendo ameaçado?

– Não.

– Não preciso de férias e também não existe nada contra mim por estar investigando a morte de Alonso de Aquino.

– Mas tenho provas de que você anda investigando esse caso sem autorização da Justiça.

– Antes que eu esqueça, diga ao secretário de Segurança Pública para não se preocupar comigo, estou muito bem. Quanto às provas que você diz ter, sobre a minha investigação a respeito da morte do "pai dos pobres", estas simplesmente não existem.

Dr. Arnaldo ficou quieto, aparentando estar com medo do que estava acontecendo. Porém, criou coragem e rebateu o inspetor:

– Posso afastá-lo temporariamente da polícia ou transferi-lo para outro local.

– Faça isso, Arnaldo.

– Você acha difícil?

– Não, acho até muito fácil.

– Então vamos entrar num acordo?

– Não faço acordo com gente suja.

– Posso mandar prendê-lo agora mesmo por desacato à autoridade!

– Prenda-me e confirmará o que todo mundo pensa sobre o chefe de Polícia Civil desta cidade, principalmente a imprensa.

Arnaldo estava arrasado, pois não esperava essa reação de Falcão Nobre. Ele realmente não podia fazer nada, visto que o inspetor era respeitadíssimo pelo público do Estado.

– Posso retirar-me ou vai mesmo mandar me prender? – perguntou o inspetor, levantando-se.

Arnaldo fitou o seu interlocutor, que estava em pé, e disse:

– Pode. Tome muito cuidado. Quem atirou em você pode querer repetir a dose.

– É. Realmente, tenho que tomar *muito cuidado com você*.

O policial fez uma reverência com a cabeça e retirou-se.

O chefe de Polícia desabou em sua cadeira após a saída do inspetor, controlando-se ao máximo para não gritar e nem extravasar toda a raiva que sentia naquele momento. Ele pensava sem parar: *Cretino! Humilhou-me e nada pude fazer! Apesar de tudo tenho de me render aos fatos: ele é um homem honesto e íntegro.*

Quando Falcão voltou para a sua sala, encontrou sentada, à sua espera, a viúva do deputado assassinado. Cumprimentou-a, tentando esconder a atração que sentia pela bela mulher e, desconfiado, sentou-se, perguntando:

– A senhora procura alguma coisa?

Dalva era encantadora: alta, de olhos verdes, com cabelos castanhos-escuros emoldurando um rosto perfeito e belo, que caíam em cascatas sobre o ombro e desciam pelas costas. Corpo bem-feito e insinuante, como se estivesse sempre escondendo algo que somente o felizardo de seu finado marido conhecia.

– Vim tratar de um assunto muito importante – disse a viúva com seu jeito elegante.

AMBIÇÃO

O policial ficou em guarda, esperando a mulher falar.

– Fique à vontade, senhora.

Dalva começou a chorar e pediu um pouco de água.

Prontamente o inspetor foi buscar um copo para sua visitante. Ele continuou calado.

– Eu soube que o senhor descobriu que Alonso não se suicidou e, sim, que foi assassinado.

Falcão caminhou pela sala, parando atrás da cadeira de Dalva.

– Quem lhe disse que eu descobri o assassinato do doutor Alonso de Aquino?

Dalva ficou inquieta e começou novamente a chorar. Ela pensou: *Meu Deus! Agora, sou obrigada a dizer quem me falou sobre o caso do Alonso!*

Ela resolveu ganhar tempo:

– Todo mundo sabe disso.

– Senhora, por favor, quem falou sobre o assassinato de Alonso?

A linda mulher encarou o policial e falou com firmeza:

– Antes de o meu marido morrer, eu ouvi o senador Antunes comentar com ele que o senhor havia descoberto o assassinato de Alonso de Aquino. Depois, a minha amiga Angelina foi à minha residência e disse a mesma coisa.

O inspetor ficou matutando por alguns minutos: *Tenho de tomar cuidado. Estou dentro de um mar de lama, e posso morrer afogado.*

Ele fitou Dalva, que estava atenta aos movimentos do policial, e disse-lhe:

– Mais alguma coisa, senhora?

– Sim. Eu queria saber se o senhor descobriu algo a respeito da morte de meu marido.

– Lamento, mas nada sei a respeito da morte do deputado Josias.

Dalva, levantando-se e estendendo a mão, se despediu e foi embora, pensando: *Esse homem é diabólico. Tenho certeza de que ele quer pegar alguém muito importante, para depois puxar o tapete e ver a sujeira que foi empurrada para debaixo dele. Será que ele vai viver tanto? Espero que sim!*

Falcão estava observando Dalva se retirar e também ficou pensando: *Muito estranho!* Ele olhou para a mesa do policial Mauro e fez um gesto, chamando-o.

– Qual o problema, chefe?

– Mauro, por favor, sente-se. Você sabia que o chefe de Polícia quer me dar férias forçadas? – indagou o inspetor.

– Não. Estou sabendo agora.

– Ele sabe que ando investigando, por conta própria, a morte de Alonso.

– Como ele soube disso?

– Não sei. Você sabe?

Mauro ficou calado, com ar preocupado, o que chamou atenção do inspetor.

– Por que ficou calado? – inquiriu Falcão, fitando o amigo dentro dos Olhos.

– Porque eu sabia de tudo e não lhe informei.

– Qual o motivo que o fez esconder esse pequeno detalhe de mim?

– Para não causar um problema maior.

– Que problema?

– Evitar comentários entre os policiais; o clima já está muito tenso.

– Você acha que existe a possibilidade de alguém da polícia estar metido nisso?

Mauro novamente ficou calado. Após meditar um pouco, respondeu:

– Muita coisa estranha vem acontecendo aqui, dentro da Central.

– É. Há muito tempo venho notando um pequeno movimento muito suspeito – confirmou o inspetor com um gesto afirmativo.

– Você chama isso de "pequeno movimento"?

– Claro.

– O que é um "grande movimento" para você?

– Alonso ter sido assassinado por alguém em quem ele confiava.

Mauro levantou-se de repente e perguntou assustado:

– Você sabe quem foi?

– Ainda não.

– Cuidado, meu velho amigo.

– Eu sei, já tentaram me apagar.

– Da próxima vez, eles não vão errar.

– Você disse "eles"?

– Sim, porque não é somente uma pessoa.

– É, também sei disso.

O inspetor ficou calado por alguns instantes e depois falou:

– Você pode me fazer um pequeno favor?

– Qual?

– Consiga as fotografias que você tirou do cadáver do deputado Josias, por ocasião do assassinato dele.

– Amigo, você pertence ao Departamento de Inteligência da Polícia Civil, portanto, essas fotografias, assim como tudo o que pertencia ao deputado Josias, já estão à sua inteira disposição.

– Não posso andar por aí verificando material do deputado, sob pena de alguém suspeitar das minhas investigações particulares. Entendeu?

– Sim. Mas isso é muito perigoso para você, principalmente agora, que o chefe de Polícia anda desconfiado de todo mundo.

Falcão encarou o amigo.

Mauro entendeu e disse-lhe ao levantar-se:

– Ok. Vou dar um jeito para que essas fotos cheguem discretamente às suas mãos.

O policial se despediu e saiu da sala do inspetor sabendo que estava sendo observado.

Quando deixava a Central, Falcão Nobre ouviu alguém chamá-lo.

Voltou-se para o lugar de onde vinha a voz e viu o amigo Vicente.

Vicente se aproximou e disse, sem parar de caminhar:

– Ontem, vi uma mulher conversando com o doutor Arnaldo.

– Deu para ver quem era?

– A viúva do finado Alonso de Aquino.

Vicente apressou o passo e fez um gesto com a mão, entrando em seu carro, como se estivesse com medo de algo.

CAPÍTULO 10

MISTÉRIOS

Enquanto isso, Angelina, encontrava-se na sala de visitas de pé em sua mansão, com uma lupa na mão, observando, bastante preocupada, o quadro que fora motivo de tanta atenção por parte do inspetor Falcão Nobre. De repente, a viúva foi surpreendida por Josefa, que entrou na sala anunciando que havia um homem querendo falar com ela. Angelina mandou que entrasse.

O homem tinha aproximadamente uns setenta anos, sendo alto, branco e de porte elegante. Usava óculos de lentes grossas e aparentava ser alguém de posses.

– Entre, por favor, doutor Paulo.

– Dona Angelina, muito prazer em conhecê-la pessoalmente.

– Por favor, doutor, me chame apenas de "Angelina", para ficarmos mais à vontade.

– Como quiser.

– Sente-se, por favor. O senhor toma alguma coisa?

– Água, por favor.

– Josefa, traga água para o doutor Paulo.

– Então, Angelina, qual é o problema?

– Na realidade, não é exatamente um problema.

– Então, o que é?

– Eu soube que o senhor é um perito em arte, principalmente em quadros pintados a óleo.

– Nem tanto, Angelina. A verdade é que sempre gostei de arte, inclusive, sou colecionador de alguns quadros famosos, mas sempre por passatempo.

– Tudo bem, doutor. De qualquer maneira, o senhor entende de arte.

– Em que, posso ajudá-la?

– O senhor está vendo aquele quadro ali na parede?

– Sim.

– Pode analisá-lo e dizer o que o senhor está vendo nele?

– Por favor, mande alguém tirá-lo da parede.

Angelina mandou retirá-lo e colocá-lo num sofá.

Dr. Paulo começou a observá-lo de perto, depois fitou a bela mulher e disse:

– Esse quadro é muito bonito, todavia, as cores e os traçados grosseiros são próprios daqueles que pintam apenas por esporte.

– O senhor não vê mais nada?

– Não. Ele foi pintado por seu marido?

– Sim.

– Logo imaginei, por causa da assinatura. Grande homem. Não tive o prazer de conhecê-lo pessoalmente, porém, ouvi falar muito bem dele. Ele amava a senhora, pois conseguiu retratá-la muito bem. Mesmo um amador consegue pintar muito bem quando está apaixonado.

– É verdade. Alonso me amava muito.

– Geralmente, um canhoto consegue realizar certas tarefas com mais graça, principalmente quando ele se dedica às artes.

Dr. Paulo se levantou, limpou os óculos e, fitando Angelina, perguntou:

– Mais alguma coisa, senhora?
– Não. Obrigada, doutor.
– Qualquer coisa, a senhora já sabe onde me encontrar.

O homem foi embora, deixando Angelina pensativa. Fitando o quadro, ela se perguntava: *Meu Deus, o que aquele homem enxergou neste quadro, que nem um perito conseguiu ver?*

Ao sair da Central de Polícia, o inspetor dirigiu o carro sem destino.

Parou num pequeno bar e pediu um refrigerante. E enquanto bebia, pensava: *A pessoa que matou Alonso está criando situações para envolver pessoas inocentes com o propósito de confundi-las, tornando-as suspeitas do crime. Tudo foi meticulosamente preparado e, se conseguirem me tirar de cena, jamais descobrirão que o "pai dos pobres" foi assassinado.*

No dia seguinte, o inspetor entrou em sua sala, como de costume, e viu a correspondência sobre a mesa. Ele começou a selecionar as que lhe interessavam, quando de repente viu um envelope que lhe chamou atenção, pois estava mais pesado que os demais. Abriu-o e viu algumas fotografias.

Imediatamente as guardou na gaveta da mesa.

Ficou pensativo. Depois, resolveu pegar o envelope da gaveta e sair com o carro. Após alguns minutos, estacionou o veículo num lugar discreto e começou a olhar as fotografias que Mauro havia lhe enviado. Não observou nada que lhe interessasse. Ele pensou: *O assassino do deputado Josias é um amador.*

Decepcionado, o inspetor começou a queimar as fotografias, envolvido pelos seus pensamentos. Repentinamente viu algo numa fotografia que estava sendo queimada, então apagou o fogo e limpou a foto, observando aquele pequeno detalhe. Queimou o restante das fotos e ficou com aquela que estava com uma parte chamuscada. Ele voltou imediatamente para a Central de Polícia.

Vicente estava em sua mesa conversando com o policial responsável pelo caso do deputado Josias. Viu Falcão fazer um sinal quase imperceptível para ele.

Vicente entrou em sua sala e o cumprimentou:

– Olá, Falcão!

– Vicente, nós não temos muito tempo – disse com voz calma.

– O que aconteceu?

– Você recolheu todos os objetos do deputado Josias, por ocasião da perícia, quando ele foi assassinado?

– Claro! Como de costume, recolhemos tudo da vítima e conduzimos para cá, para os exames periciais necessários. Algum problema?

– Após a perícia, esses objetos foram devolvidos para a família? – perguntou o inspetor sem olhar para o policial.

– Sim, não havia nada que nos levasse ao assassino.

O inspetor mostrou a fotografia parcialmente chamuscada ao policial amigo.

Vicente não demonstrou nenhuma reação. Devolveu a fotografia sorrindo e disse:

– Não vi nada nessa foto que me chame atenção, inspetor.

O homem passou a mão na cabeça e concluiu:

– A não ser essa joia que está no dedo do cadáver.

Falcão observou todas as reações do amigo. Passou um tempo calado e depois indagou:

– Onde está essa joia da foto? – perguntou o inspetor. – Aliás, diga-se de passagem que ela é um objeto praticamente sem valor para a perícia.

– É! Você tem razão – confirmou o policial Vicente. – Quanto à joia, o chefe de Polícia mandou entregá-la à viúva.

– Obrigado.

Quando Vicente foi saindo da sala do inspetor, um policial o abordou.

– O chefe de Polícia quer falar com você – disse ele.

– Certo.

Falcão ficou observando e pensou: *Arnaldo vai lhe fazer perguntas.*

Vicente encaminhou-se em direção ao gabinete do chefe de Polícia, pediu licença e entrou.

– O que Falcão queria com você? – investigou sem preâmbulos.

– Conversar.

– Sobre o quê?

Vicente pensou e respondeu:

– Ele queria saber se os objetos pessoais do deputado foram devolvidos à viúva e mostrar uma foto.

O chefe de Polícia tentou descobrir o motivo daquela preocupação do inspetor.

– O que você disse?

– Que todos foram devolvidos à senhora Dalva.

Arnaldo ficou andando de um lado para outro da sala, depois perguntou:

– Você sabe qual o motivo de tanto interesse de Falcão por essa foto?

– Claro! – respondeu o policial. – Ele viu um anel no dedo do deputado.

– Por isso ele perguntou se os objetos pessoais de Josias foram entregues à viúva?

– Talvez!

– Por que "talvez"?

– Chefe, ninguém consegue descobrir no que o inspetor Falcão Nobre está pensando – respondeu Vicente com as mãos no bolso da calça.

– Mas acho muito estranho esse interesse dele por um simples anel.

– Chame o Mauro, por favor.

Vicente deixou a sala do chefe de Polícia em direção à sala do colega.

AMBIÇÃO

– Mauro, o doutor Arnaldo quer falar com você – disse, fazendo um gesto com a cabeça em direção ao gabinete do chefe.

Imediatamente, Mauro foi atender o chefe.

– Pronto, doutor! – disse o policial, ao entrar no gabinete.

– Quero ver as fotografias do corpo do deputado Josias.

– Vou buscá-las.

Após alguns minutos, o policial voltou com uma pasta na mão, entregando-lhe.

Arnaldo dispensou o policial e começou a observar as fotos com ar nervoso. Após um tempo jogou a pasta sobre a mesa e foi até a sala do inspetor.

Falcão viu Arnaldo encaminhando-se para a sua sala e ficou em alerta, pensando: *Ele já sabe de alguma coisa. Tenho de me preparar.*

– Fico honrado com a sua visita, doutor Arnaldo – disse o inspetor levantando-se em sinal de respeito ao chefe.

– Deixe de ironia e vamos logo ao assunto.

– Se eu puder ajudá-lo...

– Eu soube que você pediu as fotos do cadáver do deputado.

– É verdade.

– Posso saber para quê?

– Acho que o senhor já sabe.

– Conseguiu tirar sua dúvida?

– Claro!

– Posso saber que dúvida era essa?

– Pode. Afinal, você é o meu chefe direto.

Arnaldo sorriu satisfeito, pois sabia o que aquele homem perigoso queria com as fotos da perícia.

– Falcão, pode dizer-me logo, pois não tenho muito tempo – disse o inspetor visivelmente inquieto.

– Certo, chefe.

Em seguida, Falcão tirou do bolso a foto queimada e deu para Arnaldo, perguntando:

– O que você está vendo?

Arnaldo fitou Falcão e viu, no fundo de seus olhos, alguma coisa diferente que o deixou com medo.

– Por que você se interessou pelo anel do deputado? – perguntou o chefe sem rodeios.

– Simples curiosidade, chefe.

Arnaldo pensou: *Afinal de contas, por que esse homem se interessou pelo anel de Josias?* Passou a mão nos raros fios de cabelo, despediu-se e retirou-se da sala do inspetor.

Falcão sentou-se e percebeu que estava sendo observado pelo policial Mauro. Fez um gesto e logo o amigo entrou na sala.

– Depois de velho, você está ficando louco? – perguntou o companheiro de corporação.

– Não tenha medo. Quero agradecê-lo.

– Você não tem nada a agradecer.

O policial fotógrafo voltou-se e perguntou, antes de sair da sala do amigo:

– Posso saber qual o significado desse tal anel para você?

– Pode. – O inspetor sorriu e respondeu: – Recordações do deputado.

Mauro saiu da sala do inspetor pensando: *Tenho que descobrir o porquê do interesse do inspetor por um simples anel.*

CAPÍTULO II

FALCÃO E JACARÉ

– Vocês não cumpriram as minhas ordens! – dizia Jacaré nervoso, enquanto chutava o que encontrava pela frente.

– Chefe! No momento, não podemos nos arriscar a matar o inspetor – retrucava Bira, com medo.

– Podemos atrair a polícia inteira para o morro – completou Borracha, nervoso.

Aos poucos o traficante foi se acalmando, depois se sentou e, após ingerir uma dose de bebida, comentou:

– Pessoal, se não acabarmos com Falcão Nobre, nós vamos ser exterminados pelos nossos chefes. Vocês ainda não conseguiram entender a confusão em que estamos metidos?

– Sabemos disso – disse Bira caminhando pela sala. – Mas, se matarmos o homem agora, vamos piorar, e muito, a situação.

Baiano estava calado, talvez pensando numa maneira de acalmar o chefe.

Rato tentou contemporizar, dizendo:

– Manos, vamos pensar com calma. Não devemos ter medo de nada, pois não somos culpados da morte de Alonso de Aquino, caso ele tenha mesmo sido assassinado.

– Seu burro! O doutor Alonso de Aquino era o homem mais rico e influente desta cidade, do Estado e, quem sabe, do país. Além disso, muitos empresários, políticos e artistas tinham verdadeira adoração por ele – disse Jacaré enfurecido. – Portanto, quem mandou matar o doutor foi alguém muito poderoso, com algum interesse em seus negócios.

– Chefe, o "pai dos pobres" foi morto por uma pessoa que desejava disputar algo que pertencia a ele – comentou Baiano em voz baixa. – Se alguém aqui tem alguma ligação com o crime do doutor, é bom falar, para tentarmos encontrar uma solução.

O bandido chefe do tráfico baixou a cabeça e olhou para Baiano de soslaio, desconfiado.

Bira entendeu o que o amigo queria dizer e também ficou calado.

Borracha não entendeu nada, mas mesmo assim estava desconfiado, porque Jacaré não tinha retrucado às desconfianças de Baiano.

Rato pensou e, procurando baixar a voz, disse:

– Eu só sei que, quando os homens decidirem acabar com aqueles que estão se intrometendo neste caso, não vai sobrar ninguém para contar a história.

Jacaré jogou a metralhadora portátil para trás, cruzou os braços e perguntou a Baiano:

– O que você está sabendo sobre essa morte, parceiro?

– O mesmo que você. O inspetor deve saber de tudo, inclusive quem foi que executou o "pai dos pobres" e o mandante do crime.

– Como você sabe que o doutor foi assassinado e que alguém mandou apagá-lo? – indagou o chefe do tráfico.

– O inspetor nunca falhou em suas investigações, portanto, se ele afirma que o doutor Alonso foi assassinado, então não tem mais o que se discutir sobre o assunto – respondeu Baiano. – O doutor era importante, e quem mandou matá-lo foi alguém tão importante quanto ele.

– Calma aí, manos! – disse Rato fazendo um gesto com as mãos. – Vamos pensar um pouco.

– Qual é a sua, Rato? – quis saber Jacaré. – Não se intrometa em nossa conversa.

– Tudo bem, não está aqui quem falou – disse Rato.

– Deixa ele falar, chefe! – pediu Baiano.

– Desembucha! – ordenou Jacaré chupando um limão.

– Fui informado de que Falcão Nobre está frequentando o Centro Espírita João Batista, que fica na subida do morro – disse Rato com cara de quem estava se divertindo.

Jacaré quase se engasgou com a pinga que tomou, enquanto Baiano sentou-se e ficou olhando para o chefe.

– O que ele estava fazendo lá? – indagou o chefe.

– O homem é espírita, portanto tem direito de frequentar o centro que quiser – replicou Baiano.

Jacaré ficou em silêncio, andando na pequena sala do barraco, enquanto pensava: *Ficou pior, pois, se acontecer algo a esse safado, os espíritas vão defendê-lo.*

– É evidente que o inspetor não estaria perdendo seu tempo se não tivesse certeza de que o homem foi assassinado: além disso, ele está no encalço do pessoal que realmente manda em nossas "bocas" – disse Borracha desconfiado. – Imagine que ele inventou até de frequentar um centro espírita em nossa comunidade, para nos vigiar de perto.

– Todo mundo sabe que Falcão Nobre vem se dedicando a procurar os "bandidos de gravatas"; para ele não interessam os bandidos pequenos – comentou Jacaré pensativo.

– O homem não tem tempo a perder com pequenos bandidos, ele sabe muito bem que cumprimos ordens de alguém – disse Baiano. – E quem mandou matar o "homi" é muito inteligente.

– E o que tem a ver a morte de Alonso de Aquino com

os nossos negócios? – perguntou Borracha com ar de quem está com medo.

– Ainda não sei. Porém, quem mandou matar o "pai dos pobres" teve um motivo muito forte, a ponto de arriscar o pescoço mandando assassinar um homem poderoso como o doutor Alonso.

Jacaré ficou pensando, enquanto seus companheiros se entreolhavam em silêncio. Ele perguntou:

– Baiano, por que você diz que a pessoa que matou o doutor era inteligente?

– Porque era alguém de confiança dos "homi". Ninguém confiaria um serviço desses a um bandido ignorante e analfabeto. Se realmente o "pai dos pobres" foi assassinado, quem cometeu o crime foi uma pessoa que soube planejar, a fim de que todos pensassem que ele havia se suicidado.

Borracha aproximou-se meio receoso do chefe e também falou:

– O Bira só não foi preso porque ninguém se interessa por ele, porém a morte do deputado Josias é uma pista que pode levar Falcão até a quadrilha e, consequentemente, ao chefão.

– Mas, para pegar a quadrilha, ele tem de saber quem matou o "pai dos pobres" – retrucou Jacaré, pensativo.

– Acho que ele já sabe quem matou Alonso de Aquino – disse Baiano, espreguiçando-se como se estivesse tranquilo. – O que está faltando são provas concretas para que ele comece a agir legalmente e, se ainda não sabe quem matou o doutor, tenho certeza de que está bem perto.

Jacaré de repente discou um número no celular e esperou alguém atender.

– Alô! – disse uma voz do outro lado da linha.

– Alô, é o Jaca!

– Fala!

Jacaré narrou a visita do inspetor Falcão, depois perguntou:

– O que faremos?

– Nada. Se fizerem alguma coisa, podem encomendar a alma de vocês ao diabo.

Jacaré tossiu e se benzeu.

Os rapazes, que estavam ouvindo o que Jacaré dizia, ficaram ao redor do chefe, todos ansiosos para saber o que estava acontecendo.

Jacaré, após desligar o telefone, chamou Coceira.

– Pronto, chefe!

– Quebre esse telefone.

– Agora mesmo.

– Esse telefone não existe mais.

– Certo, chefe!

Todos perguntaram quase em uníssono:

– Para quem você estava telefonando, Jacaré?

– Não interessa. O importante é cumprir a ordem dele.

Baiano atreveu-se a perguntar, meio desconfiado:

– Que ordem?

– Não matar o Falcão, por enquanto. Ele pode aparecer a qualquer momento por aqui.

– Mano, vou descer. Não sou maluco de enfrentar esse tinhoso do Falcão.

O celular do Bira tocou nesse exato momento e ele ficou assustado, porém, resolveu atendê-lo:

– Alô!

– Mano, o inspetor Falcão Nobre está subindo.

– Quem deu ordens para ele subir, mano?

– Ninguém. Mas eu não sou doido para impedir uma autoridade de subir o morro, principalmente esse homem.

– Um momento! Bira olhou de viés para Jacaré e disse: – Falcão está subindo. O que digo para o Ruivo?

Jacaré e os demais se levantaram e fizeram menção de sair do barraco, porém, Baiano parou e falou:

– Não devemos fazer isso. Seria um suicídio da nossa parte se o inspetor chegasse aqui e não nos encontrasse, pois ele tem certeza de que estamos aqui.

– Jacaré, o que digo para o Ruivo?

– Tudo bem.

Bira voltou a falar ao telefone:

– Ruivo, fica frio. Deixa o homem.

– Certo, mano.

No barraco de Jacaré ninguém conseguia ficar sentado. Todos verificavam suas armas e olhavam pela janela.

Baiano viu pela minúscula janela o inspetor se aproximando com seu passo firme e observando tudo ao redor, principalmente os telhados dos barracos. Muita gente metia a cara nas janelas e falava baixinho. As crianças desapareceram, como num passe de mágica.

– Podíamos abatê-lo daqui – disse Jacaré alisando uma arma.

– Pelo amor de Deus, não faça isso, chefe – pediu Rato com olhar firme. – Pai Ambrósio disse que esse homem é protegido dos "santos".

– Muitos protegidos já estão no cemitério – disse Jacaré, cuspindo de lado.

De repente alguém meteu a cara na porta, que estava entreaberta, e perguntou:

– Posso entrar, rapaziada? – disse Falcão Nobre com um sorriso irônico, porém imperceptível aos olhos dos bandidos.

Bira, gaguejando, respondeu:

– Po... de, inspetor.

– Fique à vontade, chefia – disse Jacaré, saindo do torpor.

Antes, o policial observou a posição de todos e as armas, e só depois entrou.

– Sente-se, por favor – convidou o chefe do tráfico do morro.

– Obrigado.

Desta vez, Falcão ia armado. Após se sentar, pediu água e, com ar desinteressado, indagou:

– Como vão os negócios?

Jacaré tremeu de ódio, pois era muita humilhação para um bandido famoso como ele saber que estava servindo de palhaço em seu próprio reduto, principalmente diante de seus homens.

– Tudo bem.

– Há pouco tempo você falou com um dos seus chefes?

Jacaré empalideceu e respondeu.

– Não falei com ninguém.

Falcão pensou: *Tenho que blefar. Realmente, não tenho certeza do que estou falando, porém, não posso passar a imagem de um policial desinformado.*

– Falou – confirmou o policial. – Porém, isso não me interessa, pois já sei de quem se trata.

Mais uma vez, Jacaré ficou mortalmente pálido e em silêncio.

O inspetor sabia que era grande a possibilidade de ele sair morto daquele antro. *Se eu quiser descobrir essa podridão, tenho de correr riscos, pensou. Mas o que posso fazer?*, perguntou-se.

Bira, que odiava o inspetor, fitou-o de maneira que o policial sentiu a transmissão de energias ruins, fazendo que o homem o fitasse com intensidade e descobrisse algo que vinha pensando.

– O que houve, amigo? Você teve várias chances de me matar, principalmente quando eu estava tomando um refrigerante naquele bar. Faz tempo que eu sei que você está escondido nesta favela, mas, por enquanto, não me interessa mandá-lo novamente para a penitenciária – disse o inspetor a Bira, fitando-o no rosto.

O assassino começou a tremer de medo. Olhou para Borracha e pensou: *Ainda bem que não atirei. Talvez eu não estivesse aqui neste momento.*

– Quem mandou você acabar comigo?

– O "dotô" está enganado, nunca pensei nisso. E ninguém nunca me deu semelhante ordem.

– Ok. Vamos fingir que acredito.

Jacaré pensou: *Cretino, safado! Sabe de tudo e está nos fazendo de palhaços! Vou acabar com a vida dele aqui mesmo, depois fujo!*

AMBIÇÃO

Baiano adivinhou os pensamentos de Jacaré e o fitou fazendo um imperceptível sinal, que não passou despercebido ao inspetor.

O chefe do tráfico ficou mais calmo.

Falcão Nobre continuou perguntando, como se estivesse conversando com velhos amigos:

– Borracha, quem matou o deputado? Pode falar, não vou prender ninguém.'

O rapaz ficou branco de medo. Ele pensou: *Não adianta negar, ele já sabe quem foi!*

– Foi o Bira. Mas a mandante foi uma mulher que conhecia o deputado.

O inspetor ficou em silêncio, depois fitou Bira e perguntou:

– Você já viu por aí essa pessoa que encomendou a morte do deputado?

– Não conheço a mulher pessoalmente, mas sempre a vejo por aí.

– Por onde?

– Ora, por aí. Não me lembro.

– Bem, amigos, eu vou embora – disse o inspetor sorrindo. – Por hoje, chega! – Voltou-se para Bira e concluiu: – Pode contar comigo. Você é muito valioso para mim. Basta cooperar – disse o inspetor colocando a mão no ombro de Bira. – Agora vou ao Centro Espírita João Batista.

– Certo, chefia.

– Algum de vocês é espírita?

Ninguém respondeu.

– Acho que está na hora de vocês procurarem o caminho do bem, pois Deus é o nosso criador, o nosso Pai. Se eu quisesse acabar com vocês, eu teria feito isso há muito tempo, mas venho tentando ser cristão, que é coisa difícil, até porque as próprias religiões estão sendo negociadas, menos essa bela Doutrina Espírita.

O inspetor tomou um gole de água, se despediu e foi embora.

CAPÍTULO 12

BIRA SOB AMEAÇA

Quando Falcão saiu, todos ficaram olhando para Bira em silêncio,porém todos pensavam no que aconteceria, pois os bandidos, segundo eles, têm honra.

Jacaré sacou o revólver, aproximou-se de Bira e disse:

– Lamento, parceiro, mas você foi longe demais, por isso vai morrer.

– Vamos levá-lo para o barranco, chefe – disse Rato.

– Não contem comigo para fazer isso – falou Baiano com voz firme.

Todos fitaram o companheiro e Jacaré perguntou:

– Por que você está fugindo, parceiro?

– Não estou fugindo. Apenas não vou participar da morte de alguém que, neste momento, é um dos protegidos de Falcão.

– Você está com medo daquele safado? Você não viu que esse moleque do Bira entregou todo mundo?

– Não vi isso. Vi apenas que se defendeu. Se ele morrer, Falcão ficará sabendo, então será um inferno nesta favela, pois estaremos passando um atestado de culpa como responsáveis pela morte do "pai dos pobres".

Também vamos dar condições para o inspetor agir oficialmente.

– Quem vai avisá-lo?

– Não sei. Mas vocês devem ter observado que ele sabe de tudo o que fazemos. Alguém está passando informações para ele, e estas devem partir daqui.

– E quem está informando? – perguntou o chefe do tráfico.

– Alguém desta comunidade, que jamais vamos descobrir – respondeu Baiano. – Ele sabe tudo sobre você, Jacaré, e só não o prendeu porque não quis.

Jacaré largou Bira e voltou-se para Baiano, mirando a pistola nos olhos dele.

– Mate-me, Jacaré, e você também vai para o inferno – alertou Baiano.

Jacaré observou que Baiano já estava com a mão na arma e dava tempo para ele sacá-la e matar alguém antes de morrer. Então baixou a arma e perguntou:

– E agora? Como vamos viver com um dedo-duro entre a gente?

Bira sabia que Jacaré estava se referindo a ele:

– Chefe, você está enganado comigo. Não sou dedo-duro e só falei, porque tive um motivo.

– Qual motivo? – perguntou o chefe.

– O inspetor sabia de tudo, portanto, não adiantava negar. Além disso, observei que Falcão portava duas armas na cintura, uma enfiada na frente e outra atrás. Quando ele sentou-se, vi outro volume em seu bolso, o que devia ser outra pequena arma.

– E daí?

– Daí que o inspetor veio pronto para matar ou morrer. E quem estava na mira dele era você.

Jacaré baixou a cabeça pensativo, enquanto os amigos foram saindo, deixando o chefe entregue aos seus pensamentos.

Falcão foi descendo o morro, sendo observado pelo pessoal da comunidade, e, quando passou por Ruivo, ele fez um gesto de despedida.

Ruivo ficou pensando: *Quem vai impedir a passagem desse homem? Se alguém fez isso um dia, tenho certeza de que morreu.*

Falcão entrou na Central de Polícia e observou que todo mundo o olhava disfarçadamente. Ele pensou: *O negócio deve estar quente por aqui.*

Quando se sentou à sua velha mesa, viu um envelope. Abriu-o e leu a mensagem: *Meu caro amigo Falcão, eu quero falar com você urgentemente, amanhã, às dez horas, em meu gabinete. Ass.: secretário de Segurança Pública.*

Falcão ergueu a cabeça e viu o dr. Arnaldo entrar rapidamente em sua sala.

Mauro encaminhou-se para a mesa de Vicente e comentou:

— Amigo, o inspetor perguntou-me se você entregou os pertences do finado Josias à viúva Dalva.

— Claro que entreguei, companheiro.

Mauro pensou: *Quem estiver metido nisso vai para a cadeia, pois, se Falcão não morrer, ele está muito perto da verdade.*

Vicente bateu à porta do gabinete do chefe de Polícia.

— Entre – disse o dr. Arnaldo. – Sente-se, por favor.

— Doutor Arnaldo, Falcão perguntou novamente ao Mauro se os objetos pertencentes ao deputado foram entregues à viúva.

— Isso é paranoia do Falcão – disse o dr. Arnaldo com um gesto desinteressado.

O chefe de Polícia se levantou e comentou, depois de pensar:

— Eu soube que o inspetor está vindo da Favela do Camarão, reduto do traficante Jacaré.

Vicente ficou em silêncio por alguns instantes, mas logo falou:

– Falcão é muito perigoso. Se ele está subindo e descendo o morro livremente, tenho certeza de que já dominou com suas manobras os bandidos de lá, talvez até o próprio Jacaré.

– Vamos esperar o resultado da conversa dele com o secretário de Segurança, amanhã.

– Ok, chefe.

Vicente se retirou, deixando doutor Arnaldo profundamente preocupado.

Quando Mauro viu Vicente saindo da sala do Chefão, correu em sua direção e perguntou:

– Vicente, você entregou os pertences do deputado à viúva?

– Entreguei e tenho uma testemunha. Inclusive, a assinatura dela está na relação dos pertences do finado marido – disse Vicente com ar de aborrecimento. – Respondi à sua pergunta, amigo?

– Sim.

Mauro foi para a sua mesa, tirou a foto da gaveta e começou a analisar o anel no dedo do deputado, que estava com uma mão para fora da porta aberta, no local onde fora executado. Esse pequeno detalhe pode complicar a vida de muita gente, pensou.

Mauro encaminhou-se para a sala do inspetor e, após alguns minutos em silêncio, comentou:

– Amigo, muito cuidado com o secretário de Segurança Pública.

– Sei disso, colega.

– Falcão, eu posso lhe fazer uma pergunta?

– Pode.

– Você não tem medo de morrer?

– Não.

– Pois se eu fosse você teria – comentou o amigo. – Sabia que os espíritas também morrem?

– O que vai morrer é o meu corpo, mas, eu jamais morrerei; somos imortais – rebateu o inspetor.

– Você acredita nisso?

– Acredito; se não acreditasse, jamais teria fé em Deus.

Falcão fez uma pequena pausa, respirou e, fitando o amigo, continuou:

– Só tenho medo de deixar este mundo antes de pegar essa quadrilha imunda, que age nas sombras, colocando a culpa em pobres miseráveis, que matam e roubam para matar a fome e vingar a morte dos seus entes queridos, que foram exterminados pelos nossos colegas e por pistoleiros pagos a peso de ouro, pelas autoridades que são constituídas para defenderem o cidadão.

– Falcão, sua acusação é muito séria.

– Ora, Mauro! Você sabe muito bem que estou falando a verdade!

– Tem razão. Mas você pode ser morto a qualquer momento por falar assim.

– Mauro, se eu desencarnar, não tenho ninguém que chore por mim. Meu único objetivo desta existência que Deus me deu é a profissão que abracei de todo o coração. Por ela, dou a minha própria vida, contanto que esse ato sirva para alguma coisa.

– Amigo, você ainda é muito jovem. Sei que é separado, não tem filhos e é órfão de pai e mãe. Porém, tem uma carreira brilhante, sendo, também, muito cotado pelos políticos para assumir um lugar de destaque na Segurança do Estado.

– Mauro, tome cuidado.

– Não se preocupe, meu amigo. Sinto o perigo no ar, por isso estou atento.

AMBIÇÃO

CAPÍTULO 13

SUBORNO

No dia seguinte, às nove horas, Falcão encontrava-se sentado numa pequena antessala do gabinete do secretário de Segurança Pública, sem demonstrar nenhum sinal de nervosismo.

Os funcionários da Secretaria passavam por ele e cumprimentavam-no desconfiados.

Uma moça se aproximou do inspetor e perguntou-lhe:

– O senhor é o inspetor Falcão Nobre?

– Sim.

– O doutor Narciso pediu para o senhor entrar.

Ela abriu uma porta e ele entrou.

Atrás de uma mesa, um senhor grisalho e gordo estava de cabeça baixa, simulando ler algo.

– Meu amigo Falcão, há quanto tempo não nos vemos – disse ele, levantando-se e apertando a mão do policial, enquanto demonstrava uma falsa surpresa. – Sente-se, por favor.

Antes de sentar-se, Falcão observou o ambiente, depois

fitou o secretário, pensando: *Hipócrita! Você pode enganar todo mundo, menos este subordinado aqui!*

O secretário observava o inspetor e talvez se questionasse por onde devia começar o diálogo. Resolveu conversar assuntos aleatórios que vinham a sua mente.

– Eu soube que você é espírita, meu nobre amigo!

– Sou. Acredito piamente nos princípios básicos da Doutrina Espírita.

– E o que dizem esses princípios básicos? – perguntou sem muito interesse dr. Narciso, tentando procurar um meio para abordar o assunto propriamente dito.

– A Doutrina Espírita não impõe a ninguém absolutamente seus ensinamentos, todavia deixa bem claro que nós podemos enganar os outros e a nós mesmos, mas a Deus ninguém engana – respondeu o inspetor.

– Fico admirado que um homem como você, um grande policial, acredite nessas "coisas".

Falcão Nobre fitou o dr. Narciso e comentou sorrindo:

– Ainda tem muita gente honesta e, que procura seguir os ensinamentos de Jesus, em qualquer profissão. Eu, por exemplo. Sou um desses que, apesar de ser policial, não me deixo envolver pelo sistema podre que a sociedade tenta aceitar como certo.

Dr. Narciso sentiu a mão tremer e o ar lhe faltar. Levantou-se, caminhou até a porta, abriu-a e verificou se ninguém estava ouvindo. *Será que esse elemento está me dando uma indireta?*, pensou.

O inspetor Falcão manteve-se calmo e em silêncio, pois já estava acostumado a determinadas situações.

O secretário de Segurança, depois de muito pensar, resolveu romper aquele silêncio irritante.

– Meu caro amigo, as coisas estão difíceis – disse. – Imagine que, até a presente data, não conseguimos descobrir quem matou o nosso querido deputado.

Falcão continuou em silêncio.

Dr. Narciso, secretário de Segurança Pública do Estado, também ficou em silêncio, pensando: *Tenho de tomar bastante cuidado com esse homem. Se ele notar qualquer vacilo em minhas palavras, jamais conseguirei convencê-lo a aceitar minha proposta.*

– Você sabe quem matou o doutor Alonso de Aquino? – perguntou de surpresa o secretário.

– Eu não sabia que ele tinha sido assassinado – disse o inspetor com um sorriso irônico.

– Falcão, todo mundo sabe que você descobriu que o doutor Alonso foi assassinado.

– Jamais falei isso – rebateu, como se realmente nada soubesse. – Seria falta de responsabilidade da parte de um policial duvidar de um laudo sem provas concretas.

Dr. Narciso fitou o policial, tentando penetrar a mente daquele homem astucioso e perigoso.

– Nós sabemos disso – disse ele. – Quando digo que "todo mundo sabe", refiro-me apenas aos nossos companheiros, que estão furtivamente observando suas investigações.

– Não estou fazendo nenhuma investigação – comentou o inspetor calmamente. – Acho que as pessoas que estão passando esse tipo de informação para o senhor estão enganadas.

Dr. Narciso notou que a sua estratégia não estava dando certo e mudou o rumo da conversa.

– São modos de falar, Falcão. Eu sei que você não pode fazer nenhuma investigação por conta própria.

O inspetor ficou em silêncio.

O secretário se calou e ficou observando as reações do policial.

Parecia que ambos se estudavam. O político e o investigador.

Dr. Narciso arriscou-se a romper aquele incômodo silêncio.

– Você sabia que o governo estuda a possibilidade de nomeá-lo para assumir um elevado cargo nesta Secretaria? – perguntou. – Deixarei meu cargo para candidatar-me a deputado federal.

O inspetor permanecia impassível.

Dr. Narciso continuou:

– Além de ser o policial mais conhecido da cidade e do estado, exercendo um cargo de confiança nesta Secretaria, você terá a oportunidade de conhecer os caciques da política local e nacional.

Falcão continuou calado.

O secretário estava ficando inquieto e irritado.

Com uma tranquilidade digna de um monge tibetano, Falcão levantou-se, colocou as mãos sobre a mesa do secretário e o encarou, perguntando:

– O que vocês querem de mim?

– O seu silêncio em troca de uma promoção – respondeu o dr. Narciso rapidamente. – Faça sua escolha, e amanhã mesmo ela será publicada no *Diário Oficial*.

O inspetor continuou encarando o secretário de Segurança Pública.

– A que silêncio o senhor se refere?

– Esqueça a morte de Alonso de Aquino.

– Por que vocês querem comprar o meu silêncio?

– Não vamos chamar isso de "compra de silêncio" – respondeu o secretário. – Esta frase é muito forte. Digamos que queremos apagar da memória do povo esse fato extremamente doloroso, já que isto não faz bem para a família do morto.

– Você sabe quem matou Alonso? – perguntou o inspetor, já se achando dono da situação.

O secretário caminhou pelo gabinete, pensando: *Falei demais. Agora tenho que despistar esse maldito policial.*

– Meu caro inspetor, quem sabe de algo a respeito do assunto é você. Estou apenas querendo resolver esse problema e evitar transtornos para a polícia. Se a imprensa souber que o "pai dos pobres" foi assassinado, e que não tomamos nenhuma providência até agora, cairemos no ridículo.

– Eu não tenho nada a ver com isso. A perícia apresentou

um laudo que confirma o suicídio de Alonso. Não acreditei nele e comecei a fazer algumas investigações para sossegar minha consciência de policial honesto.

– Por que você não procurou o chefe de Polícia Civil e o colocou a par de suas suspeitas?

– Porque no outro dia eu estaria morto.

– O que leva você a pensar assim?

– Tenho os meus motivos. Além disso, tenho certeza de que o senhor soube que fui alvo de um atentado recentemente.

– Soube sim, mas você não deve se preocupar com isso. Essas particularidades fazem parte da profissão.

– Doutor, não adianta perdermos tempo com essa conversa fiada.

O inspetor respirou fundo e soltou as palavras pausadamente: – Vou dizer o que acho de sua proposta.

– Estou esperando.

– Acho-a indecente para um secretário de Segurança Pública do Estado – disse em voz baixa, porém firme. – O senhor está querendo me subornar em troca de uma reles promoção.

Dr. Narciso foi empalidecendo, até sentar-se. Não podia acreditar no que ouvia. Pensou em tomar várias atitudes ao mesmo tempo, mas ainda lhe restava um pouco de bom senso.

O inspetor despediu-se e, na porta de saída do gabinete, voltou-se e acrescentou:

– Ainda não pedi à Justiça, que abra um inquérito, entretanto, isso é apenas uma questão de tempo.

– Um momento, inspetor Falcão Nobre.

– Fale!

– Já vi gente melhor do que você morrer.

– Eu sei que você é capaz de mandar matar-me.

– Pense como você quiser, mas, antes, ordeno que pare com as investigações sobre a morte de Alonso de Aquino.

– Nunca.

– Vou obrigá-lo.

– Tente.

Falcão tirou do bolso um telefone celular e o mostrou para o secretário de Segurança, fazendo um gesto.

– Nossa conversa está gravada neste inofensivo aparelho.

O secretário empalideceu e ameaçou:

– É? Mas pode ser que você não chegue até o seu destino...

– Fiz uma carta e gravei tudo o que sei sobre a morte de Alonso de Aquino, e tanto a carta quanto a gravação estão guardadas em um lugar seguro. Se ocorrer qualquer "acidente" comigo, a imprensa vai ter, imediatamente, acesso a essas informações.

Dr. Narciso calou-se e baixou a cabeça, rendendo-se aos fatos.

Falcão fez um gesto com a mão, abriu a porta e foi embora.

Enquanto isso, na mansão da viúva do deputado Josias, Dalva estava em seu quarto, trocando de roupa, quando a empregada bateu à porta:

– Entre.

– Dona Dalva, o inspetor Falcão Nobre está na sala de visita – avisou a serviçal.

A viúva empalideceu. Seu coração pulou dentro do peito. Foi até o espelho, olhou-se, sorriu, e depois indagou:

– E o que ele quer?

– Falar com a senhora.

– Diga que estou descendo.

– Sim, senhora.

Dalva pensou: *Meu Deus, por que esse homem mexe tanto comigo? Desde o dia em que o vi no cemitério ele não sai mais dos meus pensamentos. Isso é um perigo para uma mulher que acabou de perder seu marido de maneira drástica.*

Ela continuou a pensar: *Será que ele é casado? Deve ser, e cheio de filhos, pois essa gente pobre é ignorante e só sabe fazer filhos.* Sentou-se na cama e ficou sonhando: *Esse homem parece um feiticeiro. Não paro de pensar nele, meu Deus!* Após se olhar várias vezes no espelho, ela desceu.

Falcão caminhava pela sala, olhando alguns objetos de

arte, principalmente quadros e esculturas que enfeitavam a aconchegante sala, quando ouviu, levemente, passos. Olhou para o alto da escadaria e contemplou a mulher mais bela que já havia visto na vida. Pensou: *Ainda não havia prestado a devida atenção a esta mulher. Como é linda! Mas não foi só isso que me fascinou. Parece-me que essa criatura sempre esteve em meus pensamentos. Nem sei o que estou fazendo aqui. Talvez eu só precisasse de uma desculpa para vê-la novamente. Estou ficando bobo demais para minha profissão.*

Dalva viu que o homem a fitava, demonstrando, através do olhar, admiração, respeito e algo invisível, que não sabia definir, então sentiu uma forte emoção. Pensou: *Meu Deus, o que será isso? Nunca senti nada parecido! Jesus, ajude esse homem, ele poderá ser o próximo a morrer!*

– Boa tarde, senhora – cumprimentou o inspetor curvando-se e beijando a mão da mulher.

– Boa tarde, inspetor. Posso ajudá-lo em alguma coisa? – respondeu Dalva com voz trêmula, porém firme.

– Na verdade, vim tirar uma pequena dúvida, se não for incômodo.

A mulher sentou-se com elegância e pediu:

– Sente-se, por favor.

– Obrigado.

Ele pensou: *Cuidado, Falcão! Você é um simples policial. Essa mulher é rica, filha de uma família abastada e viúva de um homem muito conhecido no país.*

Ela pensou: *Parece-me que já conheço esse homem de algum lugar, mas não lembro de onde! Meu Deus, ajude-me, pois não aguento mais tanto sofrimento!*

Falcão ficou calado, esperando que a viúva se acalmasse, para que pudesse abordar o assunto.

Dalva também estava silenciosa.

Passaram-se alguns minutos.

– Meu caro inspetor, qual sua dúvida? – indagou a bela viúva.

– A senhora sabia tudo a respeito da vida de seu marido?

– Bem... ele não me escondia nada, tínhamos um relacionamento muito aberto.

– A senhora recebeu os objetos pertencentes ao seu marido?

– Que objetos, senhor Falcão? – questionou a mulher com outra pergunta.

– Os objetos que foram encontrados com o cadáver, por ocasião do assassinato dele, e recolhidos para a Central de Polícia, a fim de serem submetidos à perícia.

– Sim.

O inspetor passou a mão nos cabelos num gesto displicente e ficou em silêncio, com ar de quem estava pensando ou tentando encontrar uma maneira de fazer uma pergunta indiscreta.

– O seu finado marido usava um anel no dedo anular da mão direita? – inquiriu de surpresa.

– Sim.

– A senhora poderia me mostrar esse anel?

– Inspetor, o senhor disse-me que não estava investigando a morte de Alonso.

– O meu pedido não tem nada a ver com a morte do doutor Alonso nem com o assassinato do seu marido.

– Não estou entendendo.

– A senhora foi testemunha de que alguém tentou me matar na saída do cemitério.

– Sim?

– Pois estou tentando descobrir quem tinha interesse no atentado que sofri.

– Entendo – confirmou a mulher com um ar irônico.

– A senhora não acredita?

– Não.

– Posso saber o motivo? – indagou o inspetor, aparentando calma e desinteresse pelo assunto.

– O que tem a ver o anel do meu marido com o atentado que o senhor sofreu? – perguntou encaminhando-se até a janela da sala.

– Curiosidade.

A mulher ficou calada com o olhar perdido no vazio.

– Aguarde um momento, senhor inspetor, por favor – pediu, subindo para o segundo piso de sua residência.

Após alguns minutos, a viúva desceu e entregou ao inspetor um pequeno estojo com um anel.

– Aqui está o anel do Jô – disse a bela mulher. – Não sei o que o senhor viu de interessante nessa joia.

O inspetor abriu a caixa e tirou dela o anel. *Esta joia não é a da foto. Isso é uma cópia,* pensou. Fechou o estojo e o entregou à viúva.

– Obrigado, senhora – disse levantando-se.

– Já vai, inspetor?

– Sim. Acho que estou incomodando a senhora; além disso, já tirei minha dúvida.

– Posso saber o que esse anel significa para o senhor?

Falcão fitou a mulher, tentando descobrir algo em seu semblante, e respondeu:

– Senhora Dalva, depois nós conversaremos sobre esse assunto, isto é, se eu ainda estiver vivo.

– Por favor, inspetor, se o senhor descobriu algo ilícito sobre o meu marido, guarde esse segredo. Os meus filhos não sabem de nada.

Falcão falou com certa doçura na voz:

– Senhora, procure descobrir se o deputado guardou alguma anotação particular. Talvez isso sirva de pista para que eu chegue até a pessoa que tentou matar-me.

– Irei procurar. Aviso-o se encontrar algo que o interesse.

– Por favor, guarde sigilo sobre essa nossa conversa. Esse pormenor sobre o seu finado marido pode interessar a muita gente.

– Tudo bem.

O inspetor fitou o rosto da bela mulher, suspirou e despediu-se.

Ela acompanhou os seus passos até entrar em seu carro e partir.

O inspetor ligou para alguém enquanto dirigia:

– Alô!

– Alô! Bira, sou eu, Falcão.

– Fale, chefia.

– O que você está fazendo?

– Estou num barzinho do morro, curando a ressaca.

– Entendo. Está sozinho?

– Por enquanto.

– Estou esperando-o naquele bar em que você andou me espreitando.

– Desligo.

Bira pensou: *Vou falar para o Jacaré. Pensando melhor, não vou contar nada. Estou cansado de dar satisfação da minha vida.* Tomou o resto de bebida que estava no copo, pagou e desceu o morro.

O amigo de Falcão Nobre, o policial Vicente, estava tomando um cafezinho numa pequena lanchonete, pensando: *Realmente, Falcão sabe de muita coisa. Todo mundo está com medo.* Terminou de tomar o seu café, balançou a cabeça e disse para si mesmo: *Que cada um cuide de si.*

Começou a dirigir displicentemente, com destino a um bairro da cidade.

Falcão estava dentro do carro, esperando por Bira. Quando viu o bandido, buzinou.

O rapaz dirigiu-se para o carro, entrando, pois a porta já estava aberta.

Falcão começou a dirigir sem nada falar.

Bira cumprimentou o inspetor.

– Tudo bem, chefia?

– Tudo.

O inspetor continuou dirigindo o carro em silêncio. Depois de muito rodar, estacionou o veículo.

Bira ficou desconfiado, mas nada perguntou.

– Bira, você parece ser burro, mas não é – disse o inspetor de repente.

O rapaz ficou alerta.

– Você sabe quem é o superior de vocês no Morro do Camarão? – perguntou ele, com ar de desinteressado no assunto. – Em especial, o chefe direto de Jacaré?

– Não. Sei que ele recebe uns telefonemas meio estranhos de alguém importante.

– Você sabe o nome dessa pessoa?

Bira percebeu que o inspetor sabia de alguma coisa e pensou: *Vou dizer o que sei senão vou direto para a penitenciária.*

– Sei muito pouco a respeito desse elemento.

– Então, me diga o que sabe.

– Acho que é um sujeito muito influente. Nas poucas vezes que ouvi Jacaré conversando com ele ao telefone, observei algumas coisas.

– O que, por exemplo?

– Quando alguém que pertence a nossa comunidade é preso, Jacaré fala com ele, ou ela, e imediatamente essa pessoa é solta.

– Estranho. Não se lembra de mais nada?

– Pouca coisa. Somente que ele quebra o celular após cada telefonema para essa pessoa.

Falcão pensou e perguntou:

– Você lembra o número do último celular dele?

– Não. Ninguém tem acesso ao número desse celular, que ele chama de "descartável". Temos o número do telefone convencional e do celular normal, para chamadas sem importância. Esses celulares são roubados e clonados, e depois também são descartados.

– Como vocês ficam sabendo dos assuntos sérios?

– Falamos pessoalmente. Se um estranho ficar sabendo de nossas transações, o responsável pela informação morre imediatamente.

AMBIÇÃO

– E se for urgente?

– Usamos códigos nos telefonemas.

Falcão sorriu e pensou: *Quem fala com Jacaré ainda é peixe pequeno.* Fitou Bira com um sorriso irônico e perguntou:

– O que você sabe sobre o deputado Josias?

– Nada – respondeu ele, sentindo um frio esquisito envolvê-lo.

– Por hoje, chega.

Bira desceu do carro, despediu-se e foi embora.

O inspetor ainda ficou um tempo com o carro estacionado. Depois voltou a dirigi-lo, pensando naquela mulher que estava perturbando seus pensamentos.

Ao chegar em seu barraco, Bira deitou-se e começou a sentir febre e frio. Tomou um comprimido e adormeceu por alguns minutos. O bandido viu o deputado Josias ameaçando-o, dizendo que iria acabar com a vida dele assim que ficasse bom dos ferimentos que ele havia feito com tiros.

– Seu bandido, você acabou com minha vida. Pois eu vou acabar com a sua também.

– Nem sei quem é o senhor, chefe – disse Bira.

Bira começou a gritar no pesadelo, mas ninguém ouvia, até que conseguiu acordar, todo suado. Tomou água, olhou para os lados e correu em direção ao boteco.

Será que o deputado está vivo?, pensou o rapaz. *Depois irei falar com mãe Luiza e narrar o que aconteceu comigo, ou então vou ao Centro Espírita João Batista.*

CAPÍTULO 14

ANGELINA, O SECRETÁRIO E VICENTE

Angelina estava se preparando para o jantar quando Josefa foi avisá-la de que o dr. Narciso estava esperando-a na sala de visitas. Ela fez um gesto de cabeça confirmando o recado. Depois pensou: *Esse homem está me incomodando muito.*

O secretário de Segurança estava sentado confortavelmente numa poltrona quando Angelina adentrou a sala, cumprimentando-o:

– Doutor Narciso, em que posso servi-lo?

– Minha linda viúva, quem sou eu para ser servido por uma rainha?

A dona da casa sentou-se num sofá em frente ao secretário e o advertiu:

– Narciso, tome cuidado com suas vindas à minha residência.

– Posso saber o motivo?

– O inspetor Falcão está muito desconfiado de mim.

– Hoje, ele esteve em meu gabinete.

Angelina levantou-se, surpresa com a informação, mas tentou se acalmar. Sentou-se novamente e perguntou:

– O que ele foi fazer na Secretaria de Segurança?

– Calma, Angelina! Eu o convidei para conversarmos sobre vários assuntos.

– Que assuntos, Narciso?

– Falamos sobre várias coisas, principalmente sobre o suicídio de seu finado marido.

– Não acredito que o secretário de Segurança também foi fisgado por esse maldito policial!

– Não entendo sua preocupação, Angelina.

– Neste exato momento, ele tem certeza de que você tem algo a ver com tudo isso, principalmente com o assassinato de Alonso.

– Minha amiga, o importante é que nós não temos absolutamente nada a ver com isso. Quanto ao suicídio de Alonso, isso é um caso encerrado.

– Você está brincando? Lembre-se de que Falcão está juntando peças para colocar todo mundo na cadeia. Ele tem certeza de que mataram meu marido.

– Vamos ficar calmos.

– Sobre o que mais vocês conversaram?

Dr. Narciso contou o que aconteceu entre eles na Secretaria de Segurança, tendo o cuidado de omitir as ameaças que fez contra Falcão e vice-versa.

Angelina ficou pensativa.

Dr. Narciso sentiu que o clima não estava propício para tratar de determinados assuntos. Levantou-se e despediu-se de Angelina:

– Bem, Angelina, eu passei por aqui apenas para dizer que está tudo bem.

– Agradeço sua preocupação, mas evite vir à minha casa.

– Como queira.

O homem fez um gesto com a mão e foi embora.

Angelina ficou sentada, pensando: *Falcão está conseguindo mexer com muita gente boa. Acho que vou visitar minha amiga Dalva. Coitada, deve estar desesperada com a perda do marido.*

Depois de dirigir alguns quilômetros, Vicente estacionou o carro ao lado de uma casa bonita, num bairro nobre da cidade. Tocou a campainha e alguém veio atendê-lo:

– Entre, meu amigo.

O policial entrou e foi conduzido até uma sala onde havia dois homens sentados, também conhecidos dele.

– Vicente, como vai? – perguntou um deles.

– Tudo bem.

– Você sabe nos informar por que Falcão se interessou pelo anel do deputado Josias? – indagou outro.

– Não se esqueçam de que Falcão é o melhor investigador que a polícia já teve – respondeu o policial. – Quanto ao anel, descobriu alguma coisa através de uma fotografia da perícia, tirada por ocasião da morte do deputado.

Outro homem, que estava sentado, levantou-se e foi até a cozinha, voltando com uma pistola equipada com um silenciador.

Vicente ficou alerta. Tentou manter-se calmo, mas não conseguiu, pois algo lhe dizia que ia morrer. Quando tentou sacar sua arma para se defender, recebeu o impacto abafado de vários tiros em seu tórax, e caiu sobre o tapete da sala de braços abertos, aparentemente morto.

– Vamos – ordenou o homem que atirou. – Apesar de estar escuro, cuidado com o rosto.

Todos, com muita naturalidade, entraram num carro que estava estacionado um pouco distante da casa e desapareceram.

Ao chegar a casa, Falcão sentou-se e ligou a televisão. Sentiu vontade de falar com o amigo Vicente e telefonou para o celular dele, mas só chamava e ninguém atendia. Ele ligou para a Central de Polícia e o pessoal de plantão informou que ele havia saído cedo e ninguém sabia para onde.

Falcão continuou sentado e logo adormeceu no sofá.

O celular tocou.

AMBIÇÃO

Ele despertou, atendeu e ficou paralisado e pálido à medida que ouvia o que a pessoa do outro lado da linha falava. Levantou-se rápido e disse:

– Estou indo para o local do crime. Depois passarei no hospital.

CAPÍTULO 15

UMA ESTRANHA VISITA

O inspetor Falcão Nobre soube que o policial Vicente, antes de morrer – através do pessoal que estava de plantão na Central de Polícia –, ainda tivera tempo de informar o endereço onde havia sido baleado.

A polícia se dirigiu imediatamente para o endereço citado, todavia, quando lá chegou, já estava morto.

Assim que soube do ocorrido, Falcão saiu em disparada em seu carro para o endereço informado pelos amigos. Ele sabia que o corpo de Vicente já estava no Instituto Médico Legal (IML), porém, queria ver onde ele havia sido assassinado. Quando o inspetor entrou na residência onde havia acontecido o crime, vários repórteres identificaram o inspetor e correram em sua direção.

Enquanto fotógrafos e cinegrafistas tentavam enquadrar Falcão em seus equipamentos, procurando um melhor ângulo, os repórteres ajustavam seus aparelhos de modo a ouvi-lo.

– Falcão, esta morte tem relação com o assassinato de Alonso de Aquino? – indagava um repórter mais afoito.

– Inspetor, é verdade que o "pai dos pobres" foi assassinado? – perguntava outro tentando desequilibrar o raciocínio do inspetor.

– O senhor acha que o policial Vicente morreu porque estava envolvido com o assassinato de Alonso de Aquino? – perguntava outro, tentando chegar mais próximo.

– Falcão, por que a polícia ainda não descobriu quem realmente matou Alonso de Aquino?

O inspetor nada respondeu; simplesmente ficou longe da imprensa.

Começou a esquadrinhar toda a casa, especialmente a sala onde o amigo havia sido assassinado. De repente ouviu alguém falar e verificou que o chefe de Polícia caminhava em sua direção.

Dr. Arnaldo parou em frente a Falcão e disse:

– Inspetor, este caso não pertence a você. Retire-se, por favor.

– Vicente era meu amigo. Estou verificando o que ele fez de grave para morrer tão estupidamente.

– Retire-se, inspetor Falcão Nobre.

– O senhor está com medo, doutor Arnaldo?

– Você está insinuando alguma coisa, inspetor?

– Não. Agora, deixe-me trabalhar. Se quiser continuar esta conversa, estou à sua disposição na Central de Polícia.

O inspetor deu as costas para o chefe e continuou suas investigações sob o olhar surpreso de Arnaldo e do responsável pelo "caso Vicente".

Enquanto os policiais trabalhavam, Falcão Nobre permanecia em pé, encostado numa parede, pensando: *Ele foi surpreendido*. O inspetor se virou e enxugou uma lágrima que descia pelo rosto.

Vicente era seu parceiro de trabalho e compadre há muitos anos.

Homem honesto e inteligente, ele tinha um coração de ouro, e talvez tenha sido isso que o levara à morte.

Falcão continuou observando tudo na sala. Percebeu que o sofá da sala de visitas, além de ter algumas manchas de sangue, fora afastado alguns centímetros. *Ele foi covardemente assassinado de surpresa, e, se foi surpreendido, era porque havia uma ou mais pessoas que ele conhecia muito bem, portanto, não suspeitava de que alguém fosse matá-lo. Um policial experiente jamais se deixaria surpreender caso estivesse entre pessoas desconhecidas,* pensou.

O investigador Bernardo, o Cobra, responsável pelo "caso Vicente", fazia suas investigações meio desconfiado com o colega, que continuava encostado na parede da sala, sem se mover ou fazer perguntas.

– Você descobriu algo? – o investigador Bernardo, perguntou a Falcão.

– Nada de importante.

– Inspetor, o senhor não me engana. Sei que você está juntando as peças do quebra-cabeça desse crime.

– Por que você está me fazendo essas perguntas?

– Quero que me ajude.

– Agora quem não está entendendo sou eu – disse Falcão surpreso.

– Esse caso é muito estranho e está me cheirando a perigo – comentou o investigador.

Cobra era um investigador muito conhecido e perigoso; conseguia decifrar crimes difíceis de serem desvendados.

Falcão não confiava nele, era muito amigo do chefe de Polícia.

Mesmo assim, perguntou:

– Quem retirou o tapete da sala?

– Que tapete, Falcão?

– Entre as poltronas havia um tapete e foi retirado. A perícia foi feita sem o tapete.

Cobra pensou: *Como ele descobriu isso?*

– Como você descobriu? – perguntou Cobra.

– Pela marca que o tapete deixou. Retiraram o corpo da vítima juntamente com o tapete, depois varreram o local.

– Por que você disse que varreram o local?

– O lugar onde se encontrava o tapete está muito limpo, o que contrasta com o resto do piso do ambiente.

– O que você acha disso? – perguntou o inspetor Bernardo.

– Nada.

– Nada, ou não quer dizer o que acha?

– O caso é seu. Estou apenas fazendo uma visita ao local onde meu amigo morreu.

Cobra fitou o inspetor e depois se retirou, continuando seu trabalho com a equipe. O responsável pelo "caso Vicente" foi para um lugar reservado e ligou para o chefe de Polícia, que estava no carro, a caminho da Central.

– Alô!

– O homem descobriu algo!

– O quê?

– Que o tapete foi removido após a retirada do corpo de Vicente.

– Como ele ficou sabendo disso?

– Não sei.

– Precisamos saber quem removeu esse maldito tapete e o porquê.

– Tudo bem. Vou averiguar.

Falcão continuou observando. Aproximou-se do perito e perguntou:

– Alexandre, você encontrou alguma impressão digital?

– Não. Acho que eles não tocaram em nada.

– Obrigado, colega.

O inspetor pensou: *Eles estavam obedecendo às instruções de um profissional, para não deixar nenhuma pista. O assassino era um profissional.* Ele foi saindo da casa e pensando: *Não adianta procurar pista por aqui. Eles apagaram tudo. Talvez atearam fogo até na roupa deles e as enterraram, Deus sabe onde. Depois eu volto aqui, com mais calma.*

Enquanto isso, na Central de Polícia, o dr. Arnaldo estava inquieto em sua sala. De repente viu, através da porta transparente, o inspetor Falcão Nobre gesticulando, pedindo para ser recebido. Pensou e depois fez um gesto com a mão, autorizando a sua entrada.

– Acho que não temos nada para conversar – disse o dr. Arnaldo.

– Vim lhe oferecer a paz.

– Em troca de quê?

– De esquecer que você trocou o anel autêntico do finado por um falso.

– Você não pode provar o que diz!

– Vi o anel que foi entregue à viúva do deputado e constatei que aquele não era o original. Apesar de a cópia estar quase perfeita, ela não me enganou.

– O que você quer de mim?

– Quero substituir o investigador Bernardo no "caso Vicente".

– O quê? Você está ficando maluco!

– Tudo bem, esqueça.

– Um momento, Falcão. Você sabe quem recomendou o investigador Bernardo, o Cobra, para assumir o "caso Vicente"?

– O secretário de Segurança.

– Como você ficou sabendo?

– Intuição.

O chefe de Polícia ficou pensando e perguntou:

– Como vou ter certeza de que você esquecerá esse pequeno incidente com o deputado? – perguntou o chefe. – Além disso, o que vou dizer para o secretário de Segurança Pública?

– É pegar ou largar. Quanto ao doutor Narciso, este problema também é seu.

Dr. Arnaldo pensou: *Se o inspetor Falcão Nobre assumir o "caso Vicente", ele vai descobrir muita coisa, porém, ficarei*

AMBIÇÃO

livre das suas suspeitas sobre mim, pois nada tenho a ver com a morte do policial Vicente. Levantou-se e estendeu a mão para Falcão, anunciando:

– O caso é seu. Pode assumi-lo agora mesmo.

Falcão olhou para Arnaldo e disse:

– Se você estiver limpo, não se arrependerá da troca.

O inspetor pediu licença e retirou-se da sala do chefe de Polícia.

Dr. Arnaldo ficou pensando: *Coitado, vai morrer mais rápido do que eu pensava.*

Falcão foi para sua sala e mandou chamar o amigo Mauro.

– Bom dia, inspetor – cumprimentou o policial.

– Bom dia, Mauro.

Em rápidas palavras, Falcão colocou o colega a par da situação, inclusive, que havia assumido o "caso Vicente". Ele fez uma longa pausa e falou:

– Neste momento, o investigador Bernardo já deve estar fora do caso.

– Eu soube que ele foi destituído.

– Quero que o perito Alexandre integre a nossa equipe imediatamente, substituindo Vicente.

– Certo, chefe. Mais alguma coisa?

– Sim. Vá à residência onde Vicente foi morto e tire fotografias do chão, desde a entrada do portão, e de todos os cômodos da casa.

O policial Mauro fitou o inspetor e perguntou:

– Chefe, você sabe o risco que nós estamos correndo?

– Claro. O risco é grande. Não sei se sairemos vivos dessa, mas, se optei por ser um policial, é porque eu queria ajudar a Justiça. Entretanto, se você quiser deixar o caso, eu entenderei.

– Assim você me ofende! Durante todo esse tempo como policial, jamais recuei diante de qualquer caso.

– Então, vamos ao trabalho.

Mauro fez uma reverência e despediu-se. Foi cumprir as ordens do inspetor.

Falcão levantou-se e avisou aos colegas que iria ao IML, onde estava o corpo do amigo Vicente. Quando o inspetor entrou no necrotério, o médico-legista veio atendê-lo pesso-almente e, após o cumprimento, disse:

– Meu amigo Falcão, fizeram um grande estrago no nosso amigo Vicente.

Falcão levantou o lençol que cobria o corpo de Vicente, depois se virou e ficou alguns minutos em silêncio.

Dr. Márcio, o legista oficial da polícia, também ficou em silêncio.

Depois se aproximou do amigo e colocou uma mão em seu ombro.

– Falcão, tenha cuidado – disse ele. – O próximo poderá ser você.

O inspetor encarou o dr. Márcio e viu um brilho em seus olhos. Ele levantou novamente o lençol que cobria o corpo, observou com mais calma e pensou: *Foram disparados cinco tiros à queima-roupa, de uma pistola ponto quarenta, equipada com um silenciador. Esse trabalho confirma minhas suspeitas: foi mesmo feito por um pistoleiro profissional.*

– O senhor identificou os projéteis? – perguntou o inspetor ao médico.

– Sim. Foram disparados por um revólver calibre trinta e oito.

O inspetor pensou: *Não é possível que esse médico esteja metido nisso!*

– Foi o que pensei – mentiu o inspetor.

Falcão fez menção de se despedir e disse, já quando ia saindo:

– Por favor, quero ver todos os pertences recolhidos do morto.

– Tudo bem.

Passaram-se alguns minutos.

O inspetor saiu do necrotério pensando: *Desta vez tomarei mais cuidado.*

Do IML, ele foi diretamente para o lugar do crime. Ao entrar na casa, viu o próprio secretário de Segurança parado na sala, com os braços cruzados. Saudou-o e ficou observando o movimento. Percebeu Mauro num canto da sala e com o olhar perguntou se ele já havia tirado as fotografias. Prontamente, Mauro confirmou a indagação muda do inspetor.

Dr. Narciso se aproximou do inspetor e perguntou:

– Falcão, como vão as coisas?

– Difíceis... Mas não se preocupe; descobrirei quem matou Vicente e vou jogar todo mundo na cadeia.

O secretário de Segurança sentiu um frio percorrendo sua coluna. Falcão viu Mauro e fez um gesto, chamando-o.

Mauro atendeu ao chamado do chefe e disse:

– Fiz tudo o que mandou.

– Alguma novidade?

– Descobri algo que pode lhe interessar – respondeu o fotógrafo e policial.

– O quê?

– Fotografei o piso da casa, inclusive o passadiço que vai da casa até o portão.

– E daí?

– Encontrei marcas estranhas perto da poltrona onde Vicente foi assassinado.

– Continue, Mauro.

– Embora estivessem imperceptíveis a olho nu, consegui ver marcas de sandálias de salto alto, pois aparecia apenas parte do solado do sapato, onde se apoia o peito do pé.

– Sapatos de mulher?

– Exato.

– Então havia uma mulher entre os assassinos de Vicente?

– Tudo indica que sim.

Falcão olhou para Mauro e sorriu. Em seguida, chamou Alexandre discretamente.

– Pronto, chefe!

– Tirou as impressões digitais do portão?

– Sim. Mas talvez elas não nos interessem, pois normalmente no portão de uma casa há várias impressões digitais.

– Mas havia impressões digitais no portão?

– Muitas.

– Obrigado.

Falcão afastou-se um pouco do pessoal que estava na sala e foi meditar. Ele pensou: *Tem uma mulher neste jogo sujo. Quem será? E, se tiver mesmo, por que será? Acho que mais gente vai morrer e não tenho como evitar, pois estou no olho do furacão e a qualquer momento ele pode me destroçar.* Por um momento ele pensou em Dalva. Imediatamente ficou alegre e seu coração bateu forte, porém, refletiu: *Por que mataram o marido dela?*

Mauro estava de longe, observando o inspetor, e também pensava: *Coitado do meu amigo. Logo ele também morrerá. Mas quem estiver por trás de tudo isso corre muito perigo, pois esse homem parece que tem um pacto com o diabo.* Ele estava concentrado, quando o inspetor falou, assustando-o:

– Vou sair. Avise-me quando revelar as fotos.

No Morro do Camarão, Jacaré mandou chamar os seus homens.

Quando o seu estado-maior já se encontrava reunido, pigarreou e começou a falar:

– Vocês sabem que ontem à noite mataram o policial Vicente, amigo, compadre e pertencente à equipe de Falcão?

– Eu soube, quase na mesma hora. Passei a noite com febre só de pensar que vamos ser varridos do mapa – disse Baiano denotando medo na voz.

– Por que você pensa assim? – perguntou Bira, aproximando-se do bandido.

– Matar um policial de elite já é muito perigoso, imagine o amigo daquele homem.

Borracha estava todo encolhido, como se estivesse com medo de algo.

Depois se levantou e disse:

– Pessoal, está na hora de me mandar deste lugar. Vou perder umas paradas, mas pelo menos conservo a vida.

Rato estava quieto, como se estivesse com medo de se pronunciar.

Baiano, que caminhava pela sala inquieto, resolveu comentar:

– Falcão deve estar subindo o morro neste momento.

– Por que você diz isso? – perguntou Jacaré, surpreso, passando a mão nos cabelos.

Baiano pensou: *Esse cara é muito burro! Qualquer dia desses mando-o para o inferno!* Depois respondeu:

– Chefe, está na cara que o inspetor tem em nós uma fonte inesgotável de informações.

– Por que você acha isso?

– Porque o deputado foi assassinado por um de nós.

– E daí? – perguntou o chefe do tráfico, aproximando-se e fitando-o dentro dos olhos.

– A pergunta que ele está se fazendo é: *Por que uma mulher rica procurou este morro para encomendar a morte de um importante político?*

– Eu já o despistei – disse Bira, sem muita convicção.

– Mano, você é muito burro! Quem de nós tem condições de despistar aquele homem diabólico?

Jacaré observava seus homens falando e pensava: *Isso está dando um nó na minha cabeça. Tenho que resolver logo isso, senão vou morrer.*

Baiano estava em silêncio. Depois olhou para Bira e disse:

– Mano, o inspetor está protegendo você, porém, neste momento, todo mundo já sabe da sua ligação com ele. Talvez alguém já tenha um plano para apagá-lo.

Bira foi até uma mesa, pegou uma garrafa, encheu um copo com bebida e a tomou. Passou a mão na boca e perguntou:

– Baiano, meu mano, quem você acha que está armando para me apagar?

– A mulher que o contratou para matar o deputado – respondeu o colega. – Você é um arquivo vivo.

– E por que Falcão não perguntou mais sobre essa tal mulher?

– Deixe de ser burro, Bira. O homem não vai gastar toda a munição de uma vez. Só bandido burro faz isso.

– Talvez ainda não tenham apagado o Flavinho na prisão, porque ele sabe de muita coisa que interessa a muita gente boa – comentou Jacaré.

– Em parte, sim. Ele interessa aos planos do pessoal que tem muito dinheiro conseguido através de sujeira; serve para despistar o caminho certo – comentou Baiano, ajudando o raciocínio do chefe.

Coceira chegou correndo, com os olhos arregalados, e quase sem fôlego disse:

– O homem está no Centro Espírita João Batista, rezando.

Jacaré e seus homens ficaram pálidos e trêmulos.

– De quem você está falando, Coceira? – perguntou o chefe do tráfico.

– Do Falcão Nobre – respondeu. – O "homi" é gente boa, pois o pessoal do centro gosta muito dele.

Jacaré ligou para Ruivo e perguntou:

– Por que você não avisou que Falcão estava no centro espírita?

– Ele me disse que não precisava me preocupar, pois já era um amigo e irmão – respondeu Ruivo. – Ele está subindo o morro em direção ao seu barraco, mano.

– O homem está chegando – disse Baiano em voz baixa.

Jacaré desligou o telefone e caiu sentado no sofá, tentando se recompor. O inspetor chegou à porta do barraco e depois pediu licença para entrar.

Ninguém respondeu. Todos estavam paralisados pelo medo que sentiam daquele homem.

Falcão entrou, jogou a ponta de cigarro no chão e pisou em cima, fazendo pressão com o bico do sapato. Depois, ainda de pé, cumprimentou-os:

– Olá, rapaziada.

Jacaré respondeu com voz sumida:

– Olá, chefia.

AMBIÇÃO

Baiano pensou: *A chefia está abusando da sua autoridade e veio buscar algo. Ele tem certeza de que nós estamos com medo. A qualquer momento eu mesmo acabo com ele.*

O inspetor fitou Baiano e também pensou: *Esse rapaz é muito inteligente. Vou testá-lo.*

– Baiano, se você tem vontade de acabar comigo, a hora é essa, pois estou sozinho e vocês são quatro.

Baiano assustou-se: *Ele descobre até pensamento!* Apressou-se em responder ao inspetor:

– O que é isso, chefia?! Nunca pensei nisso! Ainda tenho juízo!

– Vamos logo ao assunto que me trouxe até aqui – disse o inspetor com um sorriso irônico.

Todos estavam de olhos bem abertos, como se quisessem adivinhar o que o inspetor tinha para falar.

– Quem de vocês conhece um pistoleiro de aluguel que gosta de apagar gente rica, principalmente autoridades e policiais? – indagou olhando por uma pequena janela, como se fazer aquela pergunta fosse a coisa mais natural do mundo.

Ninguém falou. Todos permaneceram em silêncio.

– Sou da paz, meus amigos. Se quisesse acabar com vocês já teria feito isso há muito tempo. A minha religião não permite que a gente proceda como animais, portanto agradeço muito a Deus por seguir essa maravilhosa Doutrina – comentou o policial, fitando a todos. – Vocês deveriam deixar essa vida e servir a sociedade com honestidade.

Jacaré fazia de tudo para não expressar sua raiva e partir para cima do policial.

– Chefia, não temos nada a ver com a morte do seu amigo.

– Estou esperando uma resposta para a pergunta que fiz.

Baiano controlava sua raiva e também falou:

– Chefia, aqui ninguém conhece o pistoleiro que você procura.

Rato estava tremendo e olhando para o inspetor, mas mesmo assim arriscou-se a falar:

– Não conhecemos nenhum pistoleiro.

Jacaré continuava calado. Estava quase morrendo de ódio.

Ninguém tinha coragem de falar naquele momento.

Baiano pensou: *Ele tem razão, morrer feito um animal é burrice.* Levantou as mãos.

– Um momento, chefia.

– Fale.

– Conheço dois pistoleiros famosos que pertenciam à comunidade do morro.

– Onde posso encontrá-los?

– Um morreu há pouco tempo e o outro, apesar de sempre frequentar a comunidade, mora num apartamento de classe média.

Após fitar os companheiros, Baiano escreveu algo num pedaço de papel e o entregou ao inspetor, dizendo:

– Aqui está o nome e o endereço do pistoleiro que ainda está vivo.

Falcão pegou o papel, olhou e sorriu. Em seguida despediu-se dos bandidos.

– Vou embora – disse ele. – Se acontecer alguma coisa comigo, o morro será invadido, aí vocês vão realmente conhecer a fúria da polícia.

Falcão foi embora.

O chefe começou a falar em forma de desabafo:

– Eu nasci neste ambiente de miséria. Quando comecei a me entender por gente, já fazia pequenos serviços para o tráfico.

Respirou, passou as mãos nos cabelos e falou com raiva:

– Nós somos treinados para servir de dublê àqueles que têm dinheiro, pois tudo o que for contra a lei são as comunidades que pagam, e às vezes, o preço é altíssimo: a morte.

Jacaré estava de cabeça baixa e continuou:

– Meu sonho era estudar, trabalhar e ser uma pessoa normal, todavia, nunca consegui, visto que não temos chances para isso. Nascemos com o triste destino de seguir cedo para o cemitério ou para a cadeia.

Baiano perguntou:

– Mano, por que você está nos falando tudo isso?

– Para abrir os olhos de vocês. Falcão é um policial honesto e não vamos desafiá-lo, pois poderemos morrer. Quem quiser matá-lo pode faze-lo, mas com muito cuidado.

– O que tem a sua história com isso?

– Todo dia gente como nós morre ou vai para a cadeia, enquanto os poderosos e endinheirados estão soltos por aí. Portanto, tomem cuidado com a vida; o perigo está nos rondando.

– Jacaré, você está falando de quem? – perguntou um dos bandidos.

– Não sei. Mas Falcão descobriu ou está perto de descobrir o assassino de Alonso de Aquino. Esse homem é um demônio e está nos usando para atingir seus fins. A história se repete. Alguém comete um crime contra um poderoso e nós pagamos a conta, pois fica mais fácil a Justiça prender, julgar e condenar os pobres viciados e pequenos traficantes. Além disso, muitos irmãos das comunidades morrerão inocentemente.

Num apartamento de um bairro da cidade, Falcão atuava novamente.

Um homem abriu a porta e, antes de acender a luz, tirou o paletó e as armas e as jogou sobre o sofá. Acendeu a luz e quase caiu de susto quando viu, atrás de si, Falcão Nobre, o inspetor da polícia. Ele tentou ficar calmo e pensou: *Que estranha visita!*

CAPÍTULO 16

FALCÃO E DALVA

Falcão estava com sua arma empunhada a dois metros de distância do homem que ele visitava. Fez uma inspeção no apartamento e verificou, de soslaio, o tipo de arma pertencente ao homem, que estava jogada no sofá.

Essa arma é uma pistola ponto 40. Isso confirma minhas suspeitas, pois coincide com a arma que matou o meu amigo Vicente, observava o inspetor.

– Não devo nada à Justiça – disse o homem, refazendo-se da surpresa.

O inspetor continuava em silêncio.

Passados alguns minutos...

– João Raposa, por favor, sente-se e fique tranquilo – disse o inspetor, tentando adquirir a confiança do pistoleiro. – Estou aqui para lhe fazer algumas perguntas de rotina.

– Não tenho nada para responder. Além disso, você precisa de uma ordem judicial para me investigar.

Sempre apontando a arma para João Raposa, o inspetor pegou a pistola do bandido, cheirou o cano e disse:

– Você tem razão. Posso prendê-lo agora mesmo, e talvez na cadeia alguém o ajude a responder às minhas perguntas. Mas, talvez, o seu histórico dispense qualquer pergunta...

O pistoleiro empalideceu e sentou-se, entendendo a ironia do policial.

Ambos ficaram em silêncio.

Falcão rompeu o silêncio, perguntando:

– Quem matou o policial Vicente ontem à noite?

– Por que você vem perguntar a mim?

– Você é um pistoleiro, um matador profissional.

– Fiz alguns serviços sem importância, entretanto, matar um policial é o fim para qualquer fora da lei.

– Recentemente, um amigo seu, também pistoleiro, foi morto. Você sabe o motivo?

– Porque falhou no serviço e foi muito ingênuo. Acreditou num sujeito metido a rico e morreu.

– Você sabe quem contratou o seu colega?

– Não. Nem ele conhecia. Antes de ele tentar apagar a pessoa, eu soube que recebeu apenas um nome e o local onde deveria encontrar o cara.

– Continue.

– Depois eu soube da sua morte, por ter falhado no serviço.

O inspetor guardou a arma e perguntou:

– Você conhece Jacaré e sua turma, do Morro do Camarão?

– São meus amigos.

Falcão Nobre fitou o pistoleiro e sorriu, depois se despediu:

– Desculpe o incômodo. Depois a gente se vê por aí.

Assim que o policial foi embora, João Raposa ligou para alguém:

– Alô! Sou eu. O que houve?

– O homem esteve aqui.

– Quem?

– O pássaro.

– O que ele queria?

– Saber quem matou o amigo dele, o policial Vicente.

– O que você disse?

– Por enquanto consegui convencê-lo de que eu não tenho nada a ver com isso.

– Ele se convenceu?

– Acho que sim.

– Ele perguntou por alguém?

– Sim. Se eu conhecia vocês.

– Você respondeu o quê?

– Que vocês eram meus amigos.

– Seu burro! Você entregou todo mundo!

– Calma! Apenas respondi a uma pergunta normal. Tenho o direito de ter meus amigos.

– O chefe sabe disso?

– Não.

– Pois você vai contar o que houve para ele e depois quero notícias.

– Certo.

Enquanto isso, o inspetor entrou em seu carro e dirigiu sem destino.

Depois de algum tempo, estacionou diante de uma belíssima casa. Desceu e se fez anunciar.

O segurança ligou para a patroa:

– Alô!

– Alô! Senhora Dalva, o inspetor Falcão Nobre está perguntando se a senhora pode recebê-lo.

Ela pensou e respondeu:

– Claro. Mande-o entrar. Desço em instantes.

Dalva estava conversando com os filhos.

Pedrinho, o mais velho, perguntou:

– Mãe, por que esse policial está sempre visitando a nossa casa?

– Ele está fazendo seu trabalho de policial, tendo em

vista o assassinato de seu pai. Ele está, apenas, cumprindo com seu dever.

Carlinhos, o filho caçula, também disse:

– Mãe, eu quero ser policial.

– Filho, você ainda é muito novo. Quando crescer, voltaremos a falar no assunto.

– Certo, mãe.

Dalva beijou os filhos e em seguida desceu para atender o homem que vinha mexendo com o seu coração.

Falcão estava na varanda da casa. Não quis entrar, pois queria contemplar o belíssimo jardim que rodeava aquela residência.

Dalva chegou à porta de entrada e ficou parada, olhando para aquele homem simples, já com algumas mechas de cabelo grisalho, que teimavam em cair sobre sua testa. Tinha certa elegância embutida em sua maneira austera de policial. Ela pensou: *Não tenho dúvidas de que alguma coisa está me aproximando desse homem. Esse policial é diferente dos demais; eu sinto que ele é bom e justo. Noto também que ele não é corrupto, porque pelo seu jeito de se vestir não parece alguém que vive no meio da lama. Também noto que seu carro é velho, além de não gostar de ostentação.*

Falcão notou que estava sendo observado pela bela mulher, porém, não demonstrou nenhuma reação. Continuou admirando o belo jardim.

Dalva se aproximou e cumprimentou o visitante:

– Olá, Falcão! Como vai?

O homem virou o rosto para a mulher.

– Estou tentando sobreviver.

Dalva sentiu um aperto no peito e dominou-se para não chorar. Ela fez um esforço para não demonstrar os seus sentimentos e perguntou-se:

– *Será que estou apaixonada por esse homem? Fiquei viúva recentemente e já esqueci o Jô. Acho que nunca senti nada por ninguém como sinto por esse policial humilde.*

– Já tem alguma pista de quem matou o seu amigo Vicente? – perguntou a mulher, após controlar esse sentimento que estava nascendo, ou já vivia em seu coração havia séculos.

– Várias – respondeu o inspetor com um sorriso.

– Então você está bastante adiantado no caso – insistiu Dalva no assunto.

– Você se engana. Quando temos várias pistas de um crime, é muito pior do que quando temos apenas uma.

– Não entendi.

– Fica mais complicado saber qual a pista autêntica a ser seguida; ela se confunde com as demais. Temos que trabalhar em dobro para saber o caminho certo a ser investigado.

Dalva ficou em silêncio, fitando aquele homem.

– Há muito tempo queria lhe fazer uma pergunta, mas temo ofendê-lo – disse aproximando-se do inspetor.

Falcão sabia qual era a pergunta que a mulher queria fazer, todavia, permaneceu calado.

A viúva do deputado perguntou:

– Você sabe quem matou o meu marido?

Falcão se manteve impassível, fitando o jardim como se não tivesse ouvido a pergunta. Depois se aproximou de Dalva e respondeu-lhe:

– Sim.

– Por que ainda não prendeu o assassino? – perguntou a mulher surpresa.

– Porque o assassino foi apenas contatado para fazer o serviço, e o que me interessa é saber quem está por trás de tudo isso – respondeu ele pensativo. – Quero saber quem mandou matar seu marido, Alonso de Aquino, o policial Vicente e, também, quem ordenou que acabassem comigo.

– E os assassinos não irão para a cadeia? – perguntou a viúva com voz irônica.

– Na hora certa, os assassinos pagarão pelos crimes que cometeram, seja por conta própria ou por ordem de alguém

AMBIÇÃO

– respondeu calmamente. – Não posso espantar essas pessoas; elas são importantíssimas para minha investigação.

Falcão fitou a bela mulher e a convidou para caminharem pelo jardim.

Ela aceitou, ficando em silêncio durante o tempo que se deslocavam em direção ao belo jardim.

Ele respirou bem fundo, fitou a mulher e continuou a sua explicação:

– Dalva, quem mandou matar essas criaturas está sob a proteção do sistema. Isso prova que os matadores são meros coitados a serviço dos poderosos, e são esses poderosos que quero pegar.

Dalva sentiu um arrepio, pois tinha medo de perder aquele homem que pouco conhecia. Tinha consciência de que ele estava marcado para morrer.

– O que houve, Dalva? Você se calou de repente. Eu disse algo que não lhe agradou? – perguntou o inspetor, desconfiado do silêncio da viúva.

Dalva tornou a si e respondeu:

– Não. Está tudo bem.

– Então, o que houve?

Dalva olhou dentro dos olhos do inspetor, aproximou-se e disse:

– Estou com medo de que algo aconteça ao senhor!

Falcão empalideceu. Procurando o primeiro banco de mármore que avistou no jardim e sentou-se. Dalva sentou-se ao seu lado e perguntou:

– Desculpe, Falcão, a minha impetuosidade, porém, eu sou assim.

Falcão continuou em silêncio. Depois olhou para a linda morena e disse, entendendo o recado:

– Sou um homem com as horas contadas para morrer. Além disso, não tenho nada para lhe oferecer, sou pobre e tenho uma vida muito perigosa. Não quero que ninguém sofra por minha causa, principalmente a senhora!

– Isso é uma confissão?

– Dalva, eu acho que nem é preciso a gente se declarar como fazem os namorados – respondeu o inspetor sorrindo. – Tenho a impressão de que já nos conhecemos de outras vidas.

A mulher aproximou-se, fitou o homem e permaneceu em silêncio por alguns minutos.

O inspetor levantou-se, pegou as mãos de Dalva, olhou-a nos olhos e disse:

– Vou embora. Preciso resolver algumas coisas pendentes.

– Falcão, cuide-se! Você está mexendo na teia de uma aranha gigante e venenosa.

– Sei disso. Contudo, se a minha morte servir para limpar um pouco dessa lama, morrerei feliz.

A moça levantou-se num ímpeto e se jogou nos braços do inspetor. Enlaçou seu pescoço e começou a beijá-lo, sendo também correspondida.

Finalmente, Falcão experimentava uma sensação que durante toda a sua vida nunca havia sentido: o amor. Ele começou a falar:

– Dalva, eu não sei que sentimento é esse, só sei que, a partir deste momento, se eu morrer, morrerei feliz! Conhecer você foi como uma luz nas sombras, em meio a toda essa tempestade. Tenho medo! Medo de perdê-la, agora que a encontrei.

– Inspetor, isso também é novo para mim, já que perdi meu marido há pouco tempo, mas estou feliz! Aprendi que devemos viver um dia de cada vez!

Falcão começou a caminhar de mãos dadas com a mulher, tentando esquecer um pouco a turbulência dos acontecimentos. Por fim, desabafou:

– Minha querida, não sou religioso, porém acredito piamente em Deus, que é a Suprema Inteligência do Universo, causa primária de todas as coisas. Pelo menos assim diz a Doutrina com a qual simpatizo e que minha mãe me deixou como herança.

AMBIÇÃO

Dalva permaneceu em silêncio, sentindo que aquele homem crescia cada vez mais em seu conceito.

– Será que essa Doutrina com a qual você diz simpatizar é a Doutrina Espírita?

– Exatamente.

– Não acredito que um policial famoso como você seja espírita!

– E por que não?

– Porque essa gente parece que não acredita em nada, além disso, não tem religião – respondeu a viúva.

– Dalva, atualmente o Espiritismo está alcançando todas as classes sociais e profissões específicas. A religião é independente da profissão, que alguém exerça.

– Respirou, pensou um pouco e, fitando a mulher continuou falando sobre o assunto do crime do finado Josias:

– Quem matou seu marido, Vicente e Alonso, e tentou tirar minha vida também, foi esse sistema que vem atuando desde a remota Antiguidade, formado por pessoas que estão acima de qualquer suspeita. Estão em toda parte. Os braços desse sistema são tão longos que atingem outros continentes.

Falcão olhou para o jardim e, pensando no amigo Vicente, deixou que a tristeza se mostrasse nos traços de seu rosto.

Dalva viu que o homem de pedra também tinha um coração e se emocionou. Abraçou-o, como se quisesse protegê-lo, e disse:

– Querido, o mundo sempre foi assim e você não vai mudá-lo.

– Sou policial por vocação. Sou muito feliz por ser policial.

– Acredito.

– Meu dever é colocar na cadeia quem infringe as leis.

– Assim como você sabe quem matou o meu marido, eu tenho certeza de que também deve saber quem matou o seu amigo Vicente e, talvez, até Alonso de Aquino.

O homem ficou calado. Abraçou a mulher e, sentindo o

perfume dela, pensou: *Um homem como você, Falcão, não tem o direito de ser feliz.*

Dalva também estava em silêncio.

O inspetor falou, depois de ficar em silêncio por alguns minutos:

– Tenha muito cuidado com sua vida e com as crianças. O seu marido foi morto como queima de arquivo.

A mulher baixou a cabeça e depois falou, como se tivesse tomado uma resolução importante:

– Falcão, tenho algo para lhe revelar.

O inspetor ficou em silêncio, esperando alguma informação que viesse acrescentar novidades às suas investigações.

– Encontrei algo no escritório do Jô – Dalva revelou.

– O quê?

– Uma agenda. Ela estava bem guardada, no fundo falso de uma das estantes de livros.

O olhar do inspetor brilhou e, imediatamente, abraçou a mulher, perguntando:

– Onde está essa agenda?

– Calma. Temos de nos cuidar, alguém pode estar nos observando.

– Você está parecendo um detetive.

– Estou aprendendo!

O inspetor deixou transparecer um sorriso divertido nos lábios.

– Por que você riu? – ela quis saber. – Está brincando comigo?

– Estou feliz por ter encontrado uma mulher que, além de ser minha bela, também vai ser a companheira ideal para auxiliar-me nas investigações.

– Também não chega a tanto. Confesso que sempre fui cautelosa e observadora – disse ela sorrindo.

– Então, tenho certeza de que tem muito a me falar sobre a vida profissional do finado, pois você não é uma mulher fútil.

Dalva sorriu, pegou a mão do policial e foram caminhando em direção à sua casa.

AMBIÇÃO

Entraram na belíssima residência e ela o conduziu ao escritório do seu marido.

– Fique à vontade.

Ele ficou observando e admirando o escritório, enquanto Dalva subia numa pequena escada de alumínio, afastava alguns livros da estante e retirava do fundo daquela prateleira um pequeno livro de capa preta.

Falcão estava sentado. Dalva encaminhou-se em sua direção e sentou-se no braço do confortável sofá em que ele estava, entregando-lhe a agenda.

– Aqui está.

Ele segurou a agenda e começou a folheá-la. De repente deu um pulo e começou a passear pelo escritório, tentando se acalmar.

Dalva correu, perguntando:

– O que houve, querido? Você descobriu algo?

– Uma bomba – respondeu o inspetor de polícia, afastando da testa uma mecha de cabelo.

– Você está me deixando curiosa e com medo.

– Mais alguém sabe da existência desta agenda?

– Não. O Jô sempre teve muito cuidado quando fazia suas anotações.

– Posso confiar no que você está me dizendo?

– Pode. Falcão, acalme-se!

– Querida, guarde essa agenda no mesmo lugar e esqueça tudo. Vou pensar e depois nós conversaremos.

– Falcão, tenha pena de mim.

– Não estou entendendo, Dalva.

– Diga-me o que você descobriu, até mesmo para que eu possa ficar mais tranquila.

Falcão pensou: *Não posso. Todo mundo é suspeito em minhas investigações*. Ele fitou a mulher e refletiu: *Até mesmo você. Desculpe-me. Vou torcer para que não tenha absolutamente nada com toda essa sujeira.*

– Não confia em mim, Falcão Nobre? – perguntou a mulher, acariciando o policial.

Ele ficou em silêncio. Pensou e em seguida respondeu:

– Não.

– Uma pena, pois, quando se ama, também se confia no ser amado.

– Sou um policial. E, apesar de estar atraído por você, tenho motivos concretos para desconfiar de todo mundo, inclusive de você.

– Compreendo.

– Você confiou em mim, enquanto eu estou sendo ingrato com a pessoa que está me ajudando.

– Não precisa se explicar, Falcão.

– Lamento.

– Posso dar um fim nesta maldita agenda, para vivermos felizes?

Falcão encarou Dalva e pensou: *Seria a sua condenação.* Depois falou:

– Se realmente você está interessada em nós, não faça isso – disse Falcão Nobre, fitando-a com ar severo.

– Tenho motivos para dar um fim nesta agenda – disse a bela mulher, segurando a agenda.

– Você estaria se condenando.

– Posso avisar as pessoas envolvidas nessa teia que você tentou encontrá-la.

Falcão não respondeu. Ficou calado. Aproximou-se da mulher e abraçou-a, despedindo-se:

– Vou embora. Tenha muito cuidado. – Retirou-se do escritório, sendo acompanhado por Dalva, que, após ver o homem se afastando, continuou parada na varanda até que ele desaparecesse.

O inspetor dirigiu com destino à Central de Polícia. Chegando a sua sala, abriu uma das gavetas de sua mesa particular e retirou uma lista com alguns telefones. Passou o dedo como se estivesse procurando um número específico. De repente parou, logo pensando: *Aqui está! Meu Deus, eu não posso acreditar nisso! Não é possível! Não pode ser!* Levantou-se e saiu correndo para o IML.

Quando chegou ao Instituto Médico Legal, procurou o dr. Márcio e perguntou, depois das saudações:

– Os projéteis disparados pela arma que matou Vicente estão liberados?

– Sim.

– Posso vê-los?

– Pode.

Dr. Márcio passou para as mãos do inspetor um pequeno saco plástico com os referidos projéteis.

O inspetor espalhou os projéteis numa mesa e começou a verificar.

Ele pensou: *São projéteis disparados por um revólver calibre 38, e os que mataram Vicente foram disparados por uma pistola ponto 40, equipada com um silenciador, como eu sempre desconfiei.*

As observações do inspetor não passaram despercebidas ao dr. Márcio, que pensou: *Ele descobriu algo.*

O inspetor fez um gesto com a mão e despediu-se do médico, retirando-se e deixando dr. Márcio pensativo.

Enquanto isso, Dalva recebia um telefonema:

– Alô! O inspetor Falcão esteve há pouco tempo em sua casa?

– Sim.

– Fazendo o quê?

– Uma visita de amigos.

– Ele fez alguma pergunta?

– Não.

– Informe-me sobre tudo o que ele fizer ou perguntar, certo?

– Por que eu tenho que dar satisfações da minha vida para você?

– Porque você tem duas crianças saudáveis e sei que não quer perde-las.

– Vá para o inferno!

Dalva desligou o telefone, pensando: *Vou falar tudo para Falcão, enquanto não é tarde demais.*

O inspetor encontrava-se novamente em sua sala, conversando com o policial Alexandre.

– Alguma novidade? – perguntou o inspetor.

– Sim.

– O que você descobriu?

O policial Alexandre ficou em silêncio, levantou-se e foi até a janela, depois voltou e disse:

– As digitais de uma mulher no portão, pouco tempo antes do crime.

O inspetor piscou e foi até uma garrafa de café, tomou um gole da bebida e ofertou uma xícara a Alexandre. Depois, com naturalidade, perguntou:

– Você conhece essa pessoa?

– Não.

– Mas sabe o nome?

Alexandre olhou para um lado e outro e entregou um papel com nome e endereço.

Disfarçadamente, o inspetor leu o nome e o endereço escritos. Ele memorizou e queimou o papel, aproveitando para acender um cigarro com o isqueiro. Estava pálido.

Alexandre perguntou:

– O que houve, chefe?

– Nada e muita coisa.

O inspetor agradeceu ao subordinado, quase entre os dentes:

– Obrigado, amigo.

Alexandre fitou o inspetor e perguntou:

– Como farei contato com você?

– Eu mesmo vou procurá-lo.

– E se for urgente?

– Ligue de um telefone neutro, me cumprimentando com o nome de "doutor". Depois desligue imediatamente, senão, em apenas um minuto, os identificadores de chamadas da polícia descobrirão o número do telefone de onde se origina a ligação.

– Certo, chefe.

– Guarde o resultado do exame dessas digitais em um lugar seguro e mantenha discrição absoluta sobre o nome dessa pessoa.

– Confie em mim, chefe.

Alexandre despediu-se.

Falcão estava de cabeça baixa, pensando: *Se sonharem que estou sabendo de tudo isso, eu vou morrer ainda hoje.* Ergueu-se e se dirigiu para a saída da Central de Polícia, onde, propositadamente, o chefe de Polícia já o esperava.

– Olá, inspetor Falcão.

– Olá, chefe.

O inspetor parou e ficou esperando a reação do chefe de Polícia.

Dr. Arnaldo se aproximou mais de Falcão e perguntou quase num sussurro:

– Tudo bem?

– Tudo, chefe.

– Você descobriu alguma coisa?

– Quase nada.

– Esse "quase nada"... Você não pode me dizer algo?

O inspetor pensou e disse à queima-roupa:

– Havia uma mulher entre os assassinos do Vicente.

O chefe de Polícia empalideceu, e Falcão ficou observando a reação dele.

– O senhor está bem, doutor? – perguntou o inspetor.

– Estou.

– Parece-me que o vi empalidecer. Posso pedir um copo de água para o senhor?

– Não precisa. Obrigado.

O chefe de Polícia recuperou-se e continuou:

– Como você sabe disso?

– Investigando.

– Eu sei, inspetor, que é investigando. Quero saber quem lhe passou todas essas informações, pois é muito sério acusar alguém sem ter provas cabais.

– Mas não estou acusando ninguém.

– Você terminou de falar que havia uma mulher entre os matadores de Vicente.

– Mas eu não disse o nome e que foi ela quem matou o policial – comentou o subordinado.

– Como você sabe que não foi ela a assassina?

– Porque estava de luvas. Luvas não deixam digitais.

Dr. Arnaldo empalideceu novamente e segurou-se em algo para não cair. Falcão apressou-se em segurá-lo e o ajudou a encaminhar-se até uma cadeira na saída da Central de Polícia.

O chefe de Polícia sentou-se e, afrouxando o nó da gravata, ficou procurando ar, enquanto o inspetor observava todas as suas reações.

Falcão Nobre fizera tudo isso com o intuito de colher algo que se encaixasse em suas suspeitas.

Dr. Arnaldo ergueu-se e fitou o inspetor, recomendando:

– Tenha cuidado com a vida, meu amigo Falcão Nobre.

– Isso é um alerta ou uma ameaça?

– Um alerta. Estou realmente preocupado com a sua vida – disse sorrindo, dr. Arnaldo.

– Não se preocupe, doutor. Estou atento.

– Esse assassino é muito perigoso.

– Não concordo.

– Por quê?

– Realmente perigoso é o mandante de todos esses crimes. Tenho que descobrir quem é que encomenda as mortes, pois, através dessa pessoa, chegarei até o chefe desta sujeira toda.

O chefe de Polícia despediu-se do inspetor e retirou-se visivelmente perturbado.

Falcão dirigiu-se para seu carro e rumou para a casa da

viúva de Alonso de Aquino, o "pai dos pobres". Enquanto dirigia o seu velho carro, ele pensava: *Tenho uma chance em cem para sair desta com vida. Entretanto, se eu conseguir jogar todo esse pessoal na cadeia, posso até morrer, pois morrerei satisfeito.*

CAPÍTULO 17

FALCÃO NAS TREVAS

O inspetor Falcão Nobre ergueu-se da cama e de repente se encontrou numa cidade velha, escura, cheia de gente se lamentando, mas não conseguia enxergar as pessoas. Observou aquele lugar e notou que as árvores estavam ressequidas, com os galhos secos apontados para o céu, como se estivessem pedindo perdão a Deus; procurou água e encontrou somente poços de lama fétida. Ouviu gritos de pessoas que passavam correndo em direção desconhecida. Olhou para o céu e viu nuvens negras; observou também luz em lâmpadas sujas, que, em vez de iluminarem as ruas assimétricas, tornavam-nas tétricas e arrepiantes. Sentiu dificuldade de caminhar. Olhou para os pés e notou que tinha lama encobrindo seus sapatos. Sentiu arrepios e medo. Olhava para os lados e não encontrava ninguém que pudesse informar algo sobre aquela cidade velha, iluminada tão parcamente que mal dava para se enxergar algo.

Falcão sentiu sede, mas não encontrou água para beber.

Ouviu vozes de pessoas que possivelmente iam em sua direção, mas não viu ninguém.

Caminhou mais um pouco e observou à sua frente um rio, com a diferença de que a água dele era pura lama. Sentou-se às margens daquele rio idêntico a um pântano e sentiu o cheiro fétido que exalava daquela lama. Perguntou-se então: *Meu Deus, onde estou? Será que perdi a memória?*

De repente o inspetor levantou-se e disse em voz alta:

– Vou para a Central de Polícia, porque já estou atrasado.

Todavia, notou que seus pensamentos não lhe obedeciam e começou a se apavorar com aquela situação. Percebeu que o ar começava a faltar em seus pulmões, as mãos estavam suadas, o calor era infernal e o cheiro horrível da lama aumentou, tornando-se insuportável. O policial tentou caminhar e não conseguiu, quis correr e não deu um passo, sentiu dores no corpo, olhou ao redor, buscando socorro, e não encontrou. Até que, não suportando mais, gritou:

– Meu Deus, me ajude!

O policial fechou os olhos e, quando os abriu, notou que à sua volta estava claro como o dia.

– Graças a Deus que acordei desse pesadelo – disse ele, notando que ao seu lado havia uma senhora muito bonita e simpática. – Quem é a senhora?

A mulher sorriu, aproximou-se e fez um carinho na cabeça do inspetor, como se ele fosse uma criança.

– Estou tão diferente assim, meu filho, que você não me reconhece mais? – perguntou a nobre senhora.

– Mãe! – exclamou o inspetor, abraçando a mulher, que chorava de contentamento.

Após alguns segundos observando sua mãe, Falcão sorriu e disse:

– Graças a Deus que acordei. Sonhei...

– Isso não é sonho, meu querido. Você está do outro lado da vida, ou seja, a verdadeira vida – disse a mulher com um sorriso, interrompendo o filho.

– Não entendo, minha mãe.

A senhora fitou o filho, segurou sua mão, beijou-lhe a face e explicou:

– Você foi arrebatado a uma cidade, para onde nossos irmãos que infringiram as leis de Deus foram atraídos por suas obras, enquanto viveram no lado material.

– Então...

– Então, aproveitei para vê-lo e matar minha saudade – disse a mulher.

– Mãe, como isso pode acontecer se estou falando com a senhora? – indagou o policial, surpreso com tudo que estava ocorrendo.

– Também quero aproveitar esse momento, o qual meus superiores me permitiram desfrutar, para informar que você tome muito cuidado, pois poderá voltar para o mundo espiritual a qualquer momento – disse a mãe, ignorando a pergunta do filho – Estou muito preocupada com você, mas nada posso fazer, porque a escolha foi sua, quando resolveu ser um policial – disse a mulher rapidamente, como se estivesse com pressa.

– Mãe, eu quero apenas cumprir a minha missão, ou profissão, com honra, honestidade e responsabilidade, sem precisar me corromper – comentou o inspetor fitando a mãe com carinho.

– Sei disso, meu filho, mas não esqueça que neste seu mundo o mal ainda prevalece, portanto, cuide-se.

– Ainda acredito que o ser humano não é tão mau assim como pensamos – disse o inspetor pensativo. – Acho que cada ser tem uma história que o levou a errar. Como ainda somos espíritos imperfeitos, nos deixamos envolver pela matéria.

O inspetor fez uma pequena pausa, fitou o céu, depois a sua mãe, por fim disse:

– Mãe, eu estou apaixonado por uma linda mulher.

– Já conheço Dalva. Vocês já tiveram outras vidas juntos – disse a mãe sem mostrar surpresa.

– Quer dizer que quando olho para aquela mulher o que sinto não nasceu nesta existência?

– Não. A última reencarnação em que vocês foram marido e mulher foi na Segunda Guerra Mundial – respondeu o espírito da mãe do inspetor, passando as mãos no rosto e enxugando uma lágrima.

– Mãe, a senhora está chorando? Por quê?

– Não gosto de me lembrar daquela época.

– Por que, mãe?

– Eu fui a mãe de Dalva e a vi sofrer tanto nas mãos de um dos oficiais de Hitler – respondeu a venerável senhora.

– Então, não conheci esse oficial, pois se tivesse conhecido ele não teria vivido para contar a história.

A mulher baixou a cabeça, olhou para filho e o abraçou, despedindo-se, pois tudo indicava que ela ia embora.

O inspetor abraçou a mãe, e uma saudade apertou seu peito, pois sabia que ela tinha vindo apenas para avisá-lo de algo que poderia acontecer com ele.

– Adeus, meu filho, e que Deus o abençoe.

Quando a senhora estava se distanciando em direção ao seu mundo, ela disse:

– Falcão, o oficial de Hitler era você.

O policial começou a chorar e tudo sumiu ao seu redor, deixando-o apavorado.

Ele pensou no seu amor, e notou que uma luz aparecia aos poucos, transformando-se numa mulher bela, que ele reconheceu imediatamente.

– Dalva, ajude-me, por favor.

Ele gritou, mas não se ouviu o som de seu grito. Tentou espernear mas não se mexeu. Fitou algo próximo a sua cama, mas não conseguiu se mover, até que ouviu o barulho do despertador.

Acordou. Levantou-se suado, foi até a cozinha e tomou água, sentando-se na cama novamente. Então pensou: *Acho que isso foi um sonho*. Olhou o relógio e viu que era cedo.

Telefonou para Carlos, o presidente do Centro Espírita Francisco de Assis, e combinou de se encontrar com ele em sua residência, pois não tinha paciência de esperar até a noite.

Após uma hora, os dois homens estavam sentados numa confortável sala, em silêncio.

– Então, amigo, o que aconteceu?

Falcão Nobre levantou-se, depois se sentou novamente. Tomou um gole de café, fitou o amigo e narrou o que havia acontecido, incluindo o que sua mãe havia dito sobre a sua última reencarnação na Segunda Guerra Mundial.

Carlos respirou profundamente, fitou o amigo, e a luz da Doutrina Espírita informou-lhe na íntegra tudo sobre o sonho, incluindo que o inspetor tivera um desdobramento, onde encontrara sua mãe, que viera trazer-lhe uma informação importante sobre o que estava acontecendo consigo, relativa à sua profissão, principalmente a respeito da investigação perigosa sobre o assassino de Alonso de Aquino.

– E quanto a minha reencarnação com Dalva à época da Segunda Guerra Mundial?

– Ora, Falcão, você sabe muito bem que somos espíritos imortais, portanto, não tenho dúvidas de que ambos já tiveram outras existências juntos – respondeu Carlos. – Quanto ao perigo sobre o qual sua mãe alertou, você já sabe perfeitamente qual é, portanto tome cuidado.

O inspetor pensou, levantou-se e estendeu a mão ao amigo, agradecendo e, pedindo desculpas pelo incômodo àquela hora. Em seguida, despediu-se.

AMBIÇÃO

CAPÍTULO 18

O INSPETOR ESCAPA NOVAMENTE DA MORTE

Angelina estava sentada no banco do jardim de sua casa, com um livro nas mãos. Tentava se concentrar na leitura, mas não conseguia.

Levantava, caminhava pelas bem cuidadas alamedas que enfeitavam o jardim, observava os pássaros brincarem pousando nas árvores e depois numa pérgola, que ficava próxima a ela, e então se sentava e continuava a pensar: *Será que existe vida além da morte? Será que Alonso está vivo ou a voz que ouvi é produto de minha imaginação?*

– O inspetor Falcão está no pátio, querendo falar com a senhora – avisou alguém.

Angelina assustou-se, porém, não deixou que ninguém notasse.

– Mande-o esperar-me na varanda – ordenou a patroa.

Ela continuou sentada. Fechou o livro e pensou: *Meu Deus, o que esse homem ainda quer comigo?*

O inspetor recebeu o recado e foi encaminhado para a

agradável varanda da casa. Sentou-se e ficou pensando: *Três mortes e um atentado, todos interligados pelo mesmo motivo: o assassinato de Alonso de Aquino. Talvez o deputado Josias tenha sido assassinado porque sabia demais. Meu amigo Vicente foi assassinado por ter descoberto algo importante sobre a vida do deputado, algo que levaria as investigações até o assassino dele. Atentaram contra a minha vida porque sou o único que está solucionando esse estranho quebra-cabeça e tenho muita chance de chegar ao mentor de tudo isso.*

– Olá, inspetor.

Falcão interrompeu suas meditações, levantou-se e cumprimentou a bela viúva:

– Olá, Angelina!

– Qual é o problema dessa vez?

– Gosto de pessoas práticas e diretas – comentou o policial sorrindo, antes de responder à pergunta.

– Posso até adivinhar o que você veio fazer aqui.

– Não tente! Você pode se enganar.

– Então, o que você quer?

Falcão Nobre cruzou as pernas, como se estivesse ganhando tempo para começar a fazer suas perguntas.

– Você tem quantos empregados?

A mulher levou um choque, contudo, não demonstrou seu espanto e respondeu:

– Cinco ao todo: Antônio, meu segurança, motorista e às vezes meu mordomo; Josefa, minha camareira; Zé Costa, o jardineiro; Ana Rosa, a cozinheira; e Teresinha, a responsável pela limpeza da casa.

Falcão ficou calado. Depois se levantou e fez um gesto de quem ia se retirar.

– Não quero mais tomar o seu tempo, por isso, vou embora. Muito obrigado pelas informações – disse ele.

– Por que você queria essas informações?

– Simples curiosidade.

O homem despediu-se e retirou-se em seguida.

Angelina viu Antônio ao longe e fez-lhe um sinal, pedindo que se aproximasse.

– Às suas ordens, patroa.

– Você quer saber o que o inspetor queria falar comigo?

– Sim.

– Ele queria saber quantos empregados há nesta casa – disse ela fitando o rosto do empregado.

– Continue! – pediu Antônio, aparentemente calmo.

– Você sabe por que ele queria saber disso? – indagou a mulher, continuando a fitar o rosto do empregado.

– Claro.

– Por que, então?

– Porque, no dia do suicídio do doutor Alonso, alguns desses empregados não estavam na casa.

Angelina ficou cogitando, para em seguida perguntar:

– Você acha isso importante para a investigação de um policial?

– Muito importante – respondeu Antônio, baixando a cabeça e metendo as mãos nos bolsos.

– Não vejo assim, pois no dia do suicídio de Alonso alguns dos nossos empregados estavam de folga.

– Mas o inspetor pode achar muita coincidência o patrão ter se suicidado no dia de folga da maioria dos empregados – comentou Antônio com uma ponta de ironia na voz.

Angelina fez um gesto com a mão, dispensando o rapaz, e em seguida foi para o seu quarto.

O inspetor estacionou o carro num local qualquer da cidade e ligou de um telefone público:

– Alô!

– Alô! Sou eu, Falcão.

– Estou esperando você na minha casa, dentro de uma hora.

– Certo.

O inspetor voltou para o carro e foi embora para sua residência. Ele tirou o colete tipo safári que sempre usava, jogou-o

AMBIÇÃO

numa cadeira, porém, deixou a arma na cintura. Sentou-se no sofá, ligou a televisão e começou a tomar um copo de leite.

Alguém tocou a campainha. Certificou-se de quem se tratava e, aliviado, suspirou: era o seu amigo Mauro.

– Olá, chefe.

– Cadê as fotos? – indagou Falcão imediatamente, sem perder tempo com cumprimentos.

– Estão aqui.

Mauro meteu a mão no bolso e retirou um envelope, colocando-o sobre a mesa.

Imediatamente, o inspetor tirou algumas fotos do envelope e começou a examiná-las com calma.

Enquanto isso, o policial Mauro disse:

– Chefe, eu vou embora. As cópias que servirão para os autos estão bem guardadas.

– Certo. Tome cuidado!

Após a saída do amigo, o inspetor continuou observando as fotos em seus mínimos detalhes. De repente ele falou para si:

– Que coisa estranha! Mauro conseguiu tirar fotos da sala ainda com o tapete.

O policial levantou-se e, com algumas fotos na mão, passou a andar pela sala do seu pequeno apartamento. Ele foi ao telefone e fez uma ligação.

Alguém atendeu.

– Alô!

– Venha imediatamente aqui.

– Certo.

Depois de um tempo, a campainha do apartamento do inspetor tocou.

Falcão abriu a porta, logo dizendo:

– Entre!

– O que houve, chefe? – perguntou Mauro surpreso, porque o inspetor o havia chamado novamente.

– Veja estas fotos!

O fotógrafo olhou as fotos e depois as devolveu, dizendo:

– Pronto, chefe! Vi as fotos e não descobri nada.

– Como você conseguiu as fotos da sala ainda com o tapete?

Mauro olhou novamente para as fotos e por um tempo ficou em silêncio.

– Tirei duas vezes fotos da sala onde aconteceu o crime – explicou ele. – Na primeira, tirei fotos de todos os locais, principalmente do piso e dos cômodos, cumprindo determinação sua. Na segunda, quando voltei, tirei algumas fotos das paredes e aproveitei para tirar mais fotos da sala.

Falcão estava com as fotos na mão, em duas versões: a sala com e sem o tapete. Ele sorriu e aproximou-se do amigo, apertando sua mão.

– Obrigado, amigo – disse ele. – Agora estou entendendo.

– Bom, se é para o bem da investigação, fico feliz. Agora, deixe-me ir.

– Até mais, colega.

Mauro despediu-se e, com ar de quem estava pensativo, foi embora.

Falcão continuou analisando as fotos. Ele pensou: *Isso é obra de um amador ou de alguém que está apavorado. Porém, o mérito é do Mauro, que, por pura intuição, resolveu fotografar novamente a sala, talvez pelo excesso de zelo da profissão.* Ele foi relaxando, com as fotos ainda na mão, e em alguns minutos estava dormindo.

– Falcão, acorde!

Falcão ouviu seu nome como se estivesse muito longe. Abriu os olhos sonolentos e viu diante de si um homem. Ele quis reagir, mas ouviu o homem dizer:

– Você só está vivo ainda porque não sou covarde para matar uma pessoa dormindo; porém, estou apenas esperando um movimento seu.

O inspetor notou que o visitante estava com uma pistola equipada com um silenciador.

– João Raposa, não adianta me matar – disse o inspetor tentando manter a calma. – Você não vai escapar.

AMBIÇÃO

– Vamos ver?

– Antes de morrer, eu quero saber uma coisa.

– O quê?

– Quem mandou você matar Vicente e, agora, a mim?

– Foi...

Neste exato momento a porta abriu-se de repente, distraindo João Raposa, enquanto Falcão jogava-se ao chão, sacando seu revólver e atirando.

Falcão ouviu outros tiros além dos seus. Ele viu que a outra pessoa que atirava era Mauro.

Os estampidos dos tiros cessaram. Apareceram alguns curiosos, correndo e fazendo perguntas.

Falcão mostrou a carteira de policial e falou em voz alta:

– Polícia! Podem voltar para as suas casas! Está tudo bem!

Os curiosos se deram por satisfeitos e foram se retirando.

Após os ânimos se acalmarem, o inspetor correu para João Raposa, que estava todo ensanguentado, e notou que ele já havia morrido.

Mauro estava sentado de cabeça baixa.

Falcão aproximou-se e agradeceu:

– Você salvou minha vida. Obrigado.

Mauro estava em silêncio.

– Minha intuição não falhou. Quando entrei no carro e vi esse elemento encostado na entrada do prédio, achei estranho e resolvi esperar um pouco – disse o colega.

Falcão não comentou nada.

Mauro continuou sua narrativa:

– Quando já estava indo embora, eu o vi entrar pelo portão, então desconfiei e subi também. O resto você já sabe.

– Sabe quem é esse elemento?

– Claro que sei. É o pistoleiro conhecido por João Raposa, muito perigoso e procurado pela polícia. Por que não o prendeu no dia em que você falou com ele?

– Porque ele era a minha única esperança de alcançar o responsável por essas mortes – respondeu o inspetor.

De repente, a casa do inspetor estava cheia de policiais fazendo as diligências do crime. Ele rapidamente escondeu em lugar seguro todas as fotos. Estava agora sentado numa cadeira afastada do corpo de João Raposa, enquanto respondia às perguntas dos policiais responsáveis por aquele caso.

Já amanhecia quando Falcão saiu com destino à casa do pistoleiro de aluguel. Quase nesse mesmo momento, seu celular tocou e ele atendeu.

Era Dalva.

– Falcão, venha até aqui. É urgente.

– Estou a caminho.

Falcão estacionou o carro e saiu correndo para a entrada da casa, sendo recebido pela bela mulher, que chorava muito.

– Acalme-se!

Dalva continuou chorando e, pegando a mão dele, foi para o escritório.

Falcão ficou parado na entrada do escritório, surpreso, enquanto observava a situação caótica que encontrou.

– O que houve, Dalva? – perguntou o policial, curioso.

– Não sei. A empregada encontrou esse caos quando foi fazer a limpeza do escritório.

– E a agenda?

– Continua no mesmo lugar. Está guardada no fundo falso da estante.

Falcão entrou no escritório, evitando pisar nos livros, papéis e vários objetos que estavam espalhados pelo chão. Depois de verificar o que havia acontecido, falou:

– Quem fez isso estava procurando a agenda e sabia que eu havia feito uma visita a você. Lembra-se de alguma coisa que aconteceu após a minha saída de sua casa ontem?

– Recebi um telefonema de uma pessoa que ameaçou fazer mal aos meus filhos.

– Qual foi a ameaça dessa vez?

– Ele sabia que você tinha estado aqui. Queria saber de

tudo e ser informado de todas as conversas que eu tivesse com você, focando bem a intenção de vingar-se em meus filhos, caso eu não o obedecesse.

– O que você disse?

– Mandei-o para o inferno.

O inspetor sorriu, depois foi para a varanda e sentou-se. Ficou em silêncio. *Dalva está correndo perigo. O criminoso já sabe que a viúva de Josias tem alguma coisa de muito valor. Preciso tomar cuidado para não a expor muito neste assunto*, pensou.

A moça também estava em silêncio, apenas observando aquele bravo policial e pensando: *Deus proteja esse homem. Ele está incomodando muita gente, principalmente quem está por trás de tudo isso. Quem será?*

Falcão fitou a mulher, tentando encontrar em seus traços algo relacionado ao desdobramento. Pensou em narrar o horrível pesadelo, mas notou que o momento não era apropriado.

– Dalva, eu vou embora – disse o policial, levantando-se. – Tome muito cuidado, pois os inimigos estão começando a perder a calma.

– Você também, tome muito cuidado. Estou com medo!

Falcão fitou a mulher, aproximou-se, beijou-a e disse:

– Querida, não se preocupe. Não vou morrer, pelo menos por enquanto.

– O que você quer dizer com isso?

– Ontem à noite, o bandido que matou Vicente tentou matar-me, porém, Mauro me salvou.

Dalva deu um pulo, agarrando-se ao pescoço do inspetor, chorando e perguntando:

– Onde aconteceu isso?

O homem narrou o ocorrido.

Ambos ficaram abraçados por alguns minutos.

– Você sabe melhor que eu que existem pessoas poderosas e influentes que vão tentar acabar com você de qualquer maneira, pois suas investigações estão indo longe demais – disse a mulher chorando.

Ele sorriu e perguntou:

– Como você chegou a essa conclusão?

– Meu querido, não precisa ser inteligente para saber que você está no encalço de alguém que é muito importante – respondeu a bela mulher. – Se Alonso de Aquino realmente não se suicidou, então alguém mandou matá-lo, e esse alguém é uma pessoa muito poderosa.

O policial ficou em silêncio, estudando aquela mulher inteligente.

Repentinamente perguntou:

– Você sabe me informar se o Jô tinha alguma ligação com o atual secretário de Segurança Pública?

– Eu o vi conversando algumas vezes com ele.

– Onde?

– Aqui em casa e em alguns restaurantes.

Falcão ficou um tempo pensando, enquanto fitava algo inexistente.

– Preciso ir. Até mais tarde – disse o inspetor de súbito, beijando a mulher.

– Querido, antes de ir, preciso saber qual é a Instituição Espírita que frequenta.

– Frequento um centro afastado, no subúrbio da cidade, porque tenho um amigo que nos meus momentos difíceis sempre me ouve e entende meus problemas, apesar de ainda não ter me dedicado de corpo e alma ao Espiritismo como a minha mãe.

A bela mulher abraçou o inspetor e pensou: *Acho difícil um policial exercer sua profissão sendo espírita, pois vai de encontro a essa Doutrina, cujos adeptos, segundo escuto falar estão engajados no bem.*

Ele foi embora, deixando a bela mulher pensativa.

CAPÍTULO 19

INSPETOR DESCONFIA DA BALÍSTICA

O policial dirigiu seu carro para o apartamento de João Raposa.

Chegando à casa do morto, começou a procurar algo que lhe fornecesse alguma pista de quem mandara matá-lo. Nada encontrou de importante.

Saiu do apartamento, entrou em seu carro e foi para o Instituto Médico Legal.

Dr. Márcio veio recebê-lo. Este estendeu a mão para o inspetor e falou:

– Felicito-o por continuar vivo. Você é um homem de sorte.

– Obrigado.

O inspetor encaminhou-se para o lugar onde estava o corpo de João Raposa e ficou observando por um longo tempo aquele cadáver, sob o olhar atento do dr. Márcio. Depois ele se dirigiu para o setor de Balística da polícia.

O perito, chefe do departamento de Balística, saudou o inspetor:

– Olá, Falcão Nobre!

– Olá, Apolinário!

– Posso ser útil, amigo? – perguntou o perito.

– Você pode me fazer um favor?

– Depende do favor – respondeu o perito, meio desconfiado e preparando-se para se defender.

– Quero tirar uma dúvida.

– Qual a dúvida?

– Posso ver a arma do morto?

– Sim. Vou buscá-la.

Apolinário trouxe a arma dentro de um saco plástico.

– Esta é a arma encontrada com o morto.

Falcão colocou luvas. Retirou a arma do saco e começou a observá-la com calma.

Apolinário permanecia em silêncio.

O inspetor pensava, enquanto inspecionava a arma: *Pistola ponto 40, três carregadores com munição e um silenciador.*

Apolinário completou os pensamentos do inspetor, informando:

– Os carregadores estão completos: o homem não teve tempo para apertar o gatilho. Pela conservação da arma e da munição, o finado era um profissional do gatilho.

Falcão Nobre ficou em silêncio. Pensou: *Será que Apolinário está envolvido na falsificação da perícia? Vou tentar descobrir.* Ele perguntou:

– Amigo, eu sei que você é um exímio perito, portanto, acho que você pode me ajudar.

– Pois não. Em que posso lhe ser útil?

– Os projéteis que mataram Vicente são de um revólver calibre trinta e oito?

Apolinário pegou um pequeno saco plástico numa estante e ficou olhando. Ele retirou os projéteis do saco e os colocou sobre a mesa, observando-os durante um longo tempo. Voltou o rosto para Falcão e disse:

– Posso afirmar que essa munição tem o calibre ponto

quarenta e foi disparada por uma pistola ponto quarenta. Este é o mesmo resultado que está escrito na etiqueta do material.

Falcão pegou a munição e pensou: *Não foi esta a munição que o dr. Márcio afirmou ter encontrado no corpo de Vicente.*

– Essa munição pode ter sido disparada por esta pistola? – o inspetor perguntou, apontando para a pistola que pertencera a João Raposa.

Apolinário examinou novamente a munição e a pistola. Verificou o silenciador com calma e foi incisivo quando respondeu:

– Sim. Os projéteis que mataram o amigo Vicente foram disparados por esta arma – e apontou a referida pistola.

– Obrigado, amigo. Vou embora.

– Falcão, agora chegou a minha vez de fazer perguntas – disse o perito.

– Se eu puder responder, conte comigo.

– Como você descobriu que foi João Raposa que matou Vicente?

Falcão pensou: *Apolinário também é rápido no raciocínio. Não posso mentir. Mesmo arriscando minha vida, vou dizer a verdade.*

– Quando verifiquei pela primeira vez o corpo de Vicente no IML, com a minha experiência, notei que os projéteis que o mataram foram disparados por uma pistola ponto quarenta, tudo indicava que a arma estava equipada com um silenciador. Depois, informado por amigos, fiz uma visita a João Raposa e confirmei que ele usava uma pistola ponto quarenta, equipada com um silenciador. Agora, tudo foi confirmado. Uma pena que o culpado já tenha morrido.

Apolinário estava em silêncio.

Falcão fez um gesto com a mão e despediu-se do perito, deixando-o pensativo. O inspetor se dirigiu para a Central de Polícia.

O chefe de Polícia assinava alguns documentos quando

viu, através da porta de vidro, Falcão Nobre encaminhando-se para sua sala.

Assim que se aproximou da porta, o dr. Arnaldo fez sinal para que ele entrasse.

Falcão cumprimentou o chefe:

– Bom dia, chefe.

– Bom dia. Como vai, Falcão?

– Muito bem. Estou vivo, e isso é que importa por enquanto.

– Fico feliz por ter conseguido se salvar de mais um atentado. O nosso querido amigo Vicente não teve tanta sorte.

Falcão estava em silêncio. Notou certa ironia nas palavras de dr. Arnaldo.

O chefe de Polícia se acomodou melhor na cadeira e perguntou:

– Posso lhe ser útil?

– Pode.

– Em que, por exemplo?

O inspetor tirou do bolso do velho colete um pacote e mostrou duas fotos para dr. Arnaldo. Este empalideceu quando viu as fotos e levantou-se, visivelmente perturbado.

O inspetor permaneceu calado.

Após se acalmar, dr. Arnaldo sentou-se novamente em sua cadeira e voltou a olhar as fotos. Depois ergueu o rosto para o inspetor e perguntou:

– Por que você está me mostrando essas fotos?

– Por dois motivos: você é o chefe de Polícia e quero saber quem fez isso.

– Isso o quê?

– Quem trocou o tapete da sala onde Vicente foi assassinado.

– Sinceramente, não sei – respondeu o chefe de Polícia com ar abatido.

O inspetor ficou em silêncio. Depois perguntou de chofre:

– Você sabe quem matou Vicente?

– Não tenho a menor ideia. Quem está investigando o crime é você.

– Quem matou Vicente foi João Raposa, o mesmo que tentou me matar ontem à noite.

O chefe de Polícia, que estava bebendo café, quase engasgou quando ouviu o nome de João Raposa.

Falcão notou e perguntou:

– Está passando bem, chefe? Quer uma ajuda?

– Não, obrigado – respondeu o outro. – Posso saber como você descobriu que foi João Raposa que matou Vicente?

– Quando eu encerrar o caso, mandarei um relatório para o senhor. Agora, vou embora. Tenho algumas coisas pendentes. Até mais, chefe.

– Falcão, você acha que estou metido nisso?

– Não sei, mas vou descobrir.

O inspetor se despediu e foi embora, pensando: *Tenho de apressar as investigações sobre o que me interessa: a morte de Alonso de Aquino. Sinto que o meu tempo está se esgotando.*

O chefe de Polícia ficou caminhando de um lado para outro em seu gabinete, após a saída do inspetor, demonstrando toda a inquietação que o afligia. Ele ligou para alguém:

– Alô!

– Alô! Sou eu.

– Fale.

– Falcão descobriu umas fotos com duas versões da sala onde o policial Vicente foi morto.

– Seja claro, por favor!

– Uma das fotos mostra a sala sem tapete.

– E daí?

– A outra foto mostra a sala com um tapete.

– Isso é uma incompetência! Depois nós falaremos sobre esse assunto.

Desligo.

Dr. Arnaldo vestiu o seu paletó e saiu.

Enquanto isso, Falcão dirigia seu carro pensando: *Por que trocaram o tapete daquela sala? Eu sei que foi para esconder alguma prova muito visível.* Mas qual? O celular tocou:

– Alô!

– É o "doutor".

– Sim. Fale.

– Recebi uma ameaça de morte.

– De quem?

– Não sei.

– Cuide-se. Desligo.

CAPÍTULO 20

MARCOS E ANGELINA

No dia seguinte, o inspetor Falcão Nobre adentrou a sala do chefe de Polícia levando umas pastas e um documento para ser assinado. Colocou-os sobre a mesa do chefe e pediu:

– Por favor, leia.

À medida que lia o documento, que acompanhava as pastas, o dr. Arnaldo empalidecia. Depois se levantou e disse categoricamente:

– Não vou assinar este documento! Você está passando dos limites!

– Tudo bem. Tenho o direito de procurar outras instâncias, mesmo que extraoficiais.

– Com qual objetivo você quer abrir um inquérito policial sobre o "caso Alonso de Aquino"? O caso foi arquivado com um laudo pericial muito claro.

– Todo mundo erra.

– Alonso se suicidou! – rebateu o chefe de Polícia.

– Não. Ele foi assassinado.

Dr. Arnaldo encarou o policial e ficou com medo da sua maneira firme de falar.

– Vamos esquecer isso. Podemos estar colocando nossas vidas em perigo – disse o chefe sem muita segurança.

– Você tem razão. Daqui para frente muita gente vai morrer. Mas essa é a minha profissão e por ela dou a minha própria vida – disse o inspetor com voz enérgica.

– Vou pensar. Depois mandarei chamá-lo.

– Não pense muito, chefe.

O inspetor tomou seu carro e rumou para a casa de Dalva, ouvindo músicas e pensando: *Como é difícil viver honestamente neste mundo. Todo mundo quer se dar bem em tudo. Não se pode acreditar mais em ninguém.*

Dalva foi informada por sua secretária de que o inspetor Falcão a esperava. Ela sentiu o coração pular de alegria dentro do peito e imediatamente desceu para a sala de visitas, abraçando aquele homem teimoso, corajoso e insistente em suas convicções. Conduziu-o até uma cadeira na varanda e ambos ficaram em silêncio.

– Qual o problema? – perguntou, rompendo o silêncio. – Você está abatido e precisa de um pouco de descanso.

Falcão continuava em silêncio. De repente disse:

– A documentação para abrir o inquérito policial sobre o suposto suicídio de Alonso de Aquino já está na mesa do chefe de Polícia.

Dalva ergueu-se surpresa, com a mão na boca, num gesto extremamente feminino.

– Você ficou maluco? – perguntou assustada, encarando o homem.

– Por quê?

– Porque, neste momento, quem mandou matar Alonso está enviando uma ou mais pessoas para acabar de vez com você.

– Não fique preocupada. O mentor do crime não pode se expor tanto, sob pena de ser descoberto mais cedo do que deseja.

– Por que você está tão seguro?

– Por uma questão de lógica – respondeu o inspetor após pensar um pouco.

– Que lógica é essa, Falcão?

– Minha querida, todos esses crimes deixaram rastros. Portanto, se a pessoa que está por trás de tudo isso for inteligente, vai começar a agir de outra maneira.

– É, pode ser. Mas não confie nisso.

Dalva estava com o olhar perdido num ponto fixo. Talvez estivesse pensando em algo. De repente comentou:

– Falcão, se você saísse do caso e pedisse demissão da polícia, nós poderíamos viver em paz, em outro país. Tenho dinheiro suficiente para isso. Esqueceríamos tudo e começaríamos outra vida.

– Você se esquece de que a polícia é a minha vida? Sempre sonhei em ser policial, exatamente para combater o crime. Querida, deixar a polícia não faz sentido para mim, principalmente no momento em que estou quase desvendando um crime que envolve muita gente.

– Será que vale a pena?

– Tudo que se faz por um ideal e de coração vale a pena, inclusive morrer pela causa que se abraçou.

– Não vejo assim.

– Dalva, o mundo em que vivemos foi construído por uma inteligência superior, que nós chamamos "Deus".

– O que você quer dizer com isso? – indagou a bela mulher, enquanto acariciava os cabelos do policial.

– Que esse mundo foi e continua sendo aperfeiçoado por idealistas: pessoas que viveram e morreram por uma causa nobre.

– Você se considera um idealista?

– Claro! O meu maior sonho é ver um índice quase zero de criminalidade neste país. Sei que não vou conseguir isso, mas estou fazendo minha parte.

Dalva ficou em silêncio, depois disse categoricamente:

AMBIÇÃO

– Meu querido, eu respeito o seu ideal, mas é impossível que esse seu sonho se realize.

– Por que você acha impossível a redução desse índice para um número suportável pela população?

– Porque os governos sempre prometeram acabar com a violência, mas, até a presente data, não vimos nenhum resultado positivo.

– E você sabe por que eles não conseguem esses resultados positivos?

– Não.

– Porque a violência tornou-se uma fábrica de fazer dinheiro, que enriquece ainda mais aqueles que agem nas sombras, principalmente quem está no poder. Entendeu?

– Não, querido, não estou entendendo – respondeu Dalva com ar surpreso.

– Tudo aquilo que alimenta os ladrões, os corruptos e os traficantes –, como as fábricas de armamentos, a seca, as enchentes, a fome, as penitenciárias superlotadas, estradas danificadas, a violência urbana etc, são problemas que os governos não têm interesse em sanar.

– Onde você encontra sustentação para essa sua afirmativa?

– Isso acabaria com o interesse da maioria daqueles que se candidatam para defender os direitos dos cidadãos.

– Falcão, você está querendo dizer que são esses interesses escusos que conduzem alguém a se candidatar a um cargo eletivo para defender o povo?

– Acertou em cheio, com exceção de poucos cidadãos honestos, os chamados idealistas, que se candidatam com o objetivo de tentar administrar o país para o bem do povo – respondeu o policial.

– Não consigo acreditar nessa sua ilação.

– Você acha que as guerras, a violência e a fome são frutos dos problemas políticos e sociais de um país?

– Eu pensava que fosse.

– Engana-se, querida – disse Falcão levantando-se. – Por

trás de todo esse caos existem pessoas que manipulam os problemas que alimentam uma verdadeira guerra. Essas criaturas estão interessadas na desordem, pois somente assim elas ganharão bilhões de dólares com o tráfico de armas, de drogas e com a compra ilegal de coisas que oferecem lucros fáceis.

– Rendo-me aos seus esclarecimentos.

– Você está enganada, Dalva. Não são os meus esclarecimentos que devem convencê-la, mas o óbvio, o que vemos diariamente.

Falcão pensou e continuou:

– Imagine que até fábricas de audiências da mídia já existem.

– Isso eu já sei.

– Sabe quem alimenta essas fábricas? – indagou o inspetor com um sorriso irônico bailando no rosto.

– O povo.

– Exatamente. Mas você se esqueceu de acrescentar que é a parte pobre do povo que a alimenta.

– Por isso você acha fácil conseguir mudar tudo isso? perguntou Dalva.

– Sim. A luta daqueles que batalham por um ideal, aos poucos, minará as forças estranhas que alimentam tudo o que é ilícito.

Dalva, com lágrimas nos olhos, concordou, pois sabia que Falcão Nobre estava certo.

– Querido, você tem razão.

Falcão aproximou-se de Dalva, pensou e, após um tempo que pareceu ter durado uma eternidade, indagou:

– Você acredita em Deus?

– Claro! Por que você me faz essa pergunta?

– Para pedir que reze por mim.

Dalva abraçou aquele homem que não recuava diante de nada e retrucou:

– Desde o dia em que o vi no cemitério rezei por você, mesmo antes de conhecê-lo pessoalmente.

AMBIÇÃO

Eles se abraçaram e se beijaram. Falcão se despediu e foi embora.

Dalva continuou na varanda pensando: *Como foi que Falcão descobriu que Alonso de Aquino foi assassinado?*

Enquanto isso, Marcos e Angelina se encontravam no apartamento deles. Marcos estava inquieto.

Angelina fitava o rapaz e dizia:

– Não adianta ficar nervoso. Nós temos que encontrar uma solução imediata para o problema.

– Qual solução?

– Não sei.

Marcos sentou-se e ficou em silêncio, como se estivesse pensando.

Angelina foi para a janela e também ficou em silêncio.

– Encontrei uma solução – gritou Marcos, com satisfação no olhar.

Angelina saiu da janela, sentou-se perto do namorado e perguntou:

– Qual?

– Vamos fugir para outro país e mudar nossas identidades.

Angelina fitou Marcos novamente e disse decepcionada:

– Às vezes, você parece uma criança.

– Não entendi!

– Meu querido, lembre-se de que o inspetor descobriu que Alonso foi assassinado. Além disso, mataram um político importante, o deputado Josias, o policial Vicente e o pistoleiro João Raposa, que foi morto quando tentava matá-lo. E não foi a primeira vez que atentaram contra a vida desse policial.

– Ainda não entendi.

Angelina fitou novamente o namorado e disse com seriedade:

– Marcos, se fugirmos do país, imediatamente todas as suspeitas de Falcão recairão sobre nós. Você me entende agora?

Marcos detestava perder, mas as evidências que Angelina havia apresentado não deixavam brechas para discussões.

O telefone celular de Angelina tocou. Ela atendeu. À medida que ouvia a pessoa do outro lado da linha, empalidecia, e procurou uma cadeira para se sentar. Depois desligou.

Marcos perguntou ansioso:

– O que houve, Angelina?

– Falcão Nobre vai abrir um inquérito policial para investigar, oficialmente, o suicídio de Alonso.

Dr. Marcos passou a ficar visivelmente nervoso. Foi beber água, depois voltou e pensou: *Estamos perdidos. Vou fugir enquanto é tempo.*

Apesar de também nervosa, Angelina observava o namorado e pensava: *Falcão vai pegar todo mundo. Principalmente um imbecil como esse.* Ela juntou forças e pediu:

– Marcos, escute-me.

– Sim, fale.

– Você matou alguém? – perguntou a viúva de Alonso de Aquino, armando-se de paciência.

– Não.

– Então, por que tem tanto medo de Falcão, criatura?

Ambos ficaram em silêncio. Angelina foi a primeira a falar:

– Vamos embora. Tenho que agir com rapidez. Esse homem é um demônio.

Marcos e Angelina deixaram o apartamento. Alguém os observava quando entraram no carro e foram embora. Dentro do carro, o celular de Angelina tocou. Ela viu o número do telefone que estava chamando e pensou em não atender a chamada, pois o número não era conhecido; talvez fosse de um telefone público. Porém, mudou de ideia.

– Alô!

– Quero falar com você e com doutor Marcos dentro de uma hora, em sua residência.

– Quem está falando?

– Falcão Nobre. – E o inspetor desligou.

Angelina quase deu um grito de medo, porém, conseguiu se controlar.

AMBIÇÃO

Marcos, que dirigia o carro, ficou curioso:

– Quem telefonou, Angelina?

– Falcão Nobre.

Marcos gelou. Ficou em silêncio para buscar o autocontrole e depois perguntou:

– O que ele queria?

– Falar conosco, dentro de uma hora, em minha casa.

Marcos parou o carro e disse nervoso:

– Não vou falar com aquele homem! Ele precisa de uma ordem judicial para nos convocar para uma investigação!

Angelina encarou o namorado e teve ódio dele naquele momento. Ela disse calmamente:

– Tudo indica que ele nos viu sair do apartamento.

– Como você sabe disso?

– Meu caro Marcos, ele ligou de um telefone público para não ser identificado. Além disso, apenas disse que queria falar conosco. Não foi uma intimação.

– E por que você acha que ele nos viu sair do apartamento? – indagou Marcos, visivelmente nervoso.

– Porque ele seguiu o nosso carro. Ele já deve saber que nos encontramos naquele apartamento.

– E agora, o que faremos?

– Vamos para minha casa esperá-lo, assim, saberemos o que ele quer conosco.

– Continuo afirmando que ele precisa de uma ordem judicial para nos fazer perguntas.

– Não seja bobo, Marcos! Como advogado, você sabe muito bem que não existe nada que prove que Falcão está nos investigando!

– Então, por que esse inspetor está sempre no nosso encalço?

– Ele está nos pressionando porque já descobriu que estamos com medo de alguma coisa. Além de termos um caso, eu sou a viúva de Alonso, o pivô de tudo o que está acontecendo.

Marcos ficou em silêncio e começou a dirigir o carro em direção à residência de Angelina. Assim que o casal chegou, Antônio foi abrir a porta do carro e, com ar irônico, disse:

– O inspetor Falcão Nobre está na sala de visitas esperando por vocês.

O casal encaminhou-se para a residência. Como sempre fazia quando estava lá, Falcão observava o quadro pintado a óleo. Ele voltou-se quando ouviu alguém cumprimentá-lo.

– Olá, inspetor. O que foi desta vez? – perguntou Angelina, meio aborrecida.

– Nada importante. Quero apenas conversar.

– Deixe-me apresentar-lhe o doutor Marcos, filho do senador Antunes.

Falcão adiantou-se e estendeu a mão para o dr. Marcos.

– É um prazer conhecê-lo, doutor. Você é muito conhecido por sua competência.

Angelina, que estava impaciente, falou:

– Por favor, senhores, sentem-se.

Ambos se sentaram, e Angelina foi logo perguntando:

– O que você quer conosco?

– Calma, senhora! Vamos por partes.

O inspetor ficou em silêncio, observando disfarçadamente as reações de ambos. Após alguns minutos, perguntou:

– Angelina, eu pedi que fosse aberto um inquérito policial para averiguar com mais detalhes o suicídio do seu finado marido, pois alguns pormenores não ficaram claros no laudo pericial que deu o caso do suicídio por encerrado.

– Com ordem de quem?

– Com a sua ordem. Acredito que você, como viúva do doutor Alonso de Aquino, deve se sentir satisfeita, afinal teremos a oportunidade de investigar esse caso com mais detalhes.

– Eu não mandei abrir inquérito nenhum! Alonso se suicidou e, até que provem o contrário, não permitirei que manchem a memória do meu marido!

Falcão levantou-se e, calmamente, começou a andar pela sala. Depois perguntou:

– O relacionamento de vocês começou antes da morte de Alonso?

Ambos ficaram calados. O inspetor fez um gesto com as mãos e disse:

– Vocês têm razão. Não tenho o direito de fazer essas perguntas. Quanto a você, Angelina, desculpe-me por ter usado seu nome para mandar abrir um inquérito que verifique a verdade sobre o suicídio de Alonso de Aquino.

Depois o policial fez um gesto de despedidas e acrescentou: – Obrigado pela atenção de vocês.

Quando se retirava, Angelina pediu, com voz quase suplicante: – Fique mais um pouco, inspetor.

Em fração de minutos, a mulher pôde sentir todo o perigo que corria, pois ela entendeu que Falcão sabia muito mais do que deixava transparecer e começou a chorar. Marcos estava inquieto. Foi até a namorada e começou a consolá-la.

– Tenha calma, querida! – pediu. – Vamos sair dessa.

Enquanto isso, o inspetor voltou a sentar-se, ficando em silêncio.

– Assinarei o pedido de abertura do "caso Alonso de Aquino", pois somente assim ficarei livre de qualquer acusação – disse a viúva, após se acalmar.

– Ótimo! – disse o inspetor, sem demonstrar nenhuma emoção.

Marcos, que ainda não tinha se pronunciado, falou:

– Como advogado, eu posso representar Angelina.

– Tudo bem.

– Muito obrigada, Marcos – agradeceu a namorada. – Mas não preciso de ninguém me defendendo.

Ela pensou e depois prosseguiu:

– Inspetor, você tem provas suficientes para fazer tal pedido?

– Quase!

– Posso saber quais?

– Não.

– Por quê? Por acaso é segredo?

– Não. É porque você e doutor Marcos são suspeitos do crime.

– Isso não procede! Além de autorizar essa investigação que contesta o suicídio do meu marido, eu sou a mais interessada em resolver essa história!

– Por que nós somos suspeitos? – perguntou Marcos, com ar autoritário.

– Quem cometeu o crime tinha interesse em algo que pertencia a Alonso de Aquino.

Marcos se calou, pensando: *Não adianta argumentar*. Angelina não se conformou e perguntou:

– O que eu ganharia com a morte do meu marido?

– É isto que estou procurando descobrir. A partir do momento em que eu souber responder a essa pergunta, estarei muito perto do assassino.

Angelina respirou aliviada, pensando: *Então ele ainda não sabe por que mataram Alonso e quem é o assassino*.

Falcão fitou dr. Marcos de soslaio e notou que ele também estava mais descontraído. Angelina aproximou-se do namorado e disse-lhe:

– Não precisamos ficar preocupados. O inspetor apenas cumpre o seu dever de policial.

– Certo. Se ele descobriu que houve um assassinato e não um suicídio, é justo que investigue o caso, para saber quem matou o "pai dos pobres".

– Desculpem o incômodo – disse o inspetor, despedindo-se. – Minha intenção era dar conhecimento a vocês do rumo que a morte de Alonso está tomando.

Após a saída de Falcão, ambos ficaram em silêncio.

– Marcos, você entendeu o que ele realmente queria? – perguntou a namorada um tempo depois.

– Acho que ele foi muito claro.

AMBIÇÃO

– Não seja inocente. Um inspetor experiente e competente como Falcão jamais viria à minha casa somente para falar o que ouvimos.

– E você, o que acha?

– Também não sei.

Enquanto dirigia seu carro para a Central de Polícia, Falcão pensava: *Angelina deve estar perguntando ao Marcos por que fui até a casa dela, pois não acredita que a minha visita tenha a ver somente com a nossa conversa.*

Assim que o inspetor entrou em sua sala, alguém comunicou:

– Inspetor, o chefe de Polícia quer falar com você.

– Certo.

No gabinete do chefe de Polícia, Falcão sentou-se em frente a dr. Arnaldo. Ambos ficaram calados.

– Falcão, preste bem atenção ao que vou lhe dizer.

O policial fez um gesto afirmativo com a cabeça.

– Você está arriscando sua vida e a nossa – disse o chefe.

– Não estou entendendo.

– Falcão Nobre, você está entendendo muito bem o que estou falando. Não pense que sou burro.

O policial ficou calado, pois tudo indicava que seu chefe estava irritado.

– O secretário de Segurança está sabendo de toda essa história, principalmente dos últimos acontecimentos, incluindo o seu pedido de abertura de inquérito sobre o "caso Alonso de Aquino" – continuou.

– Prossiga.

– Depois que você duvidou de que Alonso havia se suicidado, ou seja, após suspeitar de que na verdade ele tinha sido assassinado, muita gente morreu. Até mesmo você escapou da morte duas vezes.

Ambos ficaram calados.

– E, para finalizar, quero informá-lo de que a justiça autorizou a abertura de inquérito sobre o caso do suicídio do doutor Alonso de Aquino.

O chefe de Polícia estava fazendo um esforço enorme para se controlar, pois havia perdido a batalha para um homem que, apesar de ser um simples policial, era mais perigoso que todos os seus policiais juntos.

Ele respirou profundamente e disse-lhe:

– Os assassinatos e os atentados contra sua vida foram suficientes para a autorização da abertura de um inquérito policial e para uma nova investigação sobre o suicídio de Alonso.

– E quem vai assumir as investigações do caso? – perguntou o inspetor com ar displicente.

– Isso depende de você.

– Vá direto ao assunto, por favor? – pediu o inspetor com voz enérgica.

– Posso indicá-lo, porém, quero algo em troca.

– O que você quer?

– Pelo menos uma prova concreta que justifique sua nomeação como investigador oficial do caso.

Falcão foi até uma janela e fitou o pátio da Central de Polícia, enquanto pensava. Depois voltou a sentar-se e comentou:

– O deputado Josias foi morto porque estava envolvido com as pessoas que mataram Alonso de Aquino.

O chefe de Polícia ficou branco e, depois de um tempo, voltou ao normal e, retrucando:

– Isso não é prova, e ele não serve como testemunha, porque já morreu!

– Concordo.

– Então, onde está a prova? – perguntou o chefe.

– Eu sei quem matou o deputado.

Dr. Arnaldo baixou a cabeça e ficou, desta vez, um longo tempo em silêncio.

– Falcão, se você sabe quem matou o deputado, por que não prendeu o assassino?

– Porque ele é a minha prova e está bem guardado.

AMBIÇÃO

– Ele não deve saber nada sobre a morte de Alonso – comentou o chefe do inspetor.

– Então, por que ele matou o deputado?

O chefe de Polícia se rendeu e disse-lhe, num gesto de impotência:

– O caso é seu.

Falcão pensou: *Tenho que saber jogar o mesmo jogo deles. Ainda hoje, Bira pode morrer.*

O inspetor pediu licença e saiu da sala do chefe de Polícia à procura de um telefone público. Logo em seguida ligou para o celular de Bira.

– Alô!

– Bira, sou eu.

– O que houve, chefia?

– Saia imediatamente da comunidade. Invente qualquer coisa.

– Por que, chefia?

– Vão matá-lo. A mesma mulher que o contratou para matar o Jô vai mandar acabar com você. Desligo.

Bira pensou: *A chefia tem razão. Vou me mandar para outro local até as coisas melhorarem.* Ele estava num bar, perto de um ponto de droga na cidade, e foi fácil desaparecer daquele lugar.

No Morro do Camarão, Jacaré atendia o "celular descartável":

– Alô! É o Jacaré. Fale.

– O pássaro vai investigar, oficialmente, o "caso do pai".

– Não tenho nada a ver com isso – disse o chefe do tráfico, aborrecido.

– Sei.

– Então, por que você telefonou?

– Quero saber se o Bira está aí – indagou a voz do outro lado.

– Não.

– Sabe onde encontrá-lo?

– Não.

– Cuidado – advertiu a pessoa que estava do outro lado da linha.

– Certo.

– Desligo.

Jacaré ficou pensando: *Estranho esse substituto do outro. Bem, vou cuidar da minha vida; esses bacanas já estão com a vida feita.*

Enquanto isso, o inspetor encontrava-se sentado na varanda da residência de Dalva. A viúva estava sentada ao seu lado, em silêncio. Ela sabia exatamente o momento que devia falar com aquele homem. O policial levantou-se, pegou a mão dela e começaram a andar pelo vasto jardim.

Ela pensava: *Hoje, vou ter uma surpresa.*

Falcão voltou-se para a mulher e, fitando seus olhos, e a abraçando, falou:

– Hoje, fui oficialmente nomeado o investigador do "caso Alonso de Aquino". Consegui que a Justiça abrisse um inquérito policial sobre o caso.

Dalva começou a tremer, procurando um banco para se sentar, pois estava extremamente nervosa. O inspetor sentou-se ao seu lado e começou a contar tudo o que havia acontecido durante o dia, inclusive a conversa que havia tido com Angelina e com o dr. Marcos. Dalva torcia as mãos nervosamente. Após alguns minutos, ele perguntou:

– Dalva, o que você está sentindo?

– Medo.

– Querida, você está com medo de quê?

– Falcão, você ainda não entendeu que estou sofrendo terrivelmente? Só em pensar que a qualquer momento posso receber uma notícia ruim sobre você... Isso me deixa com o coração aos saltos.

– Não se preocupe tanto, vou tomar todos os cuidados possíveis.

Dalva foi se acalmando. Depois de certo tempo, perguntou:

– Sabe quem ligou para mim?

– Não.

– Ester.

– Quem é Ester?

– A irmã do senador Antunes, convidando-me para uma recepção na casa dela, pois, hoje, o irmão dela está chegando e ele quer falar com as lideranças políticas.

– E o que você tem a ver com isso, querida?

– Nada. Apenas sou viúva de um político.

Falcão sorriu e perguntou:

– Posso lhe dar uma sugestão?

– Pode.

– É melhor você aceitar o convite. O senador pode interpretar sua ausência como uma ofensa.

Dalva pensou e depois disse:

– Falcão, você pensa que nasci ontem, ou que sou tão ignorante a ponto de não entender o que quer de mim?

O inspetor começou a rir e falou:

– Querida, não estou subestimando sua inteligência, apenas estou achando um momento propício para se colher alguma coisa.

Dalva sorriu e também disse:

– Então, peça-me que investigue, dissimuladamente, o que você quer descobrir durante a festa de recepção do senador.

– Não precisa ficar como um detetive na festa. Basta que observe os detalhes que achar importante, e depois conversaremos sobre isso.

– Querido, vou pensar, mas não pense que eu sou boba, que não consigo ver além de um vestido bonito ou de uma joia rara.

O inspetor começou a rir novamente. Ambos se abraçaram e começaram a falar coisas do coração. De repente, o policial fitou Dalva e disse:

– Hoje vou levá-la para conhecer a instituição espírita que frequento.

– Mas eu posso acompanhá-lo?

– Pode. Você é viúva, livre e desimpedida, além de ser a mulher que está comigo hoje – disse o inspetor sorrindo.

– Meu querido, eu não sou espírita.

– Não precisa professar uma religião para frequentar a igreja um templo ou centro espírita.

A moça levantou-se, abraçou o investigador e sorrindo disse:

– Combinado.

CAPÍTULO 21

DALVA VISITA O CENTRO ESPÍRITA

Falcão Nobre estava nervoso. Iria levar sua amada para conhecer o centro espírita que frequentava. *Nunca fiquei nervoso por causa de bobagem, e agora me sinto como um adolescente quando vai passear pela primeira vez com sua namorada,* pensava ele enquanto se preparava para ir buscar Dalva. *Será que tudo isso que estou sentindo é realmente o famoso amor, que inspira os poetas, os enamorados, os compositores, a arte, aquele que foge deste mundo e chega a outros?,* continuou pensando, enquanto terminava de se vestir.

O amor sempre existiu, desde que Deus passou a ser louvado pelos pobres mortais, pois, se existe um sentimento que nasceu com Deus, esse sentimento deve ser o amor, e somente ele é eterno. No dia em que o homem conhecer o verdadeiro significado da palavra amor, ele conhecerá Deus e ouvirá os anjos do Senhor dizerem: *Amém.*

Falcão entrou na mansão da namorada, ficou um tempo

parado pensando na vida, depois saiu do carro e encaminhou-se ao banco do jardim onde sempre conversava com Dalva. Sentou-se e ficou admirando a noite cobrir aos poucos aquela região com seu manto negro. Estava ansioso; ainda não acreditava que uma mulher bela, rica e poderosa, não só porque era viúva de um político, mas porque era filha de um dos empresários mais ricos do país, fosse com ele para um centro espírita numa comunidade humilde, cheia de pessoas humildes, doentes e sofredoras.

– Pensando em que, amor?

Falcão voltou-se e viu Dalva se aproximar, ainda mais bonita.

Ergueu-se de um pulo e, antes que ela o abraçasse, ele disse:

– Minha querida, para onde você pensa que vai com toda essa beleza e luxo?

Dalva sorriu, abraçou o policial e sorrindo respondeu-lhe:

– Você não queria que eu fosse visitar o seu centro espírita sem colocar uma roupa básica e simples? Além disso, a maquiagem que uso é para ocasiões em que vou a uma missa, sem chamar muita atenção.

O inspetor sentiu o aroma do perfume, beijou a bela mulher e sorriu enquanto falava:

– Dalva, o lugar para onde nós iremos é uma comunidade pobre, e o centro tem como frequentadores pessoas humildes e doentes.

– Melhor ainda, pois somente assim me sentirei à vontade. Acho que já estou gostando dessa instituição espírita – comentou sorrindo. – Chega de ser dondoca iludida com a vida; preciso começar a fazer algo que realmente me traga felicidade.

Falcão Nobre nada falou, mas pensou: *Deus nos proteja, pois não mereço tanta felicidade, não porque Dalva é rica, todavia, porque é a mulher que sempre esperei na vida, mesmo sem saber.* O inspetor fez questão de dirigir seu próprio carro. Após alguns, minutos eles se encontravam no pequeno pátio da instituição. Abriu a porta do carro, segurou a mão da namorada e a conduziu até entrar no centro espírita. Foi recebido pelos amigos e em seguida pediu para falar com o dirigente da casa, Carlos, seu amigo. Por onde Dalva passava, todos se voltavam e a fitavam com admiração por sua simpatia e beleza.

Carlos, que foi avisado com antecedência, veio recebê-los pessoalmente na porta de sua pequena sala. Após as apresentações, foram convidados a se sentar pelo dirigente, que os recebeu com educação e simpatia. Dalva fitou o senhor e sorrindo perguntou-lhe:

– Como é o nome desta instituição?

– Falcão não lhe informou?

– Querida, desculpe-me o descuido. É Centro Espírita Francisco de Assis.

– Respondida sua pergunta, minha irmã Dalva.

Dalva, que no início estava um pouco tensa, relaxou e comentou:

– Senhor Carlos...

– Por favor, para os amigos eu sou apenas Carlos – interrompeu ele.

– Desculpe, Carlos. Mas eu escuto tanto falar na Doutrina Espírita, que sempre tive vontade de conhecer esse trabalho mais de perto – disse a moça fitando Falcão. – Dizem por aí que essa religião é coisa do demônio.

– Dalva, o Espiritismo é uma religião como outra qualquer. Por falta de informação, tem pessoas que acham o Espiritismo coisa do demônio – comentou o homem sorrindo. – Mas o Espiritismo nem no demônio acredita, porque Deus nos fez simples e ignorantes. Portanto, aqueles que são conhecidos por demônios, na realidade, são espíritos que ainda estão num estado de evolução muito inferior.

– Então...

– Então, esses demônios um dia evoluirão e alcançarão as moradas dos espíritos puros, como todos nós – disse o dirigente, interrompendo a moça e pedindo desculpas. – Eles são filhos de Deus como qualquer espírito.

Falcão Nobre, que observava em silêncio a conversa, fitou o amigo Carlos, depois a mulher, e indagou:

– Minha querida, por qual motivo você fez essa pergunta esquisita?

Dalva sorriu, segurou a mão do inspetor e com um gesto feminino respondeu:

– Porque eu queria saber se essas pessoas envolvidas com o crime, que você combate, são aquelas que denominamos de demônios – respondeu a moça imediatamente.

Falcão baixou a cabeça, depois fitou o amigo Carlos, e ambos ficaram em silêncio, pois a questão levantada por Dalva era assunto para ser explicado com muito cuidado.

– Já entendi mais ou menos as explicações de Carlos – disse a moça com sua simpatia.

– Depois conversaremos mais sobre esse assunto – disse o dirigente, entendendo o que a viúva do deputado Josias queria saber.

– Bem, Carlos, vamos assistir à reunião. Depois nós voltaremos aqui para assistir à obras assistenciais da instituição – disse o inspetor, levantando-se e segurando a mão da mulher.

Dalva ergueu-se, estendeu a mão e agradeceu a recepção, convidando-o para um dia visitá-la.

– Antes de sair, eu queria fazer mais uma pergunta, Carlos. Posso?

– Fique à vontade.

– Acho tão difícil um policial ser espírita. O que você acha?

– Se você se refere ao fato de ele investigar crimes, prender pessoas e às vezes ser obrigado a matar para se defender, eu respondo que toda profissão é necessária para a evolução do ser humano – respondeu o dirigente, sempre atencioso e simpático. – A Doutrina Espírita nos informa com muita propriedade sobre a Lei do Trabalho.

A bela mulher aproximou-se do presidente da instituição e em voz baixa indagou-lhe:

– Será que ainda posso fazer-lhe mais uma pergunta?

– Temos poucos minutos antes de iniciar a palestra – respondeu o presidente. – Mas faça sua pergunta, pois ficarei satisfeito se souber responder.

Dalva fitou o inspetor, pensou e perguntou:

– Já vi meu ex-marido, depois que morreu, sentado em sua cadeira predileta como se nada tivesse acontecido.

Falcão fitou rapidamente a mulher e, surpreso, olhou para o amigo Carlos. Sem saber o que falar, ficou em silêncio.

– Minha cara Dalva, você viu o seu marido sentado como se estivesse vivo, porque na realidade nós não morremos, mas apenas passamos do estado material para o espiritual – respondeu o dirigente do centro espírita. – A Doutrina Espírita nos informa com propriedade a respeito dessa dúvida. Realmente é difícil de acreditar, porém se nos dedicarmos a estudar essa bela Doutrina, iremos chegar à conclusão de que realmente somos seres imortais.

Dalva sorriu, apertou a mão do inspetor e o acompanhou até o auditório onde iria assistir à reunião pública.

Após o inspetor e a viúva do deputado retornarem do centro espírita, ambos permaneceram um longo tempo no jardim, observando o céu estrelado e conversando sobre a Doutrina, pois a palestra da noite havia deixado a mulher impressionada. A noite já ia alta quando Falcão levantou-se, acompanhado por Dalva, e ambos se despediram como dois namorados que se amavam, esquecendo por alguns momentos os problemas que teriam que enfrentar.

– Meu querido, você sabe hoje qual é o meu maior sonho?

– Não. Mas gostaria de saber.

– Era vê-lo morando comigo, aqui ou em qualquer lugar deste mundo.

O homem fitou a mulher, abraçou-a e beijou-a com carinho. Depois, silenciosamente, caminhou em direção ao seu carro. Ela, porém, não ficou satisfeita em ver o homem sair em silêncio. Correu, abaixou-se, meteu a cara na janela do carro e perguntou:

AMBIÇÃO

– Parece que você não gostou do meu comentário.

Falcão ligou o carro e, fitando a bela mulher, respondeu-lhe:

– Você é uma tentação – disse ele sorrindo.

– Entendi – disse Dalva, acenando para o inspetor, enquanto ele esperava o portão abrir.

O inspetor, de comum acordo com seu amigo Carlos, resolvera não falar nada por enquanto sobre o desdobramento que tivera, principalmente que vira sua mãe e que ela havia dito que Dalva já tinha reencarnado em outra existência com ele.

CAPÍTULO 22

A RECEPÇÃO

A residência do senador Antunes estava toda iluminada. Vários convidados – políticos, empresários, amigos íntimos do senador e algumas personalidades da sociedade local – circulavam pela ampla sala e pelo alpendre da confortável casa do político.

Falcão chegou e foi recebido por uma bela mulher, que se identificou como Marta, a secretária particular do senador.

– Seja bem-vindo, inspetor! – saudou a secretária. – Fique à vontade.

O policial começou a circular entre os convidados. Observou que, além de vários políticos e empresários, o secretário de Segurança e o chefe de Polícia estavam conversando em particular com o dr. Antunes. Ele continuou a andar entre os convidados, quando Marta aproximou-se e disse-lhe:

– Inspetor Falcão Nobre, o senador Antunes o espera em seu escritório, para tratar de assuntos de seu interesse.

– Obrigado. Onde fica o escritório?

– Vou acompanhá-lo – disse a secretária do senador.

O inspetor pensava, enquanto se encaminhava para o escritório do parlamentar: *Eu sabia! Não se convida um simples inspetor de polícia para uma recepção de gente rica e influente, a não ser que haja algum interesse muito importante para alguém.*

– Chegamos – disse a moça interrompendo os pensamentos do inspetor. Bateu na porta, abrindo-a em seguida e dando passagem para Falcão.

O escritório era amplo. No fundo havia uma mesa de madeira muito bem trabalhada – o senador Antunes encontrava-se sentado atrás dela – e, ao lado, em duas cadeiras próximas, estavam o secretário de Segurança e o chefe de Polícia. Como bom político, o senador ergueu-se sorrindo e, demonstrando alegria, saudou o policial:

– Meu amigo Falcão Nobre! Seja bem-vindo, em nossa humilde casa.

– A honra é toda minha – disse o policial, sorrindo e apertando a mão estendida do senador.

– Por favor, sente-se, Falcão.

O inspetor cumprimentou o dr. Narciso e o dr. Arnaldo antes de sentar-se.

Houve um silêncio incômodo na sala, onde se ouvia, muito ao longe, apenas a música orquestrada que animava a recepção. O senador começou a falar sobre política, enquanto os demais permaneciam calados.

Falcão estava calmo, esperando o bote da cobra. O político calou-se por alguns minutos e, levantando-se, começou a andar pela sala. De repente perguntou:

– Inspetor, eu soube que o senhor está investigando a morte de Alonso.

– É verdade, Excelência.

– Você tem certeza de que Alonso foi assassinado, e que não se suicidou, como afirma o laudo da perícia?

– Absoluta certeza.

– Pois torço para que você descubra quem matou o meu amigo Alonso, e, assim, poderemos fazer justiça ao homem que sempre trabalhou pelo bem-estar da população, principalmente dos pobres.

– Se depender de mim, eu farei todo o possível para que esse crime seja desvendado – disse o inspetor, fitando o chefe de Polícia.

O senador sentou-se e disse, olhando para o secretário de Segurança e o chefe de Polícia:

– Quero que vocês deem total apoio ao nosso amigo Falcão, para resolvermos esta situação. Não estou me metendo na esfera estadual, estou apenas contribuindo, pois, como senador, eu tenho feito o possível para arranjar recursos para o nosso estado, com a finalidade de combatermos a violência e, principalmente, o crime organizado. – Em seguida, o parlamentar levantou-se e convidou os homens a voltarem para o salão.

Quando Falcão estava saindo do escritório, o senador perguntou baixinho:

– Você sabe quem matou o deputado Josias?

– Sei.

– Você tem certeza de que foi João Raposa quem matou o seu amigo, o policial Vicente? – indagou o senador novamente.

– Essa certeza está nos autos do processo. O exame de Balística provou que os projéteis que mataram Vicente saíram da pistola do finado João Raposa.

O policial ficou em silêncio e depois disse, próximo ao ouvido do senador:

– João Raposa era apenas um matador de aluguel.

– O que você quer dizer com isso?

– Que, para matar o deputado e meu colega Vicente, alguém contratou o serviço de um pistoleiro.

O senador não fez mais nenhum comentário: toda a sua desenvoltura parecia ter desaparecido. Ele tentava sorrir e conversar com todo mundo, mas se notava em seu semblante, o quanto estava preocupado.

AMBIÇÃO

O inspetor circulava entre os presentes e não perdia de vista o senador.

– O senhor está se divertindo, inspetor?

Falcão olhou de lado e viu uma mulher elegantemente vestida. Dalva se controlava para não beijar aquele homem no meio de todo mundo.

O inspetor sorriu e, devolvendo a brincadeira, disse:

– Estou começando a gostar desta festa.

– Falcão, você está sendo irônico.

– Não. Estou apenas brincando.

– Depois conversaremos em minha casa.

– Certo.

Neste exato momento, o celular de Falcão tocou discretamente. Ele pediu licença a Dalva e afastou-se para um local reservado, atendendo o telefone:

– Fale.

– Chefia, a parada tá ficando quente!

– Continue.

– Uma mulher telefonou e reconheci a voz. É a mesma pessoa que me mandou acabar com o deputado.

– Jogue esse celular fora e compre outro. Depois você me passa o número.

– Certo. Desligo.

Falcão estava voltando para o salão, quando uma mulher bem-vestida e elegante, com ares de quem está acostumada a mandar, perguntou:

– Como vai, Falcão?

– Tudo bem.

– Meu nome é Ester, irmã do senador Antunes – informou a mulher. – Espero que você esteja gostando desta humilde homenagem ao meu irmão.

– Sem dúvida alguma. Obrigado pelo convite.

– Você não tem nada para agradecer.

A mulher retirou-se, deixando o policial intrigado com seu modo autoritário. Falcão afastou-se um pouco e sentou-se num banco do jardim próximo à varanda. Ficou refletindo sobre tudo o que havia ouvido do senador.

– Inspetor, o senhor já tem algum suspeito como assassino do meu marido? – perguntou a viúva de Alonso, surpreendendo o homem.

– Olá, Angelina. Repita sua pergunta, pois não a ouvi direito.

– Perguntei se o senhor sabe quem mandou matar o meu marido.

– Não.

– Falcão, como você descobriu que o meu marido foi assassinado?

– Fácil. Muito fácil.

– Posso saber?

– Por enquanto, não. Na hora certa você será a primeira a ficar sabendo.

Angelina sentou-se ao lado do inspetor e começou a chorar.

– Por que você está chorando?

– Posso saber por que o meu marido foi covardemente assassinado? – insistiu a moça, enquanto continuava a chorar.

– A vida é assim mesmo.

– O senhor já tem uma pista que conduza ao criminoso? – perguntou a viúva, enxugando uma lágrima que descia pelo seu belo rosto.

– Quase.

– Posso saber qual é?

– Não. Pelo menos, por enquanto.

– Posso ajudá-lo?

– Pode.

Angelina ficou em pé, em frente ao policial, que continuava sentado.

– Em quê?

– Amanhã, eu irei à sua residência para conversarmos oficialmente sobre o caso. Também posso esperá-la na Central de Polícia, se você preferir. Ainda não se trata de um depoimento ou confissão.

AMBIÇÃO

– Prefiro que conversemos na minha casa.

– Certo.

Ela se despediu do inspetor e foi para dentro da casa. O inspetor continuou sentado, meditando nos últimos acontecimentos. Estava distraído, quando ouviu Ester lhe perguntar, à queima-roupa, surgindo inesperadamente:

– Por que o senhor não prendeu o assassino do deputado Josias?

– Porque não me interessa prender somente o assassino. Estou interessado em prender o mandante do crime.

– Você está escondendo o assassino – ironizou a mulher. – Isso também é crime, sabia?

– Sei disso melhor do que você. Porém, não existem provas que confirmem que estou sabendo quem matou o deputado.

O inspetor levantou-se e disse, fitando a mulher que estava em pé à sua frente:

– Dona Ester, neste país, as penitenciárias de segurança máxima estão cheias de pobres, negros, prostitutas, homossexuais, doentes mentais e outros menos favorecidos pela vida. É muito mais fácil prender esses pobres coitados do que prender um rico, principalmente quando ele tem posição, influência e muito dinheiro para contratar os melhores advogados.

– Meu caro Falcão, neste mundo não existe lugar para pessoas como você, que ainda lutam por ideais. Você é um sonhador!

– Pode ser. Mas um sonhador é capaz de lutar por um exército inteiro – disse ele. – Sabe por quê?

– Não.

– Porque quem luta por um ideal, por justiça, por igualdade de direitos, é realmente um pobre sonhador, visto até como um fanático, porém não tem medo de morrer para realizar os seus sonhos.

– Você só diz isso porque é pobre; se fosse rico e tivesse o que perder, talvez pensasse diferente.

– São pessoas como a senhora que alimentam a violência neste país. Vocês são capazes de vender a própria alma para manter essa pose nojenta.

– Você está me ofendendo!

– Dizer a verdade não ofende ninguém que é honesto, justo e bom.

– Falcão, você não é feito de ferro e pode não sobreviver à terceira tentativa!

– Dona Ester, arranje um pistoleiro melhor do que aqueles que tentaram me matar.

Ester retirou-se furiosa, deixando o policial pensativo: *Essa mulher é perigosa, mas é inteligente o suficiente para não se meter em encrenca.*

O inspetor também foi circular pelo salão à procura de Dalva.

– Olá, Falcão.

Falcão virou a cabeça para o local de onde vinha a voz e falou:

– Olá, Arnaldo. Como vai?

– Tudo bem. Um momento, Falcão.

Falcão parou e ficou esperando pelo chefe de Polícia.

– Como estão as investigações? – perguntou o dr. Arnaldo, aproximando-se do inspetor.

– Melhor do que eu esperava – respondeu o inspetor com um sorriso irônico na ponta dos lábios.

– Parece-me que você está muito otimista.

– Claro que estou.

– Encontrou alguma pista?

– Várias, e encontrei outras nesta recepção – respondeu Falcão Nobre, após uma pausa bem estudada, a fim de ver a reação do chefe.

Dr. Arnaldo ficou branco. Tirou um lenço e o passou no rosto.

Olhou para o policial e fez um sinal para que o acompanhasse. Assim que chegaram a um lugar discreto, o chefe de Polícia perguntou:

– Qual foi a pista que você encontrou nesta festa?

AMBIÇÃO

– Pistas sem importância.

– Você andou falando com alguém? – indagou o chefe de Polícia com um sorriso, como se quisesse mostrar ao povo que era muito amigo do inspetor.

– Sim.

– Com quem, posso saber?

– Pode. Falei com Dalva, viúva do deputado Josias; com Angelina, viúva de Alonso de Aquino; Ester, irmã do senador; Marta, secretária particular do Antunes; e outras pessoas das quais não me lembro agora.

Dr. Arnaldo estava com o rosto branco como cera. O inspetor fez de conta que não percebeu. O chefe de Polícia fez uma menção com a mão e retirou-se para outro lugar. Marta então aproximou-se de Falcão e informou:

– Inspetor, Dalva mandou informar que foi embora.

– Obrigado, Marta.

– Você está namorando a Dalva?

O inspetor fitou a secretária do senador e respondeu:

– Estamos namorando. Algum problema nisso?

– Não. Vocês são livres. Todavia, acho muito estranho que o senhor namore a viúva do deputado Josias.

– Por que você acha estranho?

– Porque ela também é uma suspeita em potencial da morte do marido.

– Você está certa. Mas, se ela tiver sua culpa, vai ter de pagar.

– Desculpe-me por haver tocado num assunto que não é da minha conta.

– Não tem por que se desculpar.

– Você falou com Ester?

– Sim.

– Ela deve ter sido muito desagradável com você. Por favor, não leve isso a mal.

– Gostei muito de ter conversado com ela.

– Gostei muito de você – disse a secretária.

– Eu também.

– Se você desejar alguma coisa, pode contar comigo.
– Obrigado, Marta.

A mulher encarou o inspetor como se estivesse lhe prometendo algo. Depois, afastou-se. O inspetor ficou pensando: *Essa moça tem muita coisa arquivada na memória. Preciso conversar com ela novamente.* Ele se dirigiu para o lugar onde estava o senador, para apresentar suas despedidas.

O parlamentar estava conversando com o secretário de Segurança quando o inspetor chegou e disse:

– Senador, eu agradeço o convite, porém, tenho de ir embora. Meu dia foi muito desgastante. Gostei da festa e espero não ter decepcionado o senhor.

– Foi um prazer tê-lo conosco, Falcão.
– Boa noite, senador. Boa noite, doutor Narciso!

O policial retirou-se. Quando ele já se dirigia para o seu carro, Angelina aproximou-se dele e perguntou:

– Inspetor, já vai embora?
– Vou, amanhã tenho que acordar muito cedo.

O policial encarou a moça e comentou:

– A propósito, não vi o doutor Marcos na festa.
– Ele viajou para resolver uns negócios do pai.
– Ah, entendo. Boa noite, Angelina.
– Boa noite.

Angelina ficou pensando: *Vou telefonar para Marcos e contar as novidades.*

No dia seguinte, o inspetor estava em sua sala, na Central de Polícia, organizando alguns documentos, quando alguém anunciou que havia uma senhora querendo falar com ele. Falcão levantou a cabeça e deparou-se com Ester. A mulher estava muito elegante e parecia mais bonita do que na noite anterior.

– Bom dia, Falcão – cumprimentou Ester.

– Bom dia, Ester. Sente-se, por favor.

A irmã do senador sentou-se e cruzou as pernas, mostrando que, além de bonita, era sensual e muito perigosa no jogo da sedução.

– Senhora, em que posso ajudá-la?

– Você quer mesmo me ajudar?

– Se estiver ao meu alcance, será um prazer ajudá-la – disse o inspetor, após pensar um pouco.

A mulher refletiu e depois, fitando os olhos do policial, foi direto ao assunto.

– Quanto você quer para encerrar o caso de Alonso? – perguntou, ficando séria de repente.

Falcão levantou-se e tentou ficar calmo, pois aquela proposta pegou-lhe desprevenido. Acalmou-se e respondeu:

– Dinheiro algum neste mundo compra a minha consciência.

– Alonso já morreu e não tem mais jeito, portanto estamos perdendo tempo com isso.

– Qual seu interesse em querer encerrar as investigações sobre a morte de Alonso?

– O meu irmão, o senador Antunes, está cotado por seu partido para candidatar-se a presidente da República – , o que se confirmará na próxima convenção.

O policial permaneceu calado, sem interromper a mulher, para colher alguns dados que ele julgasse importante.

Ester continuou falando:

– Quando a imprensa ficar sabendo que Alonso de Aquino foi assassinado, e que não se suicidou, como havia sido noticiado, isso vai ser uma bomba que poderá causar danos irreversíveis à carreira do meu irmão.

– Se o senador Antunes não tem absolutamente nada a ver com a morte de Alonso, não vejo o porquê de tanta apreensão.

– Falcão, Alonso de Aquino era quase um irmão para Antunes. Portanto, o povo vai ligar o "caso Alonso de Aquino" com a candidatura do meu irmão. Entendeu?

– Entendi. Mas infelizmente não posso fazer nada.

A mulher levantou-se, fazendo menção de despedir-se; porém, antes de ir embora, comentou:

– Uma pena, inspetor, que o senhor não tenha aceitado minha proposta. Todavia, caso o senhor mude de ideia, estarei na minha casa de praia, descansando uns dias. Terei o maior prazer em recebê-lo para conversarmos um pouco.

Falcão estava em pé e agradeceu:

– Obrigado, Ester, pela consideração.

– Peço-lhe desculpas pela proposta que fiz, pois parece que quis suborná-lo. Faço tudo isso pelo meu irmão. Eu sempre zelei por sua carreira política e preocupo-me bastante com tudo o que diz respeito a ele.

– Entendo sua preocupação.

Ester despediu-se e foi embora.

Falcão ficou pensando: *Estou ficando famoso. Sei que estou sendo observado em todos os lugares. Bem, agora, vou à residência de Angelina.*

Pegou o carro e tomou a direção da residência de Angelina. A viúva de Alonso de Aquino estava deslumbrante, com um vestido curto e provocante, quando recebeu o inspetor.

– Seja bem-vindo, inspetor – disse a bela mulher. – Sente-se, por favor.

– Obrigado, Angelina.

– Em que, posso ajudá-lo? – perguntou.

– Vou fazer algumas perguntas sem muita importância – respondeu. – Não se sinta na obrigação de respondê-las.

– Fique à vontade, inspetor.

Falcão permaneceu um tempo em silêncio. Depois perguntou:

– Além de Antônio, Josefa e seu enteado Roberto, quem mais estava em casa no horário e dia em que o seu marido, supostamente, se suicidou?

– Que eu saiba, ninguém, além dessas pessoas que você citou.

– Posso falar com Antônio, Josefa e Roberto agora?

AMBIÇÃO

219

– Pode.

Angelina levantou-se e voltou com as pessoas com as quais o inspetor desejava falar. Elas estavam surpresas e com ares de medo, o que é normal quando alguém se depara com a polícia.

O inspetor falou com um sorriso, querendo ser simpático:

– Por favor, sentem-se.

Falcão foi até o quadro pintado a óleo, ficou alguns segundos olhando-o, depois se voltou e perguntou:

– Quem de vocês viu alguém entrando ou saindo desta casa no dia em que o doutor Alonso se suicidou?

Todos se entreolharam e alguém respondeu:

– Ninguém.

O inspetor fitou Antônio e Roberto, e perguntou:

– Vocês se lembram de alguma coisa que queiram me informar?

– Não – respondeu Antônio com segurança na resposta.

– Pode ir, Antônio.

O inspetor fitou o enteado de Angelina, e ele apressou-se em responder:

– Eu não vi nada.

– Pode ir, meu rapaz – disse o policial.

Josefa estava nervosa e quase chorando de tanta tensão e ansiedade.

O inspetor colocou a mão em seu ombro e disse:

– Josefa, você é uma boa mulher. Está dispensada. Pode ir.

Após a saída de Josefa, Angelina e Falcão ficaram um bom tempo em silêncio.

– Angelina, quantos homens faziam parte da segurança do doutor Alonso de Aquino?

– Não sei informar, porque todo o pessoal era administrado por uma empresa – respondeu a viúva. – Só posso informar que era praticamente um batalhão de homens e mulheres que faziam a segurança dele.

– Quantos tinham acesso a essa casa?

– Nenhum. Alonso fazia questão de manter a sua privacidade, portanto, a sua segurança era externa, ou seja, fora dos muros de nossa residência.

– Bem, Angelina, eu vou embora – disse o inspetor.

– Você não vai mais fazer perguntas?

– Não.

– Por quê?

– Já encontrei o que vim buscar.

– E o que você encontrou?

– Nada.

O inspetor sorriu com sua própria resposta. Fez um gesto com a mão e foi embora.

Angelina ficou em pé na varanda, observando o inspetor entrar no carro, passar pelo portão e desaparecer. Ela pensava: *Tenho certeza de que ele descobriu alguma coisa muito importante, pois vi uma satisfação disfarçada em seu semblante.*

Falcão Nobre dirigia o seu carro sorrindo e pensando: *Tenho quase certeza de que Antônio e Josefa sabem de alguma coisa... Essa gente não sabe fingir.*

CAPÍTULO 23

JACARÉ AMEAÇADO

O inspetor Falcão Nobre voltou para a Central de Polícia e mandou chamar o policial Mauro.

– Olá, Falcão – cumprimentou o Mauro, entrando na sala do amigo. – Você mandou me chamar?

– Sim. Por favor, sente-se.

O policial sentou-se em frente ao chefe, meio desconfiado, e ficou esperando que ele falasse. O inspetor afastou uns papéis que havia em sua mesa e determinou, olhando para o amigo:

– Investigue quem comprou um tapete da mesma marca e tamanho daquele que está na foto que você tirou – pediu o inspetor.

– Chefe, aquele tapete é velho e será difícil encontrarmos a loja onde ele foi adquirido.

– Aquele tapete da foto é novíssimo. Foi comprado no dia em que você tirou a foto – rebateu o inspetor, levantando-se com um sorriso irônico.

Mauro ficou pálido e começou a respirar mais rápido.

– O tapete velho foi retirado da casa para esconder alguma coisa que não me interessa mais, porque o assassino de Vicente já morreu e, além disso, o caso já está praticamente encerrado – explicou o inspetor, encaminhando-se à janela.

– Então, chefe, por que você quer saber quem adquiriu o tapete novo que substituiu o outro?

– Não se faça de bobo, Mauro – disse o inspetor, voltando da janela e sentando-se.

– Sabendo quem comprou o tapete, você terá uma pista que o levará a alguém muito interessante – comentou o amigo.
– Acertei?

– Mais ou menos.

– Mais alguma coisa, chefe?

– Por enquanto, não.

O policial levantou-se e saiu da sala do inspetor.

Falcão ficou concentrado nas providências que deveria tomar a respeito dos últimos acontecimentos, quando o seu celular tocou.

– Alô!

– Chefia, é o Bira.

– Positivo.

– O novo número é...

– Certo. Aguarde contato. Desligo.

O inspetor ficou em silêncio por vários minutos, pensando em tudo o que tinha acontecido, desde o dia em que Alonso se suicidara, até a última conversa que tivera com Angelina e seus empregados.

A tarde estava terminando quando o inspetor Falcão Nobre tocou a campainha de um belo apartamento localizado num bairro nobre da cidade.

Alguém perguntou pelo interfone:

– Quem é?

– Inspetor Falcão Nobre.

A porta se abriu e uma mulher vestida de uniforme perguntou:

– Inspetor, o senhor procura por alguém?

– Sim. Quero falar com o doutor Marcos. Ele está?

– Não. Ele telefonou avisando que dentro de alguns minutos estaria em casa.

– Posso esperá-lo?

– Pode. Entre, por favor.

Falcão entrou e sentou-se no lugar indicado pela empregada. Depois que estava acomodado, a mulher perguntou:

– O senhor deseja tomar alguma coisa?

– Água, por favor.

A empregada trouxe a água e disse:

– Fique à vontade, inspetor.

– Não se preocupe comigo, senhora.

O inspetor ficou sentado em silêncio. Pensava em Dalva: *Não posso acreditar que aquela mulher está envolvida nessa lama nojenta. Vou esperar mais um pouco para começar a concluir minhas suspeitas.*

Falcão estava distraído com os próprios pensamentos quando viu girar uma chave na fechadura da porta principal. Ele ficou imóvel e instintivamente começou a se preparar.

A porta se abriu e dr. Marcos entrou, jogando uma bolsa no sofá.

Depois ele chamou em voz alta:

– Luiza!

– Sim, patrão?

No momento em que chamou a empregada, o advogado viu Falcão sentado tranquilamente, como se estivesse em sua própria casa. Ele ficou com a vista turva, porém, conseguiu se controlar.

– O senhor quer alguma coisa? – perguntou a empregada.

– Não. Obrigado.

AMBIÇÃO

– O inspetor Falcão Nobre quer falar com o senhor. Faz tempo que ele o espera.

– Pode deixar, Luiza.

O inspetor levantou-se e, com um sorriso nos lábios, aproximou-se de Marcos e o cumprimentou:

– Boa noite, doutor Marcos.

– Boa noite, Falcão.

Marcos estava mais calmo. Sentou-se e perguntou, depois de respirar um pouco:

– Inspetor, eu posso ajudá-lo em alguma coisa?

– Pode. Por isso estou aqui.

Marcos estava trêmulo e não conseguia falar direito, preferindo ficar em silêncio.

– Na verdade, não tenho nada de importante para falar – disse o inspetor, como se não tivesse ninguém no apartamento.

Marcos ficou mais tranquilo e esperou o homem se pronunciar.

O policial notou o nervosismo do advogado e aproveitou-se do momento, perguntando:

– Você sabe por que mataram Alonso de Aquino?

Marcos deu um pulo onde estava e indagou nervoso:

– Por que você está me fazendo essa pergunta?

– Eu perguntei primeiro.

– Não. Não sei por que mataram Alonso.

– Há quanto tempo você e Angelina namoravam antes de Alonso de Aquino morrer?

– Começamos um envolvimento sentimental após a morte do marido dela – respondeu o advogado, sentindo dificuldade para respirar.

– Não foi isso que Angelina me disse.

Marcos notou que o policial sabia demais, então resolveu falar a verdade:

– É, você tem razão. Eu não disse a verdade com medo de que alguém ficasse sabendo que eu tinha um caso com Angelina, antes de o marido dela morrer.

– Não entendo por que vocês esconderam esse detalhe da polícia.

– Porque alguém poderia me culpar pela morte de Alonso.

Falcão levantou-se novamente e meteu as mãos no bolso do seu velho colete, e perguntou:

– Você conhece o Jacaré?

– Quem é Jacaré? – indagou o dr. Marcos ficando pálido.

Neste momento, o policial notou que o dr. Marcos descruzou as pernas, inquieto. Ele aproveitou e respondeu à pergunta dele:

– O chefe do tráfico no Morro ou Favela do Camarão.

– Não. Não conheço ninguém do morro.

– Quem foi o advogado de defesa do Flavinho, o perigoso traficante que se encontra preso?

– Fui eu, mas isso não significa que conheço todo mundo que mora no morro.

– Mais uma pergunta, por favor, pois, embora eu esteja fazendo essas investigações, ainda não estou tomando oficialmente o depoimento de ninguém.

– O que foi dessa vez, inspetor?

– Você sabe quem mandou matar o deputado Josias?

– Não.

– Bem, doutor Marcos, você conhece muito bem as leis. Desculpe-me o incômodo, certo?

Falcão fez um gesto com a mão, despediu-se e dirigiu-se para a porta, quando, de repente, voltou-se e perguntou:

– A sua tia Ester é amiga de Angelina?

– Não.

Depois disso, o inspetor foi embora. Marcos ficou sentado, pensando. Ligou para Angelina e não a encontrou em casa. Ele estava apavorado, então telefonou para outra pessoa.

– Alô!

– Alô! Sou eu.

– O que houve?

– O pássaro esteve aqui.

– O que ele queria?

— Saber quem matou o deputado.
— Só?
— Perguntou também por que mataram Alonso.
— O homem já está chegando ao fim do caminho – comentou a voz do outro lado.
— É. Desligo.

Marcos estava inquieto. Sentava-se, depois se levantava e começava a andar pelo apartamento. Decidiu sair. Pegou o carro e começou a dirigir em direção à residência de Angelina.

Enquanto isso, Falcão chegou a sua residência. Como sempre, tirou o colete e o jogou numa cadeira. Foi até a geladeira e bebeu água. Deitou-se no sofá e começou a pensar nas pessoas que havia investigado. De repente, ele ouviu alguém batendo discretamente na porta e foi abri-la.

— Entre, por favor.
— Olá, chefia.
— Como você encontrou meu endereço?
— Tudo se consegue com dinheiro.
— Nem tudo.
— Concordo, chefia.
— Sente-se. Quer tomar alguma bebida?
— Uma bebida quente.

O inspetor foi até o barzinho e serviu a visita com uma bebida forte:

— Serve?
— Claro, chefia.

A visita encheu um copo e bebeu seu conteúdo de uma só vez. E em seguida perguntou sorrindo:

— Sabe por que eu vim falar com você pessoalmente?
— Não.
— Porque os meus negócios estão ameaçados.

– O que posso fazer por você? – perguntou o inspetor.

– Muita coisa.

– Nós somos como óleo e água, ou seja, não podemos nos misturar – disse Falcão Nobre.

– Concordo, chefia. Eu sou o óleo e você é a água.

– Acertou.

– Mas neste mundo tudo pode ser negociado.

– Depende do tipo de negócio – comentou o inspetor de polícia.

– Claro. Para se negociar, você precisa ter algo que me interessa e eu, ter alguma coisa que você quer. Positivo, chefia?

– Positivo. Então, qual o negócio que você veio me propor?

– Uma troca.

– Você não está em condições de me propor uma barganha – alertou o inspetor calmamente. – Posso mandá-lo para a cadeia e você vai ficar por lá pelo menos uns vinte anos.

– Chefia, você não vai fazer isso. Sabe por quê?

– Não.

– Porque eu sou um arquivo que lhe interessa, entendeu?

– Estou surpreso com a sua inteligência.

– É. Geralmente me faço de burro para poder sobreviver.

O inspetor começou a andar pelo apartamento, pensando: *Ele tem razão. Não é por acaso que ele é o chefe do tráfico, respeitado por bandidos que também são inteligentes, mas que não tiveram oportunidades para viverem condignamente.*

– Tudo bem, Jacaré. Estou ouvindo sua proposta.

Jacaré havia descido o Morro do Camarão. Estava bem-vestido, usando óculos escuros e um boné na cabeça, para esconder seus traços fisionômicos e evitar ser preso por algum policial conhecido.

– Digo o nome do homem que faz o nosso "contato" no tráfico se você me disser quem é o principal suspeito pelo assassinato do "pai dos pobres".

Falcão Nobre levantou-se lentamente e, para ganhar tempo, foi até a geladeira e bebeu um suco. Voltou pensando:

AMBIÇÃO

Jogou pesado! Ele me entrega o homem que serve de contato no tráfico de drogas, mas eu perco o jogo, pois, informando a ele quem é o principal suspeito do homicídio de Alonso de Aquino, amanhã estarei morto ou desmoralizado, tendo em vista que o suspeito desaparecerá da face da Terra, eliminando todas as minhas chances de colocá-lo na cadeia. Além disso, ainda não tenho certeza de quem é o assassino de Alonso. Sentou-se e fitou Jacaré, que, naquele momento, parecia outro homem, mostrando que, apesar de novo, era muito sagaz.

– Não haverá jogo entre nós – disse o inspetor categoricamente, fitando o bandido nos olhos.

– Chefia, vou perder meus negócios e você não vai prender o assassino de Alonso.

– Sei disso. Não vou prendê-lo ou matá-lo agora, porque preciso de você, Jacaré.

Jacaré fitou aquele homem e pensou: *Estou ferrado. Ele já viu que estou armado e, a qualquer movimento suspeito, serei um homem morto.* O bandido riu e disse:

– Chefia, vou embora.

– Foi um prazer conversar com você, Jacaré.

– Chefia, você sabe onde posso encontrar o Bira?

– Nunca mais o vi.

Jacaré olhou nos olhos do inspetor, sorriu e desapareceu na noite.

O policial pensou: *Estão se confirmando as minhas previsões. Todo mundo está virando o jogo. Até o burro do Jacaré virou um homem que eu ainda não conhecia. Tenho de tomar mais cuidado.*

No dia seguinte, Falcão estava sentado atrás de sua velha mesa na Central de Polícia quando, de repente, Mauro entrou sem bater na porta, com ar preocupado.

– Chefe, sabe quem sofreu um atentado ontem à noite?

– Não. Quem?

– O chefe do tráfico na Favela do Camarão, um cara conhecido como Jacaré.

Falcão Nobre se manteve impassível. Levantou-se e perguntou:

– Ele morreu?

– Ninguém sabe, pois o bandido desapareceu na noite. Talvez ele tenha conseguido chegar à favela.

– Como você ficou sabendo disso?

– Houve um tiroteio perto do morro e um dos nossos homens reconheceu Jacaré. Ele caiu numa emboscada.

– Como souberam que era uma emboscada?

– Quando subia o morro, quatro homens desceram dos carros e começaram a atirar no traficante. Ninguém sabe de mais nada.

– Espero que ele tenha conseguido se salvar.

– O que você disse, Falcão?

– Nada, Mauro. Estava pensando alto.

– Sei, entendo.

– Obrigado pela informação.

– De nada, chefe.

O inspetor Falcão Nobre saiu da Central de Polícia, pegou o carro e começou a dirigir em direção ao Morro do Camarão. Enquanto dirigia, o telefone tocou e ele atendeu:

– Alô! Sou eu.

– Chefia, você sabe que o Jacaré sofreu uma emboscada?

– Sei. Ele escapou?

– Três "pipocos" pegaram nele. Soube que ele está mal.

– Obrigado, Bira. Até mais.

O inspetor desligou o celular e continuou dirigindo mais rápido. Ele pensava: *Vou lutar para salvar esse homem, nem que eu tenha que sequestrar um médico para atendê-lo.*

Enquanto isso, Mauro estava pensativo em sua mesa: Falcão está muito estranho. *Tenho certeza de que ele conhece Jacaré, o chefe do tráfico no Morro do Camarão.*

CAPÍTULO 24

JACARÉ À BEIRA DA MORTE

Falcão Nobre subiu o morro apressado. Os homens do traficante não fizeram nenhuma oposição; todo mundo sabia que ele sempre visitava a Favela do Camarão. O policial bateu na porta do barraco e depois entrou.

Baiano cumprimentou o inspetor e o levou até o pequeno quarto de Jacaré. Quando entrou no quarto, o inspetor ficou parado, observando aquele homem procurado pela Justiça, todo ensanguentado numa cama.

Perto dele havia uma moça, além dos amigos, que Falcão não conhecia. *Quem será essa moça? Será a irmã, uma namorada ou a esposa de Jacaré?*, pensou. Notando a pergunta nos olhos do inspetor, Baiano apressou-se em falar:

– Esta é Maria Antônia, a namorada do Jacaré.

– Muito prazer, Maria Antônia.

Em seguida, o policial aproximou-se da cama de Jacaré e observou o estado do rapaz. Colocou o dedo em seu pescoço e constatou que ele ainda estava vivo. Ligou do seu celular.

– Alô! É o Falcão.

– Alô! Posso ajudá-lo?

– Sim. Venha imediatamente até aqui, por favor. Anote o endereço.

– Certo. Já estou a caminho.

Falcão chamou Baiano e cochichou em seu ouvido:

– Diga aos homens do Jacaré que está subindo um médico amigo meu, o doutor Leandro.

– Certo, chefia.

Após alguns minutos, o dr. Leandro entrou no barraco e foi direto para o quarto do ferido. Examinou-o, levantou-se, lavou e enxugou as mãos. Depois, olhando para o policial, disse:

– O homem tem poucos minutos de vida.

Falcão ficou pálido e, segurando o médico pelo braço, perguntou-lhe:

– Doutor, o que você acha de levá-lo para um hospital?

– Não adianta, meu amigo. As balas penetraram em lugares mortais.

Todos ouviram um grito de dor.

Correram para a cama e viram Maria Antônia chorando e dizendo:

– Ele morreu! Meu Deus, por que tudo isso está acontecendo conosco?

O médico examinou o moribundo e, olhando para o policial, anuiu com a cabeça.

– É. Realmente, ele morreu.

O inspetor procurou uma cadeira e sentou-se pensando: *Perdi a maior prova para cortar as sete cabeças da cobra perigosa que está por trás de tudo isso.*

– Ele tem de ser removido para o IML.

– Esqueçamos isso – disse o policial.

– Certo, chefe.

– Muito obrigado, Leandro. Não se esqueça de que você nunca esteve aqui.

– Você é quem manda.

O médico despediu-se e foi embora.

O inspetor ficou olhando para aquele jovem que havia morrido enquanto pensava: *É triste ver um jovem morrer, enquanto muita gente boa, aqueles que se dizem responsáveis pelo país, estão vivendo normalmente como se fossem homens de bem, sentados em suas confortáveis poltronas, procurando uma maneira de acabar com a violência. Isto até parece piada!* Ele puxou um lenço e foi para uma janela enxugar o suor que descia pelo seu rosto.

Maria Antônia aproximou-se e perguntou:

– O que faremos, inspetor?

– O que vocês sempre costumam fazer com aqueles que vivem à margem da lei, e que morrem na comunidade. Sei que o procedimento é outro.

– Obrigada, inspetor.

O inspetor aproximou-se do morto e perguntou para os homens que estavam ao redor da sua cama:

– Quem vai ser o chefe de vocês?

Os homens ficaram em silêncio. Ninguém tinha coragem de falar.

– Jacaré sempre falava que, se morresse primeiro, eu seria o chefe, porém, qualquer um de nós pode substituí-lo – disse Baiano.

– Vamos cumprir o pedido do finado – redarguiu Rato.

Todos os bandidos que estavam reunidos naquele momento fizeram um gesto e falaram em coro:

– Baiano é o nosso chefe.

Baiano passou a mão no rosto e disse, olhando para o inspetor:

– Chefia, sei que você quer saber quem vai ser o novo chefe para continuar suas investigações. Errei?

– Não.

– Pois fique sabendo que, a partir de agora, o comando deste morro pertence a mim, e não espere nada de minha parte, pois nada lhe devo. Entendeu, chefia?

– Entendi.

Falcão Nobre foi até o corpo do Jacaré, fez uma reverência e, despedindo-se de todos, principalmente da bela moça, foi saindo do barraco. Porém, antes de sair, voltou-se para Baiano, o novo chefe do tráfico, e perguntou:

– Onde você estava quando emboscaram Jacaré?

– Estava em casa – respondeu o bandido após pensar um pouco.

– Será que você estava mesmo em casa? – perguntou o inspetor com um sorriso nos lábios. Falcão saiu do barraco, e desceu o morro. Após a saída do inspetor, todos ficaram olhando para Baiano.

Reinava um silêncio anormal.

Baiano pensou: *Esse safado do Falcão implantou a desconfiança na rapaziada. Tenho que procurá-lo imediatamente para tentar reverter essa situação senão morrerei.*

Borracha, que estava perto do morto, colocou a mão no ombro de Maria Antônia e perguntou:

– Mana, Jacaré falou alguma coisa antes de morrer?

– Ele me disse que foi traído. Não falou o nome de ninguém, porém, pelo que pude concluir, a pessoa que o traiu era muito próxima. Ele não falou mais nada.

Todos ficaram olhando para Baiano. Rato comentou, enxugando as lágrimas que lhe desciam pela face:

– Baiano, depois do enterro do chefe nós conversaremos.

Baiano estava assustado.

Enquanto isso, o inspetor se dirigia para a casa de Dalva. A viúva o esperava no jardim. Assim que ele chegou, ela o abraçou.

– Você já soube o que houve ontem à noite, a respeito de um tiroteio na subida da Favela do Camarão? – perguntou ela.

– Estou vindo de lá.

– Morreu alguém?

– O chefe do tráfico, um rapaz que conheci – respondeu o inspetor de polícia.

– Qual era o nome dele?

– Jacaré.

Dalva ficou pálida. Ela levantou-se e, juntando as mãos como se estivesse em prece, perguntou:

– Quem o matou?

– Talvez os inimigos de tráfico.

O inspetor pôs a mão no ombro de Dalva e pediu:

– Por favor, apanhe aquela agenda que está escondida.

– Um momento.

A mulher foi buscar a agenda. Depois de alguns minutos, voltou e entregou para Falcão algo parecido com um envelope.

Falcão abriu o envelope e constatou que lá estava a tal agenda.

Começou a folheá-la, depois parou numa página e ficou lendo alguma coisa, rasgou a página e colocou-a no bolso. Fechou-a novamente e a entregou para Dalva.

– Guarde-a de novo, querida.

– Você descobriu alguma coisa importante?

Falcão pensou: *Chegou a hora de organizar esse quebra-cabeça.* Ele respondeu:

– Vi na agenda o nome de Jacaré, Bira e Baiano.

– Você conhece essas pessoas? – perguntou a mulher.
– Você me disse que esse Jacaré era o chefe do tráfico que morreu no tiroteio.

– E Bira e Baiano foram os seus homens de confiança.

– Que importância tem o nome desses marginais? O chefe deles já morreu.

– Baiano é o novo chefe do bando – disse o inspetor pensativo.

– O que você tem a ver com isso?

– Nada. Mas ele deve saber tudo que Jacaré sabia, portanto, ele é uma peça muito importante no meu esquema.

Dalva estava pálida. Segurando as mãos do inspetor, advertiu-o:

– Querido, você está se arriscando demais. Isso é quase suicídio.

AMBIÇÃO

– Dalva, eu sou um policial; além disso, se não acabarem comigo, mandarei para a cadeia o "cabeça" dessa quadrilha. Não me interessa prender um pobre coitado, que apenas obedece às ordens dos poderosos. É muito fácil prender ou matar esses coitados. Quero prender aquele que participa de reuniões que decidem o destino de uma cidade, quiçá, do país.

– Meu amor, você sabe que prender essa gente é difícil. O mundo todo sabe que fulano é culpado, porém, ele jamais será preso, pois o sistema e o corporativismo são cúmplices dele – disse a mulher abraçando o inspetor.

– Sei que vou morrer. Mas, antes que isso aconteça, vou acabar com essa vergonhosa quadrilha, que é a parte podre escondida pelo governo para não manchar o nome daqueles que sempre estão no poder.

– Você fala como se já soubesse quem matou Alonso de Aquino – comentou a viúva do deputado.

Falcão ficou calado.

– Ainda não posso afirmar, mas falta pouco para isso.

– Tenha cuidado. Essa gente não trabalha só. Sempre existe uma conexão, e nunca se sabe quem é honesto ou não.

– Isso é verdade.

– Bem, Dalva, eu vou embora. Preciso esclarecer umas dúvidas.

O inspetor despediu-se e partiu.

Ao cair da tarde, ele entrou na Central de Polícia. Mauro viu quando o chefe chegou e rapidamente dirigiu-se à sala dele, cumprimentando-o.

O inspetor respondeu ao cumprimento e perguntou:

– Alguma novidade, Mauro?

– Sim. O chefe de Polícia quer falar com você imediatamente.

Falcão pensou: *O jogo está chegando ao fim.*

O chefe de Polícia estava em seu gabinete e viu, através da porta de vidro, o inspetor fazendo um gesto com a mão, pedindo permissão para entrar na sala.

– Boa tarde, inspetor! – cumprimentou o chefe de Polícia após a entrada do policial.

– Boa tarde – respondeu o policial. – Você quer falar comigo?

– Sim.

Dr. Arnaldo aproximou-se do policial e perguntou:

– Você faria uma troca comigo?

– Depende.

– Vou direto ao assunto.

– Estou ouvindo.

– Você me diz como descobriu que Alonso de Aquino foi assassinado e eu lhe digo quem é o "contato" com o tráfico de drogas nos morros e favelas da cidade.

Falcão fitou o chefe de Polícia com desconfiança e perguntou:

– Por que você está me fazendo esta proposta?

– Porque ontem fui ameaçado de morte.

– Qual sua participação nessa trama?

– Nenhuma. Meu único erro foi aceitar que você investigasse o "caso Alonso de Aquino".

– Então você já sabe que Alonso foi assassinado.

– Só vou acreditar depois que você me disser como descobriu o assassinato.

– Fácil. O serviço foi feito por amadores – respondeu o inspetor de polícia.

Falcão Nobre levantou-se e ficou pensando: *Isso é muito perigoso. Se Arnaldo estiver envolvido, ele quer informações para passar para o chefão, com o objetivo de me tirarem de circulação. Mas tenho de arriscar.* Ele abriu a porta do gabinete do dr. Arnaldo e fez um sinal para o colega Mauro.

Assustado, o policial foi até ao gabinete do chefe de Polícia e perguntou:

– Falcão, você quer alguma coisa?

– Sim. Traga o processo do "caso Alonso de Aquino".

– Ok.

Mauro voltou trazendo umas pastas e as entregou ao inspetor, que as colocou na mesa do chefe de Polícia.

AMBIÇÃO

Arnaldo estava em silêncio.

Falcão abriu uma pasta no local onde estavam arquivadas as fotos e, depois de procurar por algo, abriu bem a página e mostrou uma foto, perguntando:

– O que você está vendo nesta foto?

– Alonso de Aquino deitado de bruços, segurando uma arma.

– Não vê mais nada?

– Não.

– Em que mão que ele está segurando a arma?

– Na mão direita.

– Alonso era canhoto – disse o inspetor com um sorriso irônico.

O chefe de Polícia se remexeu na cadeira e falou algo ininteligível, como se estivesse amaldiçoando alguém, e depois disse:

– Continue, inspetor.

– Por enquanto, é só isso. Agora, conte-me quem é o "contato" com o tráfico.

– É doutor Marcos, filho do senador Antunes – respondeu o chefe, após pensar um pouco.

Falcão ficou em silêncio. Dr. Arnaldo estranhou aquela mudez e perguntou:

– Você não parece surpreso.

– É verdade.

– Qual o motivo? Posso saber?

– Eu já sabia dessa sua informação. Estou procurando o chefão, porque o pobre do Marcos é "peixe" pequeno.

– Por que você diz isso?

– Segredo de investigador, meu caro Arnaldo.

– A propósito, se você sabe que doutor Marcos é o "contato" do tráfico nesta cidade, o que está faltando para prendê-lo? – perguntou o chefe.

– Provas. O homem é um dos melhores advogados da cidade e filho de um senador da República.

O policial fez um gesto com a mão e despediu-se, dizendo:

– Vou indo. Preciso checar umas informações.

– Posso saber que informações são essas?

– Pode. Vou investigar Baiano, atual chefe do tráfico no Morro do Camarão, pois, com a morte de Jacaré, ele é meu único trunfo.

Arnaldo levantou-se, visivelmente perturbado, e perguntou:

– Como você soube que Jacaré morreu?

– Eu estava em seu barraco quando ele deu o último suspiro.

– O que você vai fazer com doutor Marcos?

– Por enquanto, nada. Espero que você saiba guardar sigilo, pois, se o homem descobrir que nós sabemos de algo, ele vai bater asas.

O inspetor fez menção de se retirar, quando o chefe de Polícia perguntou novamente:

– Além do João Raposa, você sabe quem estava no local do crime no dia em que mataram o policial Vicente?

– Sei.

– Quem?

– Um dia você vai saber. A propósito, não se esqueça de que eu sei que mandaram tirar uma cópia do anel do deputado Josias e que o autêntico sumiu, ou melhor, que alguém está com ele.

O inspetor foi para sua sala. Ficou durante alguns minutos revendo uns papéis e depois saiu da Central.

Enquanto isso, o chefe de Polícia estava pensando: *O inspetor tem razão: a simulação de suicídio foi grosseiramente forjada e alguém vai pagar por isso.* Ele telefonou para o IML e alguém atendeu:

– Alô! Aqui é doutor Márcio.

– Márcio, venha ao meu gabinete imediatamente.

– Ok.

Quando o médico chegou ao gabinete do dr. Arnaldo, ele foi entrando e perguntando:

– O que está acontecendo, Arnaldo, para você me chamar até a Central de Polícia?

– Quem assinou o laudo pericial, atestando o suicídio de Alonso de Aquino?

– Uma comissão composta por mim e por mais dois peritos.

– Vocês têm certeza de que Alonso realmente se suicidou?

– Não resta a menor dúvida – respondeu o médico. – Por que você me faz esta pergunta?

O chefe de Polícia jogou na frente do médico umas fotografias.

– Que fotos são essas? – perguntou o legista.

– As fotos do corpo de Alonso de Aquino, feitas por ocasião do suicídio dele.

Como se não estivesse entendendo nada do que estava acontecendo, o médico analisou as fotografias e devolveu-as, dizendo:

– Não vejo nada de novo.

– Vocês cometeram um erro gravíssimo!

O médico ficou branco e impaciente com a afirmação de dr. Arnaldo.

– Em que, você está se baseando para falar desta maneira comigo? – perguntou dr. Márcio.

–Veja novamente estas fotografias.

O médico tornou a examiná-las. Dr. Arnaldo se adiantou e disse:

– Quando assinei esse processo, não analisei a autópsia do cadáver, pois sempre confiei em vocês, até mesmo porque se tratava de um suicídio, comprovado pelos fatos que chegaram ao meu conhecimento.

– Então, por que você está se preocupando com isso agora?

– Porque a falsificação do laudo é extremamente grosseira.

– Você está me ofendendo!

– Márcio, você é o principal suspeito de tudo isso.

– Verifiquei novamente as fotografias e não vi nada que justifique sua maneira de falar – disse o médico com voz trêmula.

– Veja esta foto. O homem está de bruços e com a arma na mão direita.

– Alguma dúvida?

– Não seja cínico, Márcio! Não sou médico, mas entendo muito bem de Medicina Legal!

O médico ficou em silêncio e dr. Arnaldo, que havia se levantado, caminhava pelo seu gabinete. Arnaldo parou e perguntou:

– Você já viu um canhoto se suicidar com a mão direita?

Dr. Márcio, que estava com as fotos nas mãos, ficou gelado.

O chefe de Polícia continuou falando:

– Pela minha experiência, quem se suicida com a mão direita, geralmente cai para o lado esquerdo, e o impacto do tiro impede que o suicida continue segurando a arma.

Dr. Arnaldo pôs o dedo na foto em questão e continuou:

– Nesta foto, o corpo de Alonso de Aquino está caído de bruços em sentido vertical, com a mão direita praticamente fechada em torno da coronha da pistola.

Márcio estava pálido, porém, continuava em silêncio.

– Doutor Márcio, Alonso de Aquino foi assassinado. A polícia está numa situação constrangedora, pois o inspetor Falcão Nobre descobriu a verdade e está à procura de quem mandou matar o "pai dos pobres".

Ambos ficaram em silêncio.

Dr. Márcio rompeu o silêncio, perguntando:

– O que nós faremos para reverter essa situação?

– "Nós"?

– Sim. Foi você quem assinou o relatório do processo.

– Você é muito cínico! Mas não deixa de ter razão, pois a minha assinatura endossa a falsificação de vocês.

– Ainda bem que você entendeu – disse o médico-legista com um sorriso.

– Antes de responder como faremos, diga-me: quem comprou vocês?

O médico ficou em silêncio. Depois respondeu:

– Você está insinuando que sou corrupto?

– E como se chama a pessoa que contribuiu para a adulteração de um laudo pericial?

O médico ficou calado. Depois ele disse:

– Posso lhe dar uma sugestão?

– Sim.

– Vamos abafar este caso, visto que muita gente está envolvida nisso.

– Lembre-se de que Falcão está investigando oficialmente o caso.

Estive conversando com ele, e tudo me faz crer que ele já sabe de muita coisa – comentou o chefe de Polícia.

– Então, não nos resta alternativa.

– Do que você está falando?

– Temos de calar a boca dele para sempre.

– Você ficou maluco? O homem tem todo mundo na mão; além disso, ele falou para o secretário de Segurança que tem gravações, guardadas em um lugar seguro, que são suficientes para acabar com todos vocês!

– Não se esqueça de se incluir nesse "vocês"... – lembrou o dr. Márcio.

– Posso sofrer consequências, porém, não tão graves como a de vocês, pois o próprio Falcão vai me inocentar.

O médico levantou-se e ficou andando.

– Doutor Márcio, o senhor está dispensado. Preciso fazer alguns contatos urgentes, antes que o Ministério Público e a Polícia Federal intervenham no caso. Por favor, avise o seu pessoal sobre tudo o que conversamos.

Márcio despediu-se, saindo do gabinete.

Ao sair de casa, dr. Marcos foi direto para a residência da namorada. Angelina estava chegando, quando foi avisada de que dr. Marcos estava no jardim querendo falar com ela.

Angelina pensou: *Marcos está se complicando. Devo me afastar dele o mais rápido possível.* Desceu de seu quarto e foi encontrar o namorado no jardim.

Quando viu Angelina, o advogado pegou as mãos dela, falando nervosamente:

– Minha querida, eu estou perdido!

– Acalme-se, querido. O que houve?

– Aquele maldito inspetor esteve em minha casa.

– Continue.

– Ele deu a entender que sabe de tudo.

– O que você andou fazendo, Marcos?

– Nada. Mas parece que estou incluído em suas suspeitas.

– O que você fez para ser investigado por Falcão? – perguntou a namorada.

– Nada.

– Então, por que esse medo?

– Você sabe muito bem que a polícia, antes de chegar ao resultado final de uma investigação importante como essa que Falcão está fazendo, considera todo mundo suspeito até que o caso seja encerrado – comentou o advogado com ar preocupado.

– Não penso assim.

– Por quê?

– Se Falcão vem conversar comigo, não significa que ele esteja suspeitando de mim, pois tudo depende da minha consciência.

– Então, por que ele está me fazendo perguntas?

– Isso quem deve saber é você. Eu também estou curiosa para saber o que fez para ser um dos alvos de Falcão nessa investigação.

– Talvez porque eu já namorava você antes de Alonso morrer – respondeu o namorado da moça.

Após um silêncio que se estabeleceu no ambiente, Angelina, com cuidado, mas com ar de enfado, como se quisesse se livrar do rapaz, disse:

– Estou muito ocupada e não posso conversar agora.

– Você está me dispensando?

– Não. Porém, se você estiver entendendo assim, é melhor ficarmos em alerta, pois a polícia anda no seu rastro e eu não quero ser suspeita somente pelo fato de haver uma ligação entre nós.

Cabisbaixo, Marcos despediu-se e foi embora.

CAPÍTULO 25

FALCÃO APERTA O CERCO

Ester estava no escritório do irmão, assinando alguns papéis, quando sua secretária avisou que o inspetor Falcão Nobre desejava falar com ela. A mulher empalideceu, mas não deixou que a secretária percebesse.

– Mande-o entrar, e não quero ser incomodada enquanto o policial estiver em minha sala – ordenou ela.

– Sim, senhora.

A secretária abriu a porta do escritório de Ester e pediu que o inspetor entrasse. Falcão pediu licença, entrou no escritório e cumprimentou Ester, irmã do senador Antunes.

– Seja bem-vindo, inspetor Falcão Nobre – cumprimentou a mulher com um sorriso, tentando ser simpática e educada.

– Desculpe-me o incômodo.

– Fique à vontade.

Como sempre, Falcão fez uma inspeção no ambiente e observou Ester, enquanto pensava: *Além de bonita, essa mulher é muito esperta e inteligente. Tenho que tomar muito cuidado com ela.*

– Senhorita Ester, eu vou lhe fazer algumas perguntas sem importância, que fazem parte da investigação oficial sobre a morte de Alonso de Aquino.

A mulher piscou e tentou disfarçar o nervosismo, pedindo, por telefone, água e café.

– O senhor quer tomar alguma coisa? – perguntou a irmã do senador, tentando agir com naturalidade.

– Água, por favor!

– Inspetor, eu lhe peço, seja breve. Tenho uns assuntos urgentes para resolver – disse a mulher.

Falcão Nobre notou que Ester estava nervosa e tentou ser o mais natural possível.

– Não demoro mais de dois minutos, se você colaborar – disse Falcão.

– Estou à sua disposição.

O inspetor fez silêncio, depois encarou a bela mulher e perguntou:

– Por que você mandou matar o deputado Josias?

Ester levantou-se, colocou as mãos sobre a mesa, como se quisesse se apoiar em algo e abriu a boca, porém não saiu nenhuma palavra. Após um tempo, ela perguntou:

– O senhor tem autorização para me interrogar?

O inspetor entregou-lhe um papel. Ester o leu e depois se sentou, ficando em silêncio.

– O senhor tem provas de que mandei matar Josias? – perguntou ela, tentando agir normalmente.

– Além da morte de Josias, também tenho provas de que você contratou alguém para acabar comigo, na saída do cemitério, no dia do sepultamento do deputado – respondeu o policial, com a maior naturalidade. – Sei ainda que você esteve envolvida com a morte do policial Vicente.

Ester pensava com rapidez: *Este homem é um demônio! Tenho que despistá-lo agora, ou pelo menos retardar essa investigação!*

– Só respondo a alguma pergunta na presença do meu advogado – disse ela, dando a conversa por encerrada.

– Tudo bem. Vou embora, minha senhora.

O inspetor levantou-se, jogou sobre a mesa dela um papel e sorriu.

Ester pegou o papel e perguntou:

– O que é isso?

– Suas impressões digitais. Pode rasgá-las. Estas são apenas cópias, as autênticas estão guardadas em um lugar seguro.

A mulher empalideceu e ficou imobilizada de terror.

– Avise-me quando estiver com o seu advogado, por favor, para continuarmos nossa conversa – disse o inspetor.

Falcão despediu-se e foi embora.

Ester, após sentar-se, chamou a secretária e disse:

– Vou sair e talvez eu não volte mais hoje.

– Certo, senhora!

O inspetor entrava em seu carro quando ouviu alguém chamá-lo.

Ele verificou de onde vinha a voz e descobriu que era Ester.

Após a saída de Falcão, ela tinha pensado melhor e resolvido falar com aquele homem o mais rápido possível, a fim de resolver aquela situação muito perigosa. Saiu do escritório quase correndo e o alcançou no estacionamento. Falcão ficou esperando-a no carro.

– Quero falar com você em particular – disse a bela Ester, visivelmente nervosa.

– Estou à sua disposição.

– Vamos procurar um lugar mais tranquilo?

Falcão pensou: *Cuidado, você pode estar sendo conduzido para a morte.*

– Você manda – concordou o inspetor de polícia.

Ester escreveu algo num pedaço de papel e o entregou para Falcão, dizendo:

– Espere-me nesse endereço.

– Ok.

O inspetor foi embora em busca daquele endereço.

Encontrou uma belíssima casa, localizada num dos bairros mais nobres da cidade. Ele ficou dentro do carro, esperando a mulher. Enquanto aguardava, aproveitou para meditar: *Não tenho nenhuma prova contra as pessoas que estou investigando, exceto o que de fato é verdade, como: o assassinato de Alonso de Aquino, embora eu ainda não saiba quem foi o mandante desse crime ou o seu assassino. Sei que Josias foi assassinado pelo Bira; o policial Vicente foi assassinado por João Raposa; descobri a presença de Ester no local onde Vicente foi morto e que dr. Marcos é o "contato" do tráfico em algumas favelas, segundo a informação do chefe de Polícia.*

Mas essas informações são insuficientes; tenho que continuar afirmando que já desvendei todo esse caso, para que os culpados percam a prudência e o sangue-frio, e me ajudem a chegar com sucesso ao final das minhas investigações.

Ester chegou à bela casa e abriu o portão acionando o controle remoto. Entrou e fez sinal para o inspetor estacionar o carro na mesma garagem onde ela iria estacionar o seu veículo. Ambos se dirigiram para a bela casa e ocuparam uma vasta sala decorada com artigos raros. Eles se sentaram. Depois de vários minutos em silêncio, a bela Ester resolveu indagar:

– Quem revelou que fui eu quem mandou matar o deputado Josias?

Falcão tomou um gole de água e pensou satisfeito: *Parece que alcancei mais um resultado positivo...*

– Fácil. O assassino é meu amigo e está em um lugar seguro.

– Você é amigo de um foragido da Justiça? – perguntou a mulher, tentando disfarçar sua ira. – Sabia que posso denunciá-lo?

– Faça isso!

– Não fui eu quem mandou matá-lo. Também não tenho nada a ver com a morte do seu amigo Vicente.

O inspetor estava em silêncio, fumando seu cigarro e brincando com a fumaça que expelia pela boca.

– Acredito – disse ele, fitando a mulher como se nada estivesse acontecendo.

– Não estou entendendo você – disse a mulher visivelmente incomodada.

– Minha cara, você é apenas mais uma peça nesse jogo sujo.

Ester começou a chorar, enquanto Falcão Nobre apenas observava a cena pensando: *Esta mulher sabe de muita coisa. Preciso ser mais esperto do que ela, caso contrário, não vou sair desta casa.*

Ester pediu licença ao inspetor para ir até seu quarto retocar a maquiagem. Falcão ficou na sala. Tomou um gole de água e viu um celular sobre uma pequena mesa posta ao lado da poltrona onde Ester estava sentada. Verificou o último número de telefone que ela havia chamado e em seguida ligou para alguém.

– Tenha calma, estou chegando.

Falcão desligou e rapidamente se levantou e ficou em estado de alerta.

A irmã do senador voltou mais calma e sentou-se, dizendo:

– Vamos continuar com a nossa conversa, inspetor.

Novamente, o policial sentou-se e pensou: *Não posso me deixar surpreender. Tenho certeza de que alguém está chegando para tentar me matar.* Ergueu-se e, na frente da mulher, discou um número no celular.

Imediatamente alguém atendeu.

– Quero falar com Arnaldo. Aqui é o inspetor Falcão.

Arnaldo atendeu o telefone e perguntou:

– O que houve, Falcão?

– Anote o endereço que vou lhe passar, por favor! – disse o inspetor com voz calma.

– Pronto. Anotei.

– Passe o telefone para Mauro.

– Alô! Policial Mauro, da Central.

– Mauro, é o Falcão. Anote o endereço que vou lhe passar.

– Ok, chefe, já anotei. Mais alguma coisa?

– Se alguém me procurar, avise que estarei nesse endereço, está bem?

Desligo.

Ester estava pálida. Parecia que ia desmaiar. Pensou rapidamente:

Esse safado está desconfiado de alguma coisa! Por isso passou o endereço onde se encontra para o pessoal da Central de Polícia. Tenho que resolver isso agora... Levantou-se e caminhou inquieta pela sala. Ela discou um número no celular:

– Alô, patroa. Já estou no portão.

– Volte!

_ Não estou entendendo mais nada.

– Depois explico – disse a mulher.

– Ok. A senhora é quem manda.

Ester desligou o celular e respirou aliviada. Sentou-se novamente e, tomando um pouco de água, disse:

– Então, vamos continuar nossa conversa, meu caro inspetor?

– Estou aqui para isso.

– Pode fazer suas perguntas investigativas.

– Você sabe que Alonso de Aquino foi assassinado?

– Ouvi falar, mas não acredito nessa possibilidade.

– Por que você não acredita que ele foi assassinado? – perguntou o inspetor.

– Não tive tempo para pensar no assunto, mas como poderei ir de encontro a um laudo pericial?

– É verdade. Você sabia que Alonso era muito amigo do seu irmão e do deputado?

– Sabia.

– Você não acha estranho que o finado Josias tenha sido assassinado logo após a morte de Alonso de Aquino? – perguntou Falcão Nobre.

– Acho.

– E o motivo, você sabe também?

– Ouvi meu irmão falar que ultimamente Josias andava muito preocupado. Talvez ele tivesse algum inimigo.

– É. Pode ser.

– Você conhece aquele bandido de onde? – perguntou Ester.

– Qual bandido, senhora?

– O Bira, do Morro do Camarão.

O inspetor ficou em silêncio e pensou: *Parece que consegui a primeira prova concreta. Sei que no depoimento oficial ela vai negar, mas eu terei uma certeza. Agora, a participação dela no assassinato do deputado Josias foi confirmada.* Ele resolveu tirar proveito da situação, blefando:

– Conheço o Bira há muito tempo. Ele me disse que foi você quem mandou matar o deputado.

– Aquele mentiroso safado!

– Não fique nervosa por isso.

A mulher começou a chorar. Depois se calou e pensou: *Tenho que fazer algo! Esse homem sabe de muita coisa! Ele está me torturando e não sei se vou aguentar tanta pressão!*

– Ester, você sabia que Jacaré morreu ontem à noite? – inquiriu o inspetor com o rosto sério.

– Graças a Deus! Aquele bandido tinha mesmo que ir para o inferno!

– Por que a senhora tem tanto ódio daquele rapaz? Ele era meu amigo.

– Vejo que todos os seus amigos são bandidos. Isto pode incrimina-lo – disse a bela mulher tentando se acalmar.

– Minha cara, eles não me preocupam.

– Quem o preocupa?

– O chefão – respondeu o inspetor com um sorriso. – Vou pegá-lo e mandá-lo para a cadeia, ou para o inferno.

– Por que para o inferno?

– Se esse bandido resistir à prisão, não tenho alternativa, a não ser acabar com ele – disse Falcão Nobre.

– Além de esse procedimento não ser de um policial correto, você ainda vai pagar na cadeia por ter agido fora da lei.

– Quem disse que vou agir fora da lei? – perguntou o policial. – Acabo com ele em defesa própria.

– Mas você pode morrer antes.

– Acho que não. Estou atento.

Ambos ficaram em silêncio.

– Senhora, eu vou embora. Estou satisfeito com a conversa que tivemos. Depois nos veremos – disse o inspetor, levantando-se.

A mulher fitou-o com ódio.

– Lembranças ao seu sobrinho, doutor Marcos, e desculpe-me se o seu plano não deu certo – disse Falcão sorrindo.

– Qual plano?

– Você sabe muito bem do que estou falando.

O homem foi embora, deixando Ester em estado de choque. Ela tremia e chorava. Tentava se acalmar e não conseguia, pois estava com muito ódio e medo daquele homem, que atemorizava os bandidos dos bastidores.

Falcão pensou em voltar para a Central, todavia, como já estava ficando tarde, preferiu fazer uma visita ao Morro do Camarão.

Os marginais haviam enterrado o corpo de Jacaré e confirmaram Baiano na chefia do tráfico. Naquela tarde, quase ao cair da noite, eles discutiam os planos que desenvolveriam sob o comando de Baiano.

Alguém chegou correndo e avisou:

– O inspetor está subindo o morro.

Quando ouviu o nome do policial, Baiano, que estava sentado, levantou-se furioso e começou a andar pelo barraco. Ele já havia assumido a personalidade de um chefe do tráfico.

– Vou acabar com esse inspetor agora mesmo!

– Não faça isso! Ele já deve ter dado ordem para a polícia estourar a nossa "boca"! Se ele morrer, muita gente vai sofrer as consequências aqui na comunidade – disse Borracha.

O inspetor entrou no barraco e cumprimentou a todos.

– Quero falar com Baiano em particular – disse ele sem rodeios.

– Não tenho segredo para os meus homens.

O inspetor fitou bem dentro dos olhos do bandido.

Todos se entreolharam, e Baiano fez um gesto, pedindo para ficar a sós com o policial. Quando os homens de Baiano saíram, o inspetor sentou-se e calmamente ordenou-lhe:

– Você tem um minuto para me dizer quem matou Jacaré e acabar comigo.

Baiano notou que o policial falava sério e respondeu:

– Foram homens contratados pelo nosso "contato".

– Quem é o homem responsável por esses contatos?

– Não sei. Jacaré nunca disse.

– Quem sabe?

– Talvez a namorada dele, a Maria Antônia.

– Chame a Maria Antônia – ordenou o inspetor fitando o bandido.

– Um momento!

Baiano chamou Coceira e ordenou-lhe:

– Mano, chame a Maria Antônia!

– Falou, chefinho!

Alguns minutos depois, entrou no barraco a bela mulata, ainda com cara de choro, que cumprimentou o inspetor e perguntou:

– O que houve, Baiano?

– A chefia quer falar com você.

– O que o senhor quer de mim? – indagou a moça desconfiada, tentando ajeitar os cabelos.

– Senhorita, perdoe-me o incômodo. Mas, se for possível, eu desejaria lhe fazer algumas perguntas.

– Pois não! Se eu puder responder, conte comigo.

– A senhorita sabe informar se há um cidadão que faz o "contato" entre os pequenos traficantes e os braços do tráfico internacional?

AMBIÇÃO

– Jacaré sempre conversava com um rapaz, mas, infelizmente, não sei qual é o nome dele.

– Você não se lembra de algum detalhe?

A moça pensou e depois olhou para o policial, e dizendo:

– Recordo-me de que certo dia o Jacaré falou num tal de Marcos.

– Você se lembra de mais alguma coisa?

– Nesse dia eu o ouvi dizer que esse tal de Marcos era um traidor – respondeu a moça.

– Procure se lembrar por que ele chamava esse Marcos de traidor.

A moça ficou pensando e depois respondeu:

– Parece-me que um amigo de Jacaré que morava lá embaixo errou o alvo que foi incumbido de acertar, ou seja, não matou quem devia.

– E daí?

– Marcos matou ou mandou matá-lo à queima-roupa, surgindo daí o ódio que o meu namorado tinha dele – disse a moça com voz firme.

O inspetor aproximou-se da moça e disse:

– Muito obrigado, senhorita. Você está dispensada. Se acontecer alguma coisa, ligue para a Central de Polícia e procure por mim. A partir de hoje, você está sob a minha proteção, ou melhor, sob a proteção da polícia.

O policial olhou para Baiano e perguntou:

– Você está entendendo o que estou dizendo?

– Estou, chefia. A Maria Antônia também será a nossa protegida. Ela é nossa irmãzinha.

– Assim está melhor.

Logo em seguida, o inspetor se despediu e foi embora.

Falcão dirigiu com destino ao seu apartamento. Já estava sentado no sofá de sua casa quando bateram na porta. Ele foi abri-la e, para sua surpresa, viu Angelina.

– Boa noite, Falcão! Desculpe-me incomodá-lo a esta hora.

– Entre, por favor.

– Deve ser muito grave o que a trouxe até aqui, agora!

– Vim para conversarmos.

– Fique à vontade – disse o inspetor apontando um sofá.

A viúva de Alonso de Aquino ficou em silêncio. De repente, ela se levantou e sentou-se numa cadeira perto do inspetor.

Falcão pensava: *Esta mulher está querendo falar algo muito importante. Devo ficar alerta.*

–Você tem razão quando afirma que Alonso foi assassinado.

– O que a fez pensar assim?

– Ele era canhoto, e a arma encontrada em sua mão direita denunciou um homicídio, e não um suicídio. O inspetor ficou atento. Ele percebeu que a viúva de Alonso de Aquino já sabia da conversa que ele tivera com o chefe de Polícia, pois não fora ela quem havia descoberto esse detalhe.

Angelina ficou em silêncio por alguns minutos e depois continuou falando:

– Quanto ao Marcos, realmente ele faz alguns contatos com pessoas de má índole e perigosas. Isso começou desde o dia em que aceitou defender o Flavinho.

Falcão pensou: *Angelina só está falando o que eu já sabia. Ela deve ter algum plano, por isso, é melhor que eu me faça de desentendido.*

– Continue.

– O nosso relacionamento terminou. Não sinto mais nada por ele, todavia, sei que ele é uma peça importante para os interesses dos bandidos.

Ela respirou profundamente, tentando se acalmar, e continuou:

– Estou desabafando com você porque venho sofrendo ameaças, diariamente, de perigosos marginais.

– Que ameaças são essas?

– Devo me afastar de você, caso contrário, eles me matam.

– Você tem alguma culpa nesse homicídio?

– Não.

– Então, como os assassinos tiveram acesso à sua casa rodeada de seguranças e mataram seu marido?

– Não sei. Na noite anterior ao crime, fui dormir no apartamento do Marcos, só chegando por volta das quinze horas do dia seguinte, exatamente no horário em que Alonso, supostamente, havia se suicidado.

– O que você pode me informar sobre a vida de Alonso?

– O superficial. Eu não tinha acesso aos seus negócios – respondeu a viúva.

– Por que você demonstrou tanto medo e mentiu quando eu lhe fiz algumas perguntas?

– Eu nunca me vi envolvida em crimes, principalmente da forma como tudo aconteceu. Além disso, estava com medo de ser responsabilizada pela morte do meu marido.

– Quanto ao quadro, eu tinha certeza de que você, como uma mulher inteligente, já havia descoberto o meu interesse por ele – comentou o inspetor.

– Eu sabia que você tinha descoberto algo importante naquele quadro, relacionado à morte de Alonso, porém, só vim descobrir o motivo após falar com um colega. Apesar de saber que o meu marido era canhoto, jamais atinei para esse detalhe, assim como o próprio assassino não deve ter se lembrado e por isso deixou uma pista infantil para um investigador astuto como você.

– Qual a sua ligação com dr. Narciso, secretário de Segurança? – indagou o inspetor encarando a bela mulher.

– Apenas a de bons amigos. Ele guarda a esperança de que eu o aceite como namorado, porém, não passa disso.

– Qual sua relação com dona Ester, irmã do senador Antunes?

– Nenhuma.

– O que você acha dela?

– Fria e calculista.

– Você conhecia Jacaré, chefe do tráfico no Morro do Camarão?

– Ouvi falar sobre ele, mas jamais o vi.

– Doutor Marcos nunca falou a respeito dele?

– Falou. Mas não dei muita importância, pois sempre me pareceu que Marcos estava trabalhando em algum processo em que aquele bandido estava metido.

O inspetor pensava: *Está sendo arquitetada uma armadilha para mim. Angelina está me contando parte de tudo aquilo que já sei. Está provado que, de alguma maneira, dr. Marcos é um dos integrantes dessa quadrilha.* Ele fitou Angelina por alguns segundos e continuou pensando: *Ester está defendendo algo muito importante, e, se for o caso, ela não vai hesitar em eliminar quem atravessar seu caminho.*

Levantou-se e continuou tentando decifrar aquele enigma: *O chefe de Polícia tem alguma participação nisso tudo, embora seja ameaçado por alguém. O secretário de Segurança tem ligações perigosas com Angelina, pois, se não fosse isso, ele jamais se envolveria com alguém tão importante como a viúva mais rica da cidade. Por que mataram Jacaré? Talvez porque ele soubesse demais. Mataram Vicente, porque ele era uma prova contra alguns policiais corruptos.*

O inspetor sentou-se novamente e continuou refletindo: *Mataram o deputado Josias, porque ele fazia parte de uma quadrilha perigosa, que agia em negócios ilícitos no estado e no país, e que podia, a qualquer momento, delatar alguém importante.* E arrematou seus pensamentos: *Tentaram me matar, porque descobri o homicídio de Alonso de Aquino. Dr. Márcio tem participação importante na criação dos laudos falsos. Por enquanto, ainda não pude perceber nada contra o policial Mauro e Dalva. Por que a morte de Alonso de Aquino, o "pai dos pobres", envolveu tanta gente?*

– Em que, você está pensando? – perguntou a moça de surpresa.

– Na importância que tinha Alonso de Aquino, seu marido. A morte de um homem que mexe com tanta gente importante, e até mesmo com pessoas do submundo do crime, só me deixa uma alternativa.

– Qual é essa alternativa?

AMBIÇÃO

– Crer na grande importância dele nesse mundo, principalmente no país.

Angelina pensou automaticamente, também: *Ele pensa em tudo e está quase chegando a uma conclusão. Caso ele descubra o motivo de tudo isso, não tenho a menor dúvida de que vai haver um escândalo de proporções gigantescas, que vai mexer com muita gente.*

– Você vai chamar esse pessoal para depor na Central de Polícia? – perguntou ela.

– Na hora certa, os envolvidos vão ser intimados a comparecerem na Central, para tomarmos o depoimento oficial de todos que farão parte do inquérito.

Angelina se levantou e despediu-se do inspetor, dizendo:

– Falcão, eu estarei à sua inteira disposição. Quero que você saiba que não tenho absolutamente nada com a morte de Alonso.

O inspetor perguntou, quando ela já estava deixando o apartamento:

– Por que somente Antônio, Josefa e seu enteado, Roberto, estavam em casa no dia da morte do seu marido?

Angelina parou e empalideceu, porém, conseguiu dominar-se e responder:

– O restante dos empregados estava de folga. Acho que já respondi a esta pergunta.

– Ah, lembro-me de que você já havia me falado sobre isso. Desculpe esta pergunta idiota.

A mulher foi embora pensando: *Ele acha que sou idiota.*

Depois que a viúva de Alonso foi embora, ele ficou sorrindo e pensando: *Faltam poucas peças para eu poder armar esse quebra-cabeça de lodo.* Deitou-se na poltrona e falou em voz alta:

– Quem era você, meu caro Alonso de Aquino? Preciso saber por que o mataram. Essa é a única chave para entrar nesse mundo misterioso.

Angelina, por sua vez, dirigia seu automóvel com destino à sua residência. Ela também pensava alto:

– Falcão Nobre está no encalço de muita gente grande. Para ele, os pequenos bandidos não têm importância alguma. O seu desejo é pegar o "tubarão" que conduziu a morte de Alonso. Tenho que tomar muito cuidado para não me deixar envolver nesse crime.

CAPÍTULO 26

FALCÃO É INCANSÁVEL

Muita gente estava apavorada, tendo em vista que o inspetor, além de destemido, tinha uma maneira toda especial de conduzir seus casos policiais.

Os seus inimigos também estavam com medo, porque o policial havia escapado de dois atentados e ninguém mais tinha coragem de enfrentá-lo, mesmo que fosse através de emboscadas.

No escritório do senador Antunes, encontravam-se reunidos, além do próprio senador, o secretário de Segurança, dr. Marcos e Ester. O parlamentar caminhava rodeando a mesa onde os amigos estavam sentados e, nervoso, falava em voz alta:

– Vocês são uns incompetentes! Esse policial de quinta categoria está conseguindo meter medo em todo mundo!

Antunes estava furioso. Não parava de falar.

– Não é possível que um único homem faça tudo isso e vocês não tenham encontrado nenhuma maneira de acabar com a prepotência dele!

O secretário de Segurança levantou a mão pedindo autorização para falar.

– Fale, doutor Narciso! – ordenou o senador com ares de chefe.

– Fizemos o possível e o impossível para evitar que Falcão chegasse tão longe com suas investigações.

– E daí?

– Ele conseguiu provar muita coisa sem nem precisar exumar o corpo de Alonso.

– Onde estão estas provas?

– Meu caro Antunes, não há necessidade de provas concretas, por enquanto. O que está evidente é que ele foi e continua sendo muito hábil na condução desse inquérito. Os suspeitos não têm argumentos convincentes que possam persuadir a opinião pública. A imprensa já tomou conta de tudo e não passa um dia sem colocar notícias que jogam o público contra a polícia, com insinuações gravíssimas contra o próprio governo.

Marcos também pediu permissão e falou:

– Papai, a situação está crítica para nós. O inspetor conseguiu descobrir que sou eu quem faz contato com o pessoal das favelas.

Ester fez um gesto para o irmão, pedindo a palavra, e começou a falar:

– Esse homem é muito mais perigoso do que pensávamos. Ele esteve em meu escritório e simplesmente me fez de idiota.

– Não acredito que o inspetorzinho zombou de minha destemida e inteligente irmã..

– Ele falou sobre alguns crimes e não se esqueceu de dizer quem são os criminosos. Tenho certeza absoluta de que o inspetor tem provas guardadas para um desfecho final – disse a irmã do senador.

– Então, o que ele está esperando para resolver isso de uma vez? – perguntou o senador.

– Você terminou de dizer que somos incompetentes.

– Disse, e vocês estão provando que realmente são!

– E por que você ainda não percebeu o que o inspetor Falcão Nobre está querendo?

O senador ficou em silêncio.

– Ainda não pensei nisso – disse ele.

– Pois deveria pensar seriamente.

– Por que, Ester?

– Ele quer a cabeça do responsável por tudo isso e confessou-me que vai descobrir o motivo que levou alguém a matar, ou mandar matar, o "pai dos pobres" – comentou a irmã do senador.

– Traduza o que quis dizer – ordenou o senador.

– Ele diz que essa é a chave do mistério. Portanto, meu irmão, se você é tão competente, livre-se imediatamente de Falcão, pois ele está bem perto da pessoa que procura.

– Ele só está querendo uma palavra para confirmar suas suspeitas – disse dr. Marcos.

Todos ficaram em silêncio. Ninguém ousava falar naquele momento.

O secretário de Segurança colocou as mãos sobre a mesa e disse categoricamente:

– Falcão está indo longe demais. Se esse inspetor descobrir tudo, muita gente vai para a cadeia, sem falar no escândalo. Portanto, senhores, eu deixo bem claro que, se for parar na cadeia, muita gente vai comigo.

Dr. Narciso despediu-se e foi embora.

Ester estava nervosa. Fitou o irmão e perguntou:

– Você tem alguma solução para o caso?

– Estou pensando.

– Então, pense rápido.

Marcos esfregava as mãos uma na outra, visivelmente nervoso. Ele perguntou:

– Fale, papai! O que você resolveu?

O senador estava sentado com a mão no queixo, de olhos fechados.

AMBIÇÃO

De repente levantou-se e disse:

– Revelarei para a polícia que foi João Raposa quem matou Alonso de Aquino e pronto; caso encerrado.

– Pessoal, se ele quisesse prender "peixe" pequeno, a cadeia já estaria cheia, a começar pelos traficantes da Favela do Camarão – completou Ester.

Marcos estava em silêncio e aproveitou a oportunidade para falar:

– Além disso, ninguém sabe quem matou ou mandou matar Alonso de Aquino.

– Então, que ele prenda os envolvidos no "caso Alonso de Aquino", pois eu nada tenho a ver com isso – retrucou o senador.

– Papai, não seja cínico! O senhor sabe muito bem que as ordens vieram através de você! Apesar de não conhecermos o chefão, temos certeza de que ele nos conhece muito bem!

– Apenas fiz um favor.

– Não me faça rir, meu querido irmãozinho! – disse Ester com ironia.

– Agora, não há mais como retroceder!

– Fiz tudo isso para salvar o nosso patrimônio e meus negócios, que também são de vocês – rebateu o senador em voz alta. – Fui ameaçado e não me restou alternativa, a não ser fazer alguns favores em troca da nossa tranquilidade, mas não matei e não mandei matar Alonso.

– Pois agora trate de resolver esses problemas – disse Ester como se fosse uma ordem.

– Como?

– O problema é seu! Estou disposta a contar tudo isso para o inspetor. Acho que ele vai gostar. Você é quem sabe.

O senador levantou-se e caminhou em direção à porta. Antes de sair disse:

– Vou embora. Dentro de duas horas estarei viajando. Tenho muita coisa para fazer no Congresso.

O senador chamou o segurança e disse:

– Vamos, Soares. Tenho que passar rapidamente em casa senão vou perder o avião.

Dr. Marcos e Ester sentaram-se e permaneceram em silêncio.

– Tia, eu vou embora – disse o sobrinho.

– Você não tem nada para dizer?

– Não.

– Você é igual ao seu pai! Covarde!

– Por quê?

– Porque caiu como um patinho na conversa da sua namorada Angelina.

– Tia, por favor, não fale assim da Angelina. Ela não tem nada a ver com toda essa sujeira.

Ester se levantou e despediu-se:

– Até mais tarde, Marcos. Chega!

Marcos ficou no escritório pensando: *Não me parece que o papai está muito preocupado com essa história. Com a desculpa de que nós deveríamos defender seus negócios e o patrimônio da família, estamos numa situação crítica.* O filho do senador Antunes continuou pensando:

Acabei com a minha vida. Fui muito ambicioso, porém, ainda tenho tempo para me recuperar. A mesma pergunta que Falcão está fazendo, para descobrir por que mataram Alonso de Aquino, é a que também tenho feito. Por que Alonso foi morto? Por que papai foi ameaçado, caso não cumprisse ordens do tal chefão? Muito estranho. Depois o advogado, levantou-se e foi embora.

Falcão continuava envolvido com as investigações do crime de Alonso de Aquino. Estava sentado em sua sala, pensando: Estou parado. *Não sei para onde ir. Quem matou*

Alonso de Aquino é muito inteligente, pois, com todas as evidências, ninguém jamais vai descobri-lo. Não adianta tomar o depoimento daqueles que já interroguei ou prendê-los, pois eles serão soltos com um simples habeas corpus. Tenho de pegar o mentor de todos os crimes. O inspetor estava amargurado; não conseguia progredir nas investigações que o levariam ao verdadeiro motivo da morte de Alonso de Aquino.

CAPÍTULO 27

MARCOS PROCURA FALCÃO

Assim que o inspetor entrou em seu apartamento, alguém tocou a campainha. Ele pensou, foi até a janela e, após tomar algumas medidas de segurança, abriu a porta. Era dr. Marcos.

– Entre, por favor! – convidou o Falcão, indicando com o dedo um sofá. O homem olhou para trás como se estivesse se escondendo de algo, pediu licença e o cumprimentou. Depois de sentar-se, ficou em silêncio por alguns minutos.

O inspetor também se sentou e permaneceu em silêncio, esperando que dr. Marcos começasse a falar. O advogado respirou fundo e perguntou:

– Falcão, você já descobriu o motivo que levou ao assassinato de Alonso de Aquino?

– Não. Você sabe de algo importante a respeito do assunto? – indagou o inspetor, fitando o advogado.

O visitante ficou calado. Depois respondeu:

– Posso ajudá-lo.

Desconfiado, o policial levantou-se, foi até a janela, depois voltou a sentar-se e perguntou:

— O que você quer em troca?

— Que você me esqueça. Ainda hoje, vou embora do país.

Falcão Nobre fitou o rapaz e pensou: *Coitado. Não posso fazer mais nada por ele. Mas ainda vou tentar arrancar alguma informação.*

— Não posso prometer o que você está me pedindo.

— Posso saber o motivo?

— Como advogado, você sabe muito bem que são sérias as acusações que lhe são atribuídas.

— Sei disso. Mas tudo tem um jeito...

— Também sei disso, Marcos, porém, felizmente, não faço parte do rol de pessoas que dão esse tipo de "jeito".

Dr. Marcos ficou meio sem graça e disse, depois de pensar um pouco:

— Bem, inspetor, se o meu caso não tem jeito, nossa conversa está encerrada.

— Você é quem sabe — disse o inspetor, levantando-se.

O advogado levantou-se também e perguntou, antes de despedir-se:

— Pelo menos você poderia arranjar atenuantes para a minha situação?

— Você mesmo pode arranjar essas atenuantes, e prometo que, na ocasião do seu depoimento oficial, farei o possível para ajudá-lo, contanto que você prove que é apenas mais uma vítima daquele que manipula o crime — respondeu o inspetor.

O filho do senador sentou-se novamente e permaneceu um tempo em silêncio, para depois começar a falar:

— Eu sempre me considerei um bom advogado. Tinha todas as portas abertas, por influência do meu pai, até o dia em que fui defender o Flavinho.

O rapaz aparentava um grande cansaço, mas mesmo assim continuou:

— Comecei a ambicionar mais dinheiro e poder. Recebi

altas somas de dinheiro do Flavinho e dos amigos dele, pois esses traficantes são verdadeiras minas de ouro, apesar de os grandes chefões do narcotráfico controlarem os altos valores em dólares.

O inspetor pensava e ouvia em silêncio o advogado, sem interrompê-lo.

– Continue, doutor Marcos!

– Certo dia, meu pai me chamou em seu escritório e disse que estava sendo ameaçado por alguém muito poderoso.

– E daí, doutor?

– Essa pessoa determinou ao meu pai que eu deveria controlar o tráfico de drogas, armas e munição nesta região, servindo de "contato" entre os pequenos e grandes traficantes.

O advogado respirou profundamente, bebeu um pouco de água e continuou:

– Pensei muito e, como a ambição falou mais alto, hoje, infelizmente, sou esse "contato".

O inspetor pensou: *Dr. Marcos também já sabe que estive conversando com o chefe de Polícia, por isso se apressou em fazer algo para limpar sua barra.*

– Por que eles escolheram você? – perguntou o inspetor, aparentando desinteresse no assunto.

– Porque, como advogado de alguns traficantes e filho de um senador, os negócios ficariam mais fáceis de serem resolvidos.

– Há o envolvimento de autoridades policiais no tráfico? – perguntou o inspetor, demonstrando ainda pouco interesse pela conversa.

Marcos fitou o inspetor e respondeu com outra pergunta:

– Você está se referindo a quem?

– Esqueça, Marcos. Continue seu desabafo.

– E é por isso que estou metido no tráfico. Porém, jamais mandei matar nem matei alguém.

– Acredito. Você ainda pode sair dessa lama.

– É tarde, Falcão. Se eu sair, no mesmo dia estarei morto – disse o advogado tentando respirar.

AMBIÇÃO

Falcão sorriu e com as mãos nos bolsos começou a passear pelo apartamento. Depois se sentou perto de dr. Marcos e falou:

— Acho que você tem razão — e o inspetor fez uma anuência com a cabeça.

Falcão tornou a passear pela sala com as mãos nos bolsos da calça, pensando: *Tem de haver algum caminho que me leve até esse bandido de colarinho branco.*

— Inspetor, eu vou embora — despediu-se o advogado. — Muito obrigado por ter me recebido e, principalmente, me ouvido.

— A casa está sempre aberta, Marcos.

Passados alguns dias, as notificações de intimação foram expedidas, e algumas pessoas foram oficialmente convocadas a depor na Central de Polícia a respeito do "caso Alonso de Aquino".

Assim que chegou à Central de Polícia, Falcão olhou para a mesa do policial Mauro e fez um sinal. Mauro entendeu o sinal e, imediatamente, foi para a sala do inspetor:

— O que houve, chefe? — perguntou Mauro assim que adentrou o recinto.

— Preciso de uma pessoa que seja conhecida na sociedade e bem relacionada com as autoridades civis, militares e eclesiásticas.

— Conheço um jornalista que escreve essas colunas de fofocas, as "colunas sociais". Ele conhece muita gente importante e é bajulado pelas madames das autoridades que passeiam pelo poder.

— É isso aí, Mauro! Quero uma pessoa exatamente assim; de preferência, que faça qualquer coisa por dinheiro — disse o inspetor dando um soco no ar com ar satisfeito.

– O que você quer dizer com isso? – perguntou o policial, desconfiado da empolgação do chefe.

– Quero que você converse com esse jornalista e peça um pequeno favor a ele.

– E se ele quiser dinheiro em troca desse favor? Como vou arranjar?

– Não se preocupe, daremos um jeito de arranjar a grana.

– Chefe, há muito tempo quero lhe fazer uma pergunta...

– Fique à vontade, Mauro.

– Por que você não prendeu o assassino do deputado Josias? Isso também é contra a lei.

– Sei disso. Só que não me interessa prender um matador de aluguel. Quero prender aquele que está por trás de tudo isso, o mentor de todos esses crimes – disse o inspetor, mudando o aspecto de sua fisionomia. – Aqueles que cometeram crimes por encomenda também vão pagar quando chegar o momento certo.

– Mas sua obrigação é prender quem infringe a lei.

– Mauro, enquanto não prendermos o chefe dessa organização maldita, esses coitados vão ser muito úteis às investigações da polícia.

– Entendi – disse o policial. – Chefe, eu vou atrás do homem. Você quer falar com ele aqui na Central?

– Não. Marque um encontro num lugar discreto, onde possamos conversar à vontade. Quero você por perto.

Mauro saiu da sala do inspetor e logo em seguida, da Central de Polícia.

Após dois dias, o inspetor estava em seu apartamento quando o telefone tocou e ele atendeu:

– Alô! Falcão.

– Chefe, eu estou com o homem. O que faço?

– Conduza-o para o meu apartamento. Estou esperando.

Alguns minutos depois, um homem muito bem-vestido, branco, com cabelos castanhos-claros, de altura mediana e

AMBIÇÃO

que carregava sempre um sorriso cínico, encontrava-se em frente a Falcão.

Falcão estava sentado, fitando a figura do jornalista. Ele falou para o amigo Mauro:

– Fique vigiando a entrada do apartamento.

– Ok, chefe.

Depois de também estudar o inspetor, o jornalista, meio desconfiado, apresentou-se:

– Sou Chico Calixto. Escrevo uma coluna num importante jornal da cidade e também escrevo sobre as novidades da capital do país.

– Muito prazer em conhecê-lo, Chico. Você deve saber que sou o inspetor de polícia Falcão Nobre – apresentou-se também o inspetor. – Sinta-se à vontade.

– Sei que você é inspetor. Fui informado pelo policial Mauro.

– Vamos ao que nos interessa, amigo.

– Estou pronto – disse o jornalista, curioso para saber o que aquele homem tinha a lhe dizer.

– Quero que você faça um pequeno trabalho para mim.

– Depende.

– Do quê? – perguntou o inspetor, sabendo de antemão a que o jornalista estava se referindo.

– Da recompensa.

– Pagarei uma boa recompensa, dependendo dos resultados obtidos.

– O que você quer, inspetor?

Falcão foi até um móvel, pegou um envelope e dele retirou uma fotografia. Em seguida a entregou para Chico Calixto.

O jornalista analisou a foto e a devolveu para Falcão, dizendo:

– Não entendi nada.

– Veja novamente a foto – pediu o inspetor. – Diga-me o que está vendo.

– Estou vendo somente umas mãos muito bonitas, parecidas com as de uma mulher.

– O que mais você está vendo nas mãos dessa mulher? – indagou Falcão Nobre com voz calma.

– Um anel com uma pedra vermelha. Parece um anel de gente rica.

– Isso, Chico. Quero que você procure alguém que tenha um anel idêntico ao dessa foto.

– Eu já vi algumas pessoas usando anéis idênticos a esse – disse o Jornalista, com as sobrancelhas arqueadas.

– Você se lembra do nome dessas pessoas?

Chico Calixto pensou, passou a mão na foto, depois fitou o inspetor e disse:

– Primeiro, conversaremos sobre preço.

– Qual o seu preço?

Chico Calixto fitou o inspetor e falou um valor.

O inspetor anuiu, dizendo:

– Concordo. Agora, cumpra a sua parte.

Chico ficou pensando por alguns minutos, após os quais falou:

– Vi esses anéis enfeitando os dedos do finado Alonso de Aquino e de sua esposa. Também já vi esse anel no dedo do deputado recentemente assassinado.

– Você viu esse anel no dedo da viúva do deputado?

O homem pensou, passou a mão na cabeça e respondeu:

– Não. Não me recordo de ter visto essa joia no dedo da senhora Dalva.

O jornalista encarou o inspetor e estendeu a mão, dizendo:

– O dinheiro, chefe, por favor.

– Não se lembra de mais ninguém que use essa joia?

– No momento não estou lembrando, mas, a partir de agora, observarei com mais cuidado quem usa essas joias e o informarei logo em seguida.

O inspetor Falcão meteu a mão no bolso do colete, retirou um maço de notas e o entregou ao jornalista.

– Obrigado, chefe – agradeceu Chico Calixto com ar satisfeito.

AMBIÇÃO

O jornalista se levantou e disse, enquanto ia saindo:

– Por favor, esqueça meu nome. Isto está me cheirando a cadeia. Também não se esqueça de que o preço sobre outras possíveis informações será outro.

– Faça seu trabalho e comprometo-me a guardar sigilo, além de recompensá-lo.

Chico sorriu e foi embora.

Assim que o jornalista partiu, Mauro entrou no apartamento, perguntando em voz baixa:

– Chefe, o que você quer com esse homem?

– Segredo, amigo.

– Tenha cuidado com sua vida, inspetor.

– Não se preocupe, amigo.

Mauro se despediu e foi embora.

Uma semana se passou.

Falcão chegou por volta das dez da noite em seu apartamento.

Assim que fechou a porta, alguém tocou a campainha. Ele abriu a porta e deparou-se com Chico Calixto, as feições alteradas e pálidas. Falcão convidou-o a entrar. Após se acomodar, Chico meteu a mão no bolso e estendeu um papel para o inspetor com dois nomes escritos.

Falcão ficou inquieto e foi até a geladeira, tomou um copo de água e voltou a sentar-se. Com o papel na mão, acendeu o isqueiro e queimou-o.

Ambos ficaram em silêncio. Falcão estava pensando: *Não posso acreditar! Meu Deus, não é possível! Isso deve ser um engano!* Ele perguntou ao jornalista:

– Você tem certeza de que os anéis são idênticos ao da foto?

– Não tenho a menor dúvida, chefe.

– Como você conseguiu chegar perto dessas pessoas?

– Sempre faço matérias a respeito delas. Então, as relações vão se tornando mais íntimas, entendeu?

– Não é possível!

Falcão foi até uma mesa e dela retirou um envelope, entregando-o ao jornalista.

– Aí está a recompensa, como eu havia prometido. Pode contar, se quiser.

– Não precisa. Sei que você é correto. Cumpra com a sua palavra me esquecendo. Sei que por trás disso tem muita coisa que interessa à polícia.

Chico Calixto levantou-se, apertou a mão do inspetor e foi embora.

O inspetor ficou sentado, pensando: *Jamais vou ter como provar alguma coisa a respeito dessa gente. São os poderes do país contra um simples e pobre inspetor de polícia. Se eu não me cuidar, terminarei morto ou numa cadeia.* Continuou pensando até adormecer.

No dia seguinte, antes do meio-dia, o secretário de Segurança estava em seu gabinete despachando alguns documentos, quando sua secretária anunciou:

– Doutor Narciso, o inspetor Falcão Nobre quer falar com o senhor.

O homem levantou o rosto e perguntou:

– Onde ele está?

– Na sala ao lado.

O secretário foi ao banheiro. Quando voltou, disse para a moça:

– Mande-o entrar, por favor.

O inspetor Falcão Nobre entrou na sala do responsável pela Segurança Pública do Estado. Ele cumprimentou dr. Narciso:

– Bom dia, secretário.

– Bom dia, Falcão. – O assunto deve ser importante, para você procurar-me a esta hora – disse o secretário, meio indeciso.

– Ora! Já são doze horas!

AMBIÇÃO

– Então, para evitarmos perda de tempo, vamos logo ao assunto que o trouxe até aqui.

– Você manda, chefe. Quero saber notícias do senador Antunes, pois, segundo dona Ester, somente você sabe quando ele está em terra.

Narciso ficou quase sem fala. Depois de se recuperar, respondeu:

– Ester está ficando maluca. Não sei da vida do Antunes nem quando ele vai voltar da capital do país.

– Bem, nesse caso, vou embora. Talvez outra pessoa saiba me informar.

– É. Pode ser.

– Vou começar a tomar o depoimento das pessoas relacionadas com o inquérito policial e queria ouvir a opinião do senador, sem compromisso.

Narciso levou novamente um choque e perguntou:

– Antunes não responderá às suas perguntas. Esqueceu que o homem é senador da República?

– Sei perfeitamente que o homem não pode ser inquirido por gente como nós, mas é para o bem de todos, inclusive o seu.

– O meu? – perguntou dr. Narciso apontando o dedo para o seu peito.

– Sim. O senador Antunes está sendo pressionado e ameaçado pelo chefão do tráfico no estado e talvez no país. Quero apenas ajudar.

O secretário de Segurança se levantou e ordenou ao seu subordinado:

– Retire-se do meu gabinete.

Falcão se levantou e disse ao encarar dr. Narciso:

– Conheço o chefe do tráfico, ou seja, aquele que manda você passar por cima da lei em relação àqueles que têm dinheiro e ser enérgico com os pobres coitados que estão superlotando as penitenciárias de segurança máxima do país.

Dr. Narciso se sentou e afrouxou o nó da gravata. Estava

respirando com dificuldade. Falcão aproveitou a situação para disparar mais um tiro:

– Vocês vão mandar me matar, porém, antes que isso aconteça, muitas pessoas acima de qualquer suspeita vão para a cadeia, outras vão cair na descrença do público e, conforme o desfecho do caso, muitas delas não aguentarão a pressão e vão morrer.

Falcão fez menção de sair do gabinete, porém, ouviu dr. Narciso pedir com voz quase inaudível:

– Inspetor, por favor, fique mais um pouco.

– Senhor, eu não tenho tempo para ouvi-lo.

O inspetor saiu do gabinete e foi embora, pensando: *Ele caiu na armadilha, agora, só me resta esperar os resultados.*

Falcão dirigia seu carro com destino à residência de Dalva. Como sempre, Dalva recebeu o homem com alegria estampada no rosto.

– Querido, não vejo a hora de você terminar essas investigações para tirarmos um pouco de tempo para nós.

O inspetor abraçou a mulher e depois procurou uma poltrona, onde se sentou e falou displicentemente:

– Dalva, eu estou muito cansado.

– Cuidado! Você não tem mais idade para trabalhar nesse ritmo alucinante.

– Querida, não vejo outra maneira de concluir esse inquérito estafante.

– Tenho muito medo de que alguém mande matá-lo.

– Por quê?

– Não sei. Intuição...

O policial fechou os olhos e começou a cochilar. Dalva o convidou para descansar no quarto dela. O inspetor ficou meio desconfiado, todavia, aceitou. O quarto da sua namorada era amplo e confortável. Ela foi logo dizendo:

– Mandei preparar este quarto para mim após a morte do Jô. Fique à vontade e durma um pouco para descansar. Você estará protegido por Deus e por mim.

AMBIÇÃO

O inspetor adormeceu. Quando acordou era quase noite. Ele levantou-se meio atordoado e perguntou:

– Dalva, por que você me deixou dormir todo esse tempo?

– Você estava precisando. Agora, seu semblante está mais descansado.

– Tenho que resolver alguns assuntos pendentes ainda hoje.

– Você não vai sair daqui agora.

– Por quê?

– Vamos jantar e depois conversar.

– Querida, não tenho tempo para isso.

– Só por uma noite. Isso não vai atrapalhar o seu trabalho – disse a mulher carinhosamente. – Tem roupas novas no armário, que comprei para você.

– Não preciso de roupas, Dalva.

– Vá tomar banho e depois se troque. Temos muito que conversar.

O homem se rendeu aos encantos daquela bela mulher e fez um gesto de assentimento. Ambos foram jantar, acompanhados pelos dois filhos de Dalva, que olhavam para o inspetor, quando o mais velho perguntou:

– Você vai se casar com a minha mãe?

Falcão olhou para Dalva e ela baixou a cabeça. Ele respondeu para o rapazinho:

– Meu filho, se a sua mãe disse isso, então é verdade. Você tem algo contra?

– Não.

O jantar terminou e a empregada apressou-se em levar os garotos para outro lugar.

Falcão segurou Dalva pela cintura e falou:

– Vamos passear pelo jardim?

– Tenho outra sugestão.

– Tem? Qual?

– Vamos para o meu quarto.

– Não. Vamos passear, é melhor.

Enquanto eles caminhavam pelo jardim, o inspetor pensava: *Meu Deus proteja essa mulher! Não quero sofrer uma desilusão agora. Tomara que ela não esteja envolvida com essa quadrilha.*

Parece que a mulher adivinhou os pensamentos daquele homem e falou aleatoriamente:

– Falcão, graças a Deus que consegui me manter à margem de tudo isso, apesar de ser viúva de um homem envolvido com coisas ilícitas.

O inspetor sentiu sinceridade naquela mulher, e um carinho todo especial foi despertado em seu ser. Ele a abraçou e disse:

– Minha querida, neste momento sou um homem muito feliz.

– Só neste momento?

– Modo de falar.

– Também sou feliz por vários motivos, porém, o principal é ter conhecido você.

Beijaram-se e se encaminharam para o quarto da bela mulher.

A noite passou vendo o casal se amar, enquanto aproveitavam aquela rara oportunidade para extravasarem os sentimentos que estavam guardados em seus corações.

Um novo dia chegou.

Falcão abriu os olhos e viu o sol entrando por uma fresta da janela entreaberta. Rapidamente pulou da cama, olhou de lado e viu Dalva observando-o. Ele beijou-a e disse:

– Querida, por que você não me acordou mais cedo?

– Eu estava rezando para que Deus o protegesse; minha intuição de mulher me diz que você vai precisar de proteção.

Falcão se vestiu e beijou a testa de Dalva, se despedindo:

– Até mais tarde.

– Vamos tomar o café.

– Não tenho mais tempo.

O homem foi embora muito feliz, cantando enquanto dirigia seu carro.

Na janela, Dalva murmurou uma prece:

– Senhor Jesus, filho de Deus. Ajude esse homem a cumprir com seu dever de cidadão e de policial, sem sofrer as consequências dos criminosos que estão nas sombras, por favor.

CAPÍTULO 28

O ENCONTRO

O senador havia chegado e estava em seu escritório, verificando e assinando alguns documentos. Ester estava sentada a sua frente, esperando que o irmão lhe facultasse a palavra. O irmão estava com o semblante preocupadíssimo. Ele colocou a caneta sobre alguns papéis e, fitando a irmã, perguntou:

– Você sabia que Falcão Nobre vem conversar comigo daqui a pouco?

– Não.

– Ele ligou para mim e marcou esse encontro.

– Como ele conseguiu o número do seu celular? – perguntou a irmã com ar despreocupado.

– Deixe de ser ingênua! Um investigador como Falcão consegue descobrir coisas incríveis, quanto mais o número de um celular – disse o irmão irritado.

– O que você acha que ele quer?

– É isto que eu quero saber de você, minha irmã.

– Mas eu não estou sabendo de nada.

– Ester, se o chefe souber que você andou falando o que não deve, nós vamos ter sérios problemas – comentou o político.

– Que o seu chefe se dane! Só estou envolvida nessa trama por sua causa!

– Por minha causa? – perguntou o senador apontando para o seu peito.

– Sim! Porque eu sempre zelei por você e pelo Marcos! Entretanto, não dá mais para aguentar toda essa pressão, por causa da ingenuidade de vocês!

– Não estou entendendo.

Ester ficou calada.

– Antes, você me incentivava, porque esse foi o meio que encontramos para que os nossos negócios progredissem e, assim, pudéssemos afastar o pesadelo da falência – comentou o irmão.

– Mas nunca pensei que estivéssemos metidos com traficantes, assassinos, corruptos, ladrões, enfim, com uma quadrilha da pior espécie – rebateu a irmã com irritação.

– O que você acha que devemos fazer?

– Agora, meu irmão, é muito tarde para recuar.

– Por quê? Não matamos, roubamos nem traficamos. Nossa participação resume-se a auxiliar esse homem, em troca da ajuda que ele tem prestado aos nossos negócios.

– Então, espere pela conversa que o inspetor vai ter com você – disse Ester em tom de ameaça.

– Esse tal Falcão quer aparecer à minha custa! Eu sou um senador da República, imune a qualquer coisa que esse inspetorzinho tenha para me falar!

Ester riu alto.

O irmão ergueu-se, irritado, e perguntou:

– Por que você está rindo?

– Esse inspetorzinho a que você se refere tem condições de acabar com você.

Nesse momento, a secretária entrou no escritório e disse:

– Senhor Antunes, o inspetor Falcão Nobre está na sala de espera ao lado.

Antunes e Ester ergueram-se, surpresos, e entreolharam-se.

– Mande-o entrar, por favor – ordenou.

– Devo sair da sala para você resolver esses problemas com o tal "inspetorzinho"? – perguntou Ester com ar irônico.

O senador não teve tempo para responder, pois, nesse momento, a porta se abriu.

– Entre, inspetor, por favor! – convidou a secretária.

– Obrigado.

Falcão viu Ester e Antunes em pé. Ele cumprimentou ambos:

– Olá. Como vai, dona Ester?

– Tudo bem. Vou deixá-los a sós.

_ Como vai, senador Antunes?

– Tudo bem. Sente-se, inspetor, por favor.

Fez-se um silêncio anormal. Os homens pareciam dois exímios jogadores de xadrez se estudando antes de iniciarem o jogo.

O inspetor Falcão Nobre rompeu o silêncio:

– Excelentíssimo senhor senador Antunes, vou ser breve, pois não quero tomar o seu precioso tempo. Quero apenas fazer-lhe uma pergunta sem compromisso e vou embora. É sobre o "caso Alonso de Aquino".

– Ok. Conte com a minha colaboração, pois desejo que o assassino do meu amigo seja encontrado imediatamente, isto é, caso suas suspeitas se confirmem.

– O senhor conhece doutor Roberto, prefeito da cidade? – perguntou o inspetor de surpresa.

– Não.

– Obrigado. O inspetor se levantou e disse: – Não tenho mais nada para perguntar, senador. Vou embora, depois nos vemos por aí.

O político ficou em silêncio.

Quando Falcão chegou à porta do escritório, voltou-se e disse:

AMBIÇÃO

– A propósito, senhor senador... Estou indo conversar com o prefeito e vou fazer a ele a mesma pergunta.

– Por favor, inspetor, espere – pediu o parlamentar, apressando-se em pedir ao policial para aguardar um pouco.

Falcão parou e ficou de costas.

– Esqueci de dizer que doutor Roberto já frequentou a minha casa algumas vezes.

O inspetor se virou, sentou-se novamente e perguntou:

– O senhor conhece ou não, pessoalmente, o prefeito?

– Conheço, embora sem grandes intimidades. Temos divergências políticas.

O policial ficou em silêncio. O político suava. Pegou uma caneta para se distrair e logo a soltou. O inspetor observou que ele estava trêmulo.

Falcão encarou o senador e perguntou:

– Doutor Alonso de Aquino era amigo do prefeito?

– Eu o vi conversar algumas vezes com Roberto.

– O senhor trabalha para o prefeito ou vice-versa?

Nervoso, o senador gritou:

– Inspetor Falcão Nobre, respeite-me! Sou um senador da República! Não posso ser submetido a um interrogatório policial sem a autorização dos órgãos competentes! Lembre-se de que tenho imunidade parlamentar! Retire-se do meu gabinete!

O inspetor levantou-se calmamente e falou com ironia:

– Vossa Excelência tem razão! As suas prerrogativas de parlamentar do Senado Federal lhe concedem o direito de errar e não ser punido.

Com os gritos do senador, Ester entrou no escritório para tentar ajudar o irmão.

– O que houve, Antunes?

– Esse policial de quarteirão tentou interrogar-me, se esquecendo de que sou um parlamentar que faz as leis deste país!

– Acalme-se, meu irmão!

Ester estava com medo; o senador não sabia do que

Falcão era capaz, ela imediatamente pediu desculpas ao policial, dizendo:

– Falcão, desculpe meu irmão. Ele acabou de chegar de viagem e está muito cansado.

– Não tenho o que desculpar, dona Ester.

O inspetor tirou do bolso do seu indefectível colete um papel e, calmamente, o colocou sobre a mesa do senador e despedindo-se:

– Vou indo. Desculpem os transtornos.

Falcão abriu a porta e foi embora. O senador tomou água, e a irmã permaneceu sentada e em silêncio. Após acalmar-se um pouco, Antunes pegou o papel e viu nele alguns nomes anotados. Ergueu-se, botou a mão no peito e disse:

– Eu vou acabar com esse moleque!

Ester leu o que estava escrito no papel. À medida que lia, empalidecia. Por fim comentou:

– Estamos acabados, meu irmão!

O político pegou o telefone e ligou para alguém. Em seguida, ouviu uma voz:

– Alô! Doutor Robson, chefe do gabinete do prefeito.

– Aqui é o senador Antunes. Quero falar com o prefeito agora mesmo.

– Um momento.

– Alô! – disse o prefeito.

– Roberto, venha imediatamente ao meu escritório.

– Ok.

Uma hora se passou.

Ester e o irmão estavam calados esperando a chegada de dr. Roberto.

De repente, alguém anunciou a chegada do prefeito. Após alguns minutos, o executivo da cidade entrou no escritório do senador e disse autoritário:

– Espero que o assunto justifique minha vinda até aqui.

O parlamentar não disse nada; limitou-se a mostrar o tal papel para ele. O prefeito ficou branco. Levantou-se e começou

AMBIÇÃO

a andar pelo escritório do amigo. Após alguns minutos, ele parou e perguntou:

– Quem lhe deu isso, Antunes?

– O inspetor Falcão Nobre.

O prefeito deixou-se cair na primeira cadeira que encontrou no escritório do parlamentar. Pediu água e pôs as mãos na cabeça, enquanto pensava.

– Vocês sabem o que significa isso? – perguntou o prefeito, com ar abatido.

– Falcão tem uma lista de pessoas importantes que ele pode mandar para a cadeia quando quiser ou, no mínimo, está pronto para acabar com nossa carreira política. E, para isso acontecer, basta que a imprensa saiba da existência dessa cópia da agenda do deputado Josias – disse o senador, fitando algo inexistente.

– Não sei como ele conseguiu esta lista – comentou, Ester.

O senador, que estava cabisbaixo, indagou:

– O que vamos fazer?

– Vamos pensar – pediu o prefeito.

– Não adianta pensar! Temos de agir imediatamente – retrucou Ester.

– Como? – perguntou o prefeito.

– Conversando com ele – respondeu Ester.

– Não vou conversar com esse moleque! Vou acabar com ele e pronto – disse o senador.

O prefeito se levantou e fitou o senador e a irmã. Pensou e disse:

– Esse homem deu apenas uma pequena amostra do que ele tem em mãos. Se ele morrer, iremos para a cadeia sem nenhuma misericórdia, pois, nesse momento, a imprensa já sabe de muita coisa. Ela espera apenas que aconteça algo com esse miserável. Portanto, vamos pensar, e muito, antes de agir.

Ele fez uma pausa e continuou:

– A imprensa só está esperando o desenrolar dos fatos

para insuflar a população contra nós; depois, já sabemos o que vai acontecer.

O prefeito se despediu e foi embora. Antunes e a irmã ficaram a sós no escritório, em silêncio.

O parlamentar parecia ter envelhecido, pois estava com as feições carregadas de ódio. A irmã começou a passear pelo escritório. Aproximou-se do irmão e colocou a mão sobre seu ombro, dizendo:

– Eu avisei. Se você tivesse ouvido os meus conselhos, nada disso teria acontecido. Nesses casos, o melhor a fazer é negociar.

– Você tem razão. Esse homem é diferente.

– Vamos embora. Em casa, depois que repousarmos um pouco, nós encontraremos uma solução.

– Mesmo eu não sendo o assassino de Alonso, não me conformo com o fato desse homem, um simples policial, dominar essa situação e, principalmente, zombar de um senador da República, como se eu fosse da turma dele.

– Ele não é um simples homem, é mais do que isso.

– Você está defendendo esse sujeito?

– Não. Estou apenas sendo justa. Ele conseguiu calar o grande doutor Antunes, senador da República; assim como doutor Roberto, prefeito da cidade; doutor Narciso, secretário de Segurança; e doutor Arnaldo, chefe de Polícia.

– Vamos para casa. Estou muito cansado e preciso repousar – disse Antunes, exausto e aborrecido.

Enquanto isso, na residência de Dalva, o prefeito já estava sentado num confortável sofá, conversando com ela.

– Dalva, você sabe me informar como o seu namorado, Falcão Nobre, conseguiu a agenda do deputado Josias? – perguntou ele com naturalidade.

Dalva percebeu certa ironia, e até mesmo uma ameaça, quando o prefeito referiu-se a Falcão como namorado dela. Ela perguntou, também ironicamente:

– Como você tem certeza de que a agenda era do Jô?

AMBIÇÃO

– O inspetor apresentou-me a cópia de algumas anotações e imediatamente reconheci a letra do Josias. Fiquei desconfiado. Pensei que a agenda do seu marido tivesse sido roubada.

– Eu entreguei a agenda do Jô ao inspetor Falcão.

– Por que você fez isso?

– Para ajudá-lo em suas investigações. O senhor deveria estar satisfeito, pois agora ele tem mais um instrumento para fazer justiça.

– Você está certa. Temos de acabar com esses crimes na cidade.

Dalva pensou: *Hipócrita! Consegui mostrar a esse crápula que ainda existe gente honesta neste mundo, e sua armadilha se virou contra ele mesmo!*

O prefeito também pensava: *Essa mulher é muito inteligente. Não me deixou alternativa a não ser concordar com ela. Vou embora, pois qualquer pergunta a mais pode ser perigosa.*

A viúva prestava atenção nas reações do prefeito e deixou aparecer um leve sorriso em seus lábios, enquanto pensava: *Falcão vai pegar o assassino de Alonso de Aquino, seu bandido!*

O prefeito levantou-se, fez um gesto cordial e disse:

– Minha senhora, eu vou embora. Obrigado pela acolhida.

O homem foi embora, tremendo de raiva. A mulher ficou rindo à toa, enquanto ele se retirava.

Passaram-se alguns dias.

Falcão estava em seu apartamento, comendo um sanduíche, quando ouviu a campainha tocar. Ele pensou: *Quem será a esta hora?* Foi atender à porta. Ao abri-la, viu o senador Antunes.

O político cumprimentou o inspetor e perguntou:

– Não vai me convidar para entrar?

– Sim, por favor. Sente-se em qualquer sofá. Desculpe-me, mas esta é a casa de um humilde policial.

O senador percebeu a ironia, porém, estava preparado para conseguir, com diplomacia, que o inspetor fosse anulado.

– Falcão, antes de tudo, eu lhe peço desculpas pela maneira grosseira com que tratei você em meu escritório.

– Esqueça o que aconteceu. Posso lhe ser útil em alguma coisa?

– Pode.

– Em quê?

– Quero sua amizade e que você esqueça esse caso do Alonso – disse o parlamentar sem muitos rodeios.

– Por que eu deveria fazer isso?

– Alonso já morreu e não podemos fazer mais nada por ele. Além disso, estamos perdendo tempo, pois, se ele não se suicidou, provavelmente foi assassinado por algum assaltante.

– Senador, doutor Alonso de Aquino foi assassinado por alguém que o conhecia muito bem, possivelmente, por um amigo muito íntimo.

– Você desconfia de alguém?

– De várias pessoas.

O senador ficou calado, tentando se acalmar.

– Quem é o seu suspeito principal? – perguntou ele.

– O senhor.

– Eu?! Você está ficando maluco? Nunca matei ninguém em toda a minha vida! O parlamentar pensou e perguntou ao policial, tentando se controlar: – Por que eu acabaria justamente com a vida de um amigo?

– É isto que estou investigando. Mas não se preocupe, pois eu não tenho condições de ouvi-lo e muito menos de investigá-lo – respondeu o inspetor encarando o político.

– E por que você tem tanta certeza de que eu sou o assassino de Alonso?

– Eu não disse que o senhor é o assassino de Alonso.

AMBIÇÃO

Apenas suspeito de que foi Vossa Excelência quem matou ou mandou matar o seu amigo, o "pai dos pobres".

– Você está conduzindo suas investigações de forma errada, pois não matei Alonso.

– Pode ser. Mas é como eu já disse: quem vai investigá-lo é outra esfera bem mais alta, que talvez nem exista – disse Falcão com ar irônico.

Ambos silenciaram, mas logo o inspetor rompeu o silêncio:

– Doutor Antunes, só falta uma peça para fechar esse inquérito policial e mandá-lo para a esfera superior da Justiça, através dos órgãos competentes para isso.

O político pensou: *Não estou interessado no escalão superior da Justiça, pois a gente sempre dá um jeito nisso. Estou preocupado com a repercussão da imprensa, que poderá açular o povo, e ninguém consegue prever o que uma população enfurecida pode fazer.*

– Posso saber que peça é essa? – perguntou o parlamentar, preocupado.

– Pode. Preciso descobrir o que levou alguém a matar Alonso. Depois que eu descobrir esse motivo, vou fechar minhas investigações, pois o assassino estará evidente e ao alcance de qualquer pessoa.

O senador se levantou e despediu-se, dizendo:

– Vou embora, inspetor, porém, esperarei uma resposta sua sobre a minha sugestão. Prometo que o senhor vai ficar muito rico.

– A riqueza não vai me proporcionar tanta alegria quanto ver todos vocês na cadeia ou fugindo da Justiça.

Antunes foi embora, pensando: Você não viverá tanto. Nunca matei uma pessoa, todavia, para salvar minha reputação e os meus negócios, faço qualquer coisa.

Angelina estava em seu escritório, quando Josefa anunciou que o inspetor Falcão Nobre encontrava-se na sala de visitas.

– Mande-o entrar, por favor – ordenou a viúva de Alonso.

Falcão, logo que viu Angelina, falou:

– Não vou tomar muito o seu tempo.

– Sente-se, por favor, Falcão.

– Não tenho tempo. Apenas tire-me uma dúvida.

– Qual?

– O seu finado marido era amigo do prefeito?

Angelina se levantou de um impulso e respondeu:

– Por que você está me fazendo esta pergunta?

– Eu perguntei primeiro.

Angelina pensou e respondeu:

– Eles se conheciam. Ambos tinham negócios em comum.

– Que tipo de negócio?

– Não sei.

– Você sabe. Tente se lembrar.

– O que lhe dá tanta certeza nessa afirmação?

– Os nomes de Alonso de Aquino e do prefeito Roberto estão numa agenda do deputado Josias – respondeu o policial.

– Isso não prova nada.

– Não se esqueça de que os peritos não sabem da história de certos anéis, até mesmo porque eles não sabiam que, além de Alonso e você, o deputado Josias e o prefeito também possuem joias semelhantes.

– Isso não quer dizer nada. Milhares de pessoas podem possuir joias semelhantes.

– É verdade – confirmou o inspetor sorrindo. – Só não entendo por que duas das pessoas que possuíam essas joias foram assassinadas.

O policial despediu-se e foi embora, deixando a viúva à beira de um colapso nervoso. Após a saída do inspetor, Josefa viu a patroa tão pálida, que ficou preocupada e perguntou:

– A senhora quer tomar algum remédio?

AMBIÇÃO

– Um pouco de água com açúcar.

Imediatamente, a empregada providenciou a água. Depois ficou sentada, fitando a patroa em silêncio.

– Vou sair, não sei se volto logo – disse Angelina.

A viúva pegou seu carro, dispensando o motorista, e tomou o caminho da residência de sua amiga Dalva. Trinta minutos se passaram e Angelina já se encontrava frente a frente com a amiga. Angelina respirou profundamente e perguntou com muito cuidado:

– Dalva, você sempre disse que era minha amiga.

– E confirmo o que eu sempre disse: você é a minha melhor amiga.

– Então, posso lhe fazer uma pergunta?

– Estou à sua disposição, querida.

– O Jô tinha alguma agenda guardada em segredo?

– Tinha.

– Como ela foi parar nas mãos do inspetor Falcão Nobre?

– Fui eu quem a entregou para ele, com a finalidade de ajudá-lo em suas investigações.

– Onde essa agenda está agora?

– Com ele.

Angelina levantou-se, esfregando as mãos nervosamente. Depois se sentou de novo.

Dalva pousou as mãos nos ombros da bela mulher e perguntou:

– Amiga, o que está havendo com você?

Angelina começou a chorar convulsivamente. A viúva do deputado ficou preocupada e chamou uma empregada, pedindo que ela trouxesse um medicamento para acalmar a amiga. Após tomar um comprimido, Angelina acalmou-se, fitou a amiga e disse:

– Dalva, eu estou perdida.

– O que você fez, querida?

– O inspetor descobriu que Roberto, o prefeito, tinha ligações com Alonso.

– Confesso que não estou entendendo absolutamente nada.

– Alonso tinha uma grande amizade com as pessoas que estavam na agenda de Josias.

– E o que você tem a ver com isso, querida?

– Nada. Mas, de uma forma indireta, isto pode me complicar na investigação que ele está realizando sobre a morte de Alonso.

– Seja clara e diga-me qual o motivo desse medo.

– Posso ser acusada de assassinato ou, no mínimo, como coautora da morte do meu marido.

– Angelina, você não tem nada a ver com isso! Deixe que Falcão descubra quem matou Alonso e jogue o assassino na prisão!

– Você confia muito nesse homem?

– Hoje, depois de Deus, ele é a única pessoa em quem posso confiar – respondeu a viúva do deputado.

– Você gosta muito desse homem?

– Mais do que você imagina. Sempre fui alegre e tranquila, porém, somente agora, quando descobri Falcão Nobre, encontrei a verdadeira felicidade.

– Você não tem medo de decepcionar-se?

– Não. Quando você ama, não existe em sua mente espaço para sentimentos negativos, pois o ser amado preenche todos os seus pensamentos.

– Você acha que seu namorado vai descobrir quem assassinou Alonso?

– Acho que ele já descobriu, mas ainda lhe faltam as provas necessárias.

– Ele falou algo para você sobre o doutor Roberto?

Dalva pensou e respondeu com cuidado:

– Muito superficialmente. Não gosto de me intrometer nos assuntos particulares de Falcão, afinal, já temos pouco tempo para ficar juntos.

Angelina pensou: *Não adianta perder meu tempo com Dalva. Ela é muito inteligente e jamais se deixaria cair em armadilhas feitas por amadores. Não é por acaso que Falcão a ama.* Ela se levantou, retocou a maquiagem e disse:

– Minha amiga, eu vou embora. Obrigada pelo apoio.

– Estarei sempre à sua disposição, Angelina. Se você não deve, não precisa ter medo. Falcão é um homem justo e bom.

– Será que ele não tem medo de morrer?

– Matá-lo seria um péssimo negócio para os seus inimigos, pois ele tem um material muito vasto sobre crimes, falcatruas, suborno e suspeitos da morte, não só de Alonso, mas também do meu ex-marido, do policial Vicente e inclusive, da morte de Jacaré, chefe do tráfico no Morro do Camarão.

Angelina fitou aquela linda morena que estava à sua frente e quis falar algo porém, desistiu e apenas se despediu, partindo em seguida.

CAPÍTULO 29

O ASSASSINO VOLTA A ATACAR

Falcão estava exausto e, assim que chegou a casa, deitou-se no sofá e tentou dormir, mas não conseguiu, pois não deixava de pensar, um só momento, no motivo que teria levado alguém a matar Alonso de Aquino.

O inspetor levantou-se do sofá e começou a andar pelo apartamento, sem encontrar um instante de sossego. Ele já estava ficando esgotado, cansaço provocado pelas noites que passava em claro, procurando as peças que faltavam para fechar aquele "quebra-cabeça".

Já era quase dia quando o policial começou a cochilar. Entretanto, de repente, levantou-se e começou a pensar: *Se Alonso foi assassinado, é óbvio que o mataram em seu próprio quarto, na sua mansão.* Foi até a janela e viu os primeiros raios de sol, que anunciavam um novo dia.

Tomou banho e fez sua higiene matinal. Fez café e começou a sorvê-lo aos poucos, brincando com a xícara e pensando na morte do "pai dos pobres", sem conseguir encontrar um caminho que o levasse ao final daquela tortura. *Alonso foi morto em seu próprio quarto, pois o tiro que o matou foi disparado no mesmo local onde encontraram o corpo,* pensou.

Tomou mais um gole de café e vestiu seu velho colete, pegou seu carro e saiu dirigindo sem destino, até que, depois de muitas voltas, chegou à Central de Polícia. O policial Mauro o viu pela janela e adentrou a sala dele com ar preocupado.

– Bom dia, inspetor.

– Bom dia, Mauro – cumprimentou, desconfiado do tratamento esquisito do amigo.

– Você está com uma péssima aparência. Parece que não dormiu ainda.

– Realmente, eu não consegui dormir, de jeito nenhum.

– Amigo, tire uns dias de folga para descansar senão vai terminar adoecendo.

O inspetor fitou o amigo e disse de surpresa:

– Mauro, mataram Alonso de Aquino em sua própria mansão.

– Todo mundo sabe disso, Falcão.

– Então, o assassino é conhecido da Angelina e dos empregados –, Antônio e Josefa –, ou do filho Roberto, que eram as pessoas que se encontravam em casa no dia do assassinato.

– Isto também é muito evidente, meu caro Falcão.

– Quem matou Alonso era seu amigo íntimo e entrou na mansão a convite dele.

– E por que estas pessoas que você citou não falaram nada a esse respeito para a polícia?

O inspetor pensou e respondeu com a mão no queixo:

– Eles foram bem pagos.

– Não consigo acreditar nessa versão – comentou o policial Mauro, pensativo.

– Quem era tão amigo de Alonso, a ponto de ser convidado para conversar com ele em seu próprio quarto? – perguntou-se o inspetor. – Com esse convite, o assassino encontrou um ambiente propício para a simulação do suicídio, escapando da cena do crime com a ajuda de alguém.

Mauro levantou-se e, se espreguiçando com a mão na cabeça, comentou:

– É, pode ser.

– Por enquanto, é melhor guardar sigilo sobre o que falamos aqui – pediu o inspetor.

Mauro fitou o colega, sorriu e saiu da sala dizendo:

– Vou resolver alguns problemas. Qualquer coisa, pode me chamar.

Falcão também se levantou e foi até o gabinete do chefe de Polícia.

Dr. Arnaldo viu o inspetor através da porta de vidro e o mandou entrar.

Depois dos cumprimentos, perguntou:

– Procura algo, inspetor?

– Sim.

O chefe de Polícia ficou alerta e perguntou:

– Posso ajudá-lo?

– Sim. Você conhece doutor Roberto, o prefeito da cidade?

Arnaldo ficou quase sem fala, porém, disfarçou e respondeu:

– Todo mundo o conhece.

– Quero saber se você o conhece pessoalmente, assim como conhece doutor Narciso, o senador Antunes, doutor Marcos e outros.

Arnaldo estava pálido e pensou: *Não adianta dizer que não o conheço. Ele já sabe da verdade.* Resolveu falar uma meia verdade:

– É, realmente, eu o conheço. Ele é o prefeito da cidade, e eu, como chefe de Polícia, tenho ligações com a prefeitura por força da minha função.

– Por que vocês esconderam o assassinato de Alonso de Aquino?

O chefe de Polícia pensou: *Também não posso esconder a verdade, pois, a essa altura, ele já sabe de tudo a respeito do assassinato.*

– Porque, caso contrário, eu estaria pondo em risco minha credibilidade junto à sociedade e também minha função como chefe da Polícia Civil do Estado. Contudo, quero deixar bem claro que sou inocente na morte de doutor Alonso.

– O que você sabe a respeito do secretário de Segurança Pública, com relação à morte do "pai dos pobres"?

– Nada, além dos motivos que o levaram a esconder o assassinato, que por sinal são os mesmos que os meus.

– Arnaldo, você sabe por que mataram o doutor Alonso de Aquino?

Dando sinais de irritação, Arnaldo respondeu-lhe:

– Inspetor Falcão Nobre, eu não sei de nada. Já relatei qual foi o meu erro.

Falcão observou que a conversa estava encerrada. Pediu licença e saiu do gabinete do chefe.

Arnaldo sentou-se novamente e ficou pensando: *Se ele descobrir os motivos que levaram ao assassinato de Alonso, o caso estará encerrado.*

Tenho até medo de pensar nisso, pois o escândalo vai ser tão grande, que a imprensa vai ter assunto para vários meses, e muitas cabeças irão rolar.

Falcão, encontrava-se pensativo, caminhando em sua sala, quando seu celular tocou.

– Alô!

– Falcão?

– Sim. Sou eu.

– Quero falar com você urgentemente.

– Dentro de vinte minutos estarei aí.

Ele desligou e ficou pensando: *O que Ester quer comigo?*

Depois de meia hora, o inspetor estava sentado em frente a Ester.

– Falcão, eu vou relatar o nosso envolvimento com o assassinato de Alonso de Aquino e espero que você compreenda os meus motivos, pois não aguento mais tanta pressão.

O inspetor manteve-se calado, enquanto procurava uma maneira mais confortável de sentar-se no sofá.

Ester continuou falando:

– Meu irmão sempre foi muito amigo de Alonso. Quando soubemos do suicídio dele, não acreditamos na notícia, haja vista não haver motivos aparentes para que Alonso recorresse ao suicídio. Antunes ficou com muito medo e bastante nervoso.

– Por quê?

– Antunes não acreditava que Alonso havia se suicidado. Além disso, se o amigo tivesse sido assassinado, como se confirmou mais tarde, ele seria um dos suspeitos de sua morte, e isso prejudicaria sua carreira política e seus negócios.

– Continue, por favor!

– Quando soube que você havia descoberto o assassinato de Alonso de Aquino, fiquei com medo, principalmente, por causa do meu irmão.

– Então, você mandou Bira matar o deputado Josias?

– Exato.

– Por que logo esse deputado? – perguntou o inspetor, ajeitando-se na cadeira.

– Josias era amicíssimo de Alonso e telefonou para mim dizendo que não acreditava no suicídio do amigo, deixando nas entrelinhas que o meu irmão havia sido o mandante do crime.

Ester fez uma pausa e depois continuou:

– Roberto, o prefeito da cidade, ajudou Antunes a sair da falência, entretanto, exigiu em troca alguns serviços, forçando o meu sobrinho Marcos a ser o "contato" do tráfico em algumas favelas e a defender o traficante Flavinho.

– Por que o seu sobrinho aceitou essa condição?

– O prefeito ameaçou retirar sua ajuda dos negócios do meu irmão, levando-o à falência e, consequentemente, à sua destruição total. Por isso, Marcos foi forçado a fazer o que ele queria – respondeu a irmã do senador.

– Continue, por favor.

– Quando eu soube que era você quem estava investigando, por conta própria, o suposto suicídio de Alonso, fiquei apavorada, porque eu já sabia de sua competência em desvendar crimes.

– Foi aí que você mandou alguém me matar?

– Exato. Contratei um pistoleiro amigo de João Raposa, que na época também era o contato do tráfico nas favelas; todavia, ele falhou. Marcos, que estava sabendo da armadilha, ficou com medo de o bandido me entregar e deu cabo dele.

Falcão estava impassível, procurando um pouco de remorso nas feições daquela mulher, então pensou: *Meu Deus, quanta gente é morta neste mundo e ninguém jamais fica sabendo, porque os assassinos são pessoas acobertadas pelo poder e pelo dinheiro.*

Ester bebeu um pouco de água e continuou seu relato:

– Vicente morreu porque jogava dos dois lados. Era meu colega, pois fazia alguns serviços sem importância, até que um dia ele ameaçou contar para você quem tinha mandado matar Josias e quem o havia assassinado. Assim, foi atraído para aquela casa, e João Raposa fez o trabalho.

– Por que João Raposa tentou me matar?

– Não sei. Não tive participação nesse atentado. Aliás, meu relato termina aqui. Fiz-lhe essa confissão para poder dormir, mesmo que mais tarde eu venha a pagar por tudo. Porém, não estou arrependida.

– O prefeito da cidade é o chefão do tráfico? – perguntou o policial, atento.

– Não sei. Sei que ele tem muito dinheiro. Não me pergunte mais nada, pois não responderei.

– Você está disposta a assinar esta confissão? – perguntou o inspetor.

– Sim. Conte comigo, caso você ainda esteja vivo.

– Não sei se tenho pena de você ou se mando prendê-la agora mesmo.

– Conheço seus métodos de trabalho. Você é um cavalheiro e nunca está satisfeito com investigações pela metade, pois, a seu modo, você sente satisfação em mandar bandidos para a cadeia, principalmente quando se trata de pessoas influentes. Sendo assim, você não vai fazer nada comigo por enquanto – comentou a mulher. – Além disso, eu soube que você é um policial espírita, portanto um espírita jamais sente prazer em matar alguém, pois acredita na imortalidade da alma e crê piamente em Deus.

Falcão fitou aquela bela mulher perigosa, sorriu e despediu-se.

Enquanto dirigia seu velho carro, com destino ao seu apartamento, pensava: *Está tarde; vou para casa, procurar descansar. Amanhã cedo passarei na residência de Dalva.*

Quando abriu a porta do apartamento, viu um pequeno clarão em forma de disco e sentiu uns impactos no peito, no ombro e num dos braços, caindo em seguida. Antes, porém, ainda pensou: *Conseguiram me pegar... Essa é a lei de quem manda no mundo.* Ninguém ouviu o barulho dos estampidos, porque a arma utilizada no atentado estava munida com um silenciador.

Alguém acendeu a luz e depois se certificou de que o grande Falcão Nobre estava morto, virando o corpo dele com a ponta do pé. Depois o assassino foi embora, quase correndo.

No dia seguinte, Falcão Nobre abriu os olhos e viu algumas pessoas ao redor da cama onde estava deitado. Dalva beijava a sua mão chorando, mas lutava para se manter calma. Seu amado, quando acordasse, não gostaria de vê-la assim, pois ele era um homem que amava seu jeito, principalmente porque era uma mulher forte e honesta.

– Graças a Deus que o colete o salvou – disse a mulher quando viu o amor de sua vida abrir os olhos e sorrir.

O inspetor ainda estava surpreso com tudo aquilo; depois se lembrou do acontecido. Tentou mexer o braço esquerdo e não conseguiu. Levantou a mão direita e a passou no tórax, verificando se estava ferido. Descobriu que os únicos ferimentos existentes no corpo encontravam-se no ombro e no braço esquerdo.

– Meus parabéns, chefe. Se não fosse esse velho colete, que possui folhas de aços escondidas que protegem o peito e as costas, agora você já estaria no necrotério – disse Mauro.

O doente sorriu e fez uma careta, sentindo muita dor no ombro. Dr. Márcio estava sorrindo, como se não acreditasse que Falcão estava vivo, e falou com ironia:

– Você teve muita sorte. Duas balas dirigidas ao seu peito foram aparadas pelo seu colete à prova de balas. Um tiro atingiu-lhe o ombro e outro o braço esquerdo, sem grandes danos. Daqui a alguns dias você estará pronto para o serviço.

Ao ouvir o médico, Falcão perguntou:

– Por que desmaiei?

– Por causa do impacto das balas no peito e do ferimento no ombro, que abriu um pequeno buraco e causou uma hemorragia. Aliás, a hemorragia salvou sua vida, pois o sangue proveniente dela se espalhou pelo tórax e confundiu o pistoleiro.

– Quem me trouxe para o hospital?

– O policial Mauro, que foi ao seu apartamento a serviço e viu você deitado no chão, todo ensanguentado.

Falcão olhou com carinho para Dalva e perguntou:

– Como você soube?

– Mauro ligou para mim imediatamente.

O inspetor olhou para todos os lados do quarto e ficou surpreso com o que viu. Encontravam-se no apartamento do hospital, além da namorada, dr. Márcio, o amigo Mauro, dr. Arnaldo, dr. Narciso, Ester e Angelina.

Todos o cumprimentaram, inclusive Ester, que, sorrindo como se não acreditasse no que visse, disse-lhe:

– Meu caro inspetor, eu espero que se recupere rápido.

Quando o policial ficou a sós com o médico, Dalva e Mauro, ele pediu que o ajudassem a se vestir, pois sairia naquele instante do hospital.

Dr. Márcio pulou na frente dele e disse:

– Inspetor, quem manda aqui sou eu. Sua alta depende de mim.

Falcão encarou firmemente o médico, e este, vendo naquele olhar uma forte determinação e uma ameaça velada, falou:

– Bem, como você não teve nada grave, vou dar sua alta. Pode ir embora se quiser.

O homem vestiu-se, sendo ajudado por Dalva, e foi embora para a residência dela. Saiu pela porta dos fundos, pois na frente do hospital da polícia havia um batalhão de repórteres querendo saber sobre o estado do policial mais querido do estado.

Os jornais matutinos estampavam em suas manchetes: "Inspetor Falcão Nobre está moribundo"; "O terror dos bandidos foi baleado"; "Falcão está entre a vida e a morte". A televisão abria espaço em suas programações e dava notícias a respeito do inspetor: "Senhores, Falcão Nobre, inspetor da Polícia Civil, está hospitalizado, tendo sido atingido por várias balas numa tentativa de assassinato"; "O homem que estava no encalço do crime organizado foi morto ontem à noite"; "O cavalheiro da investigação está entre a vida e a morte, porque descobriu que o 'pai dos pobres' foi assassinado".

Num belíssimo apartamento, um homem, com ar de satisfação, caminhava com um jornal na mão, enquanto pensava: *Isso é para você respeitar quem tem poder, seu cretino!* O telefone tocou, e o homem foi atender:

– Alô!

– O homem não morreu; foi salvo por um colete à prova de balas. Ele já foi liberado pelo médico.

Em seguida, a pessoa desligou o telefone.

O homem sentou-se no primeiro sofá que encontrou e começou a tremer, pensando: *Estou acabado!*

Enquanto isso, na casa de Dalva, com o ombro e o braço enfaixados, Falcão observava minuciosamente o colete.

AMBIÇÃO

Dalva pegou a mão do homem e pediu:

– Não esqueça que estou aqui e quero ouvir suas observações sobre os disparos que tentaram tirar-lhe a vida.

Falcão pegou o colete e disse:

– Querida, o pistoleiro atirou quatro vezes. Duas balas atingiram o colete em cheio, na altura do meu peito. Outra bala, possivelmente dirigida à minha cabeça, pegou no ombro, e a outra, dirigida ao meu estômago, pegou no meu braço. O homem era um excelente profissional, pois, mesmo no escuro, conseguiu fazer todo esse estrago.

– Querido, no claro, possivelmente ele teria morrido, pois você o acertaria primeiro. Só não entendo, por que ele atirou em você no escuro.

– Fácil. Ele fez isso por dois motivos: para não ser reconhecido e ter a seu favor o elemento-surpresa.

– Graças a Deus que você anda com esse colete. Vou mandar revesti-lo com um tecido novo.

Falcão sorriu.

Dalva continuou falando:

– Confesso que eu sentia repulsa por esse indefectível colete, mas, agora, entendi a utilidade dele.

Após o jantar, Falcão foi tomar ar no jardim, sempre fitando o céu, como se estivesse agradecendo a Deus. Pensou: *Obrigado, minha mãe, por ter salvo a minha vida.*

– Cuidado, meu amor! Esses bandidos vão tentar eliminá-lo de qualquer maneira – disse Dalva, beijando o homem.

– Sei disso. Mas não se preocupe. Por enquanto, eles vão ficar com medo de atacar, e o pistoleiro que foi contratado para matar-me já deve ter sido executado.

– Que certeza é essa?

– A lei é essa. Quando um pistoleiro falha em serviço, sua punição é a morte. Ele se torna um perigo para os mandantes do crime – respondeu o policial, respirando profundamente e depois sorvendo um gole de licor.

Ele sorriu, fez um carinho na mão de sua amada, pensou e fitou algo ao longe, antes de dizer:

– Os responsáveis pela superlotação das penitenciárias são: os maus religiosos, os políticos corruptos, os empresários desonestos, os policiais comprados pelo sistema, os governos hipnotizados pelo poder e por outros motivos escusos.

Falcão fez uma pequena pausa, respirou o ar agradável daquela noite e, com um sorriso misterioso, disse:

– Querida, eu tive um sonho; aliás, um sonho não, um desdobramento, como me informou meu amigo Carlos.

Dalva imediatamente fitou o rosto do amado e, com ar de quem estava preocupada e curiosa, quis saber:

– Que sonho foi esse, meu amor?

O homem levantou-se, ensaiou alguns passos, como se fosse caminhar nas alamedas do jardim, parou defronte a mulher, se sentou novamente e narrou o desdobramento, descrevendo com detalhes o que havia visto e ouvido, inclusive que eles já haviam reencarnado em outras vidas juntos, uma delas sendo por ocasião da Segunda Guerra Mundial.

Dalva ouvia seu amado apreensiva, principalmente porque a mãe dele, o havia advertido do perigo que estava correndo. Ela pensou um pouco, depois comentou:

– Acredito em tudo o que você me disse, principalmente quando sua mãe falou sobre nós.

– Por quê?

– Porque passei a minha vida inteira sonhando com um homem fardado – respondeu a mulher.

– Você se lembra de detalhes, querida?

– Lembro-me apenas de que a farda desse homem era preta. Usava um quepe com símbolo esquisito, que me fazia lembrar um crânio humano – respondeu a mulher com os olhos fixos num ponto invisível.

– Então, as informações de minha mãe sobre a nossa reencarnação são verdadeiras, porque essa descrição da farda desse homem confirma que ele era da guarda particular de Hitler e do partido, a famosa SS, que tanto mal fez à humanidade.

O homem baixou a cabeça e pensou: *Será que fui tão*

perverso e mal naquela existência em que fui um oficial alemão, principalmente pertencendo à temível SS? Ele ergueu a cabeça para céu e, como se estivesse orando, pensou: *Meu Deus, será que mereço seu perdão? Devo ter feito tanto mal, que prefiro jamais me lembrar do que fui naquela época.*

A mulher notou que o inspetor havia emudecido, por isso, puxou a cabeça dele para o seu colo e o acariciou. Quando passou a mão no seu rosto, notou que estava molhado. Falcão Nobre chorava.

– Amor de minha vida, tudo isso faz parte de um passado distante.

O homem permaneceu em silêncio.

– Conheço a história do exército de Hitler, principalmente da temida SS – disse a bela morena, acariciando-o. – Se tivemos um relacionamento àquela época, assim como informou sua mãe, e se você me fez sofrer, foi porque eu sempre o amei, portanto agradeço a meu Deus tê-lo encontrado novamente para continuarmos nosso aprendizado em direção às paragens abençoadas por nosso Criador, pois somente o verdadeiro amor é reconhecido por Ele.

O inspetor fitou sua amada, beijou-lhe os cabelos, os olhos, as lágrimas, depois a boca, enquanto pensava: *Obrigado, Senhor, pois não mereço Sua misericórdia.*

CAPÍTULO 30

FALCÃO PRESSIONA ANGELINA

Assim que as coisas se acalmaram, Falcão foi até a residência de Angelina. A viúva estava no escritório, quando Josefa pediu licença e avisou:

– O inspetor Falcão quer falar com a senhora.

– Mande-o entrar, por favor.

Ainda em pé, Angelina cumprimentou Falcão e pediu:

– Sente-se, por favor.

A princípio o homem sentou-se e ficou em silêncio, mas logo se levantou e caminhou pelo escritório sob o olhar atento de Angelina.

Sentou-se novamente e permaneceu em silêncio.

– Falcão Nobre, escute bem o que vou lhe dizer – disse Angelina em voz enérgica. – Deixe de me torturar. Você já tem conhecimento de tudo o que sei. Agora, por favor, deixe minha casa; não tenho mais nada para revelar sobre sua investigação.

– Desculpe-me, senhora – disse o inspetor, sabendo que não adiantava tentar arrancar mais nenhuma palavra da viúva.

Antes de deixar a residência, o inspetor tirou do bolso um papel e perguntou:

– Posso usar seu telefone?

– Fique à vontade.

Ele discou um número e alguém atendeu do outro lado da linha:

– Alô, gabinete do prefeito.

– Um momento. A senhora Angelina quer falar com o prefeito.

O policial passou o telefone para Angelina.

A mulher pegou o fone e ficou surpresa ao ouvir alguém chamá-la:

– Alô, dona Angelina. Um momento, o prefeito já vai atendê-la.

– Eu não quero falar com o prefeito, foi um engano – apressou-se em dizer a viúva, nervosa.

O inspetor pegou o telefone da mão dela e desligou.

A moça sentou-se, trêmula e pálida. Falcão ligou novamente para outro número. Uma mulher com voz educada e solícita atendeu:

– Alô! Gabinete do desembargador Júlio César.

– Alô! Senhorita, aqui é o secretário da senhora Angelina. Ela quer falar com o desembargador.

Logo em seguida um homem atendeu:

– Alô! Querida, pode falar. Aqui é Júlio César.

Imediatamente, o policial passou o telefone para Angelina. Ela pegou o aparelho como se estivesse hipnotizada, ouviu Júlio César e disse:

– Depois falo com você.

Desligou e desabou num sofá ao lado. Falcão fez um gesto com a mão e despediu-se, deixando-a muito nervosa. Angelina foi para o seu quarto e deitou-se de bruços na confortável cama, chorando. Atenta a tudo o que acontecera,

Josefa foi até o quarto da patroa e se compadeceu com o estado dela.

– O que aconteceu, senhora? – indagou, preocupada, a empregada.

A patroa enxugou o rosto e respondeu, fitando Josefa:

– Estou perdida, minha amiga!

– É tão grave assim? – perguntou com voz carinhosa a velha empregada e amiga.

– Esse demônio chamado Falcão Nobre aproveitou-se de minha fragilidade e me fez cair em uma armadilha.

– A senhora tem culpa?

– Juro que não!

– Então, não precisa ficar assim.

– Josefa, você não está entendendo! – disse Angelina, irritada e nervosa.

– O que não entendo, senhora?

– Esse homem armou uma arapuca e eu caí nela. Ele queria saber até onde chegam os meus relacionamentos. Não sei como ele conseguiu esses telefones, que somente eu e Alonso tínhamos.

Josefa ficou calada.

– A senhora precisa de alguma coisa? – perguntou a empregada, evitando comentários.

– Não. Obrigada, Josefa.

Falcão dirigia satisfeito. Ele cantava uma música qualquer, quando seu celular tocou. Verificou que o número do telefone era o de Angelina. Não atendeu.

Angelina pensava: *Esse vagabundo não vai atender o telefone!*

– Esse homem vai conseguir prender o assassino de Alonso! Ele consegue fazer pressão em todo mundo sem ameaçar ou usar a força! É um investigador romântico, que descobre qualquer crime atraindo para si os culpados, fazendo com que eles confessem sem precisar recorrer a métodos repressivos – falou para si em voz baixa.

Falcão dirigiu até chegar à residência de dr. Marcos. Tocou a campainha, e a empregada, que já o conhecia, veio atender à porta.

– O que o senhor deseja, inspetor?

– Quero falar com doutor Marcos.

Ela fechou a porta. Depois voltou e pediu que ele entrasse e se sentasse.

Alguns minutos depois, dr. Marcos apareceu com a barba por fazer, olheiras e um aspecto muito triste. Falcão ficou com pena daquele rapaz, que deixara escapar um futuro brilhante como grande advogado, ao se envolver com gente do crime.

Angelina tinha razão. Falcão era um romântico, porque era dotado de uma grande sensibilidade, mas sempre usava a razão para descobrir as tramas que envolviam a vida das pessoas que andavam à margem da lei. O advogado sentou-se com ar de quem estava completamente arrasado e cabisbaixo, e perguntou:

– Meu caro inspetor, o que você ainda quer de mim?

O policial pôs a mão no ombro do rapaz e disse-lhe:

– Acho que cheguei numa hora imprópria. Eu vou embora, depois nós conversaremos.

– Falcão... Usei uns "bagulhos" agora, mas ainda consigo raciocinar. Pode falar e farei o possível para ajudá-lo.

O policial caminhou pelo apartamento, observando a decadência daquele homem. Sabia que o filho do senador Antunes era apenas mais uma vítima daquele sistema implacável, que não perdoa quem se levanta contra ele.

– Acho que tudo o que tenho a lhe perguntar, você já sabe.

– Falcão, eu não sei quem é o chefe dessa sujeira, e mesmo que soubesse não faria mais nenhuma diferença, pois já é muito tarde para mim.

– Hoje, sou um traficante e um assassino – disse ele com ar inquieto. – Assassinei um homem para resguardar o nome de meu pai.

Marcos silenciou, fitando o teto do apartamento, e, como se não houvesse mais ninguém ali, falou:

– O chefe é um homem muito inteligente e tem todo mundo preso a si.

– Você sabe por que as pessoas envolvidas se submetem a essa alienação? – perguntou o inspetor com a maior naturalidade.

– Não sei. Talvez, pelo dinheiro e pelas ameaças.

De repente, o inspetor levantou-se sobressaltado e começou a caminhar impaciente de um lado para o outro. Pediu ao advogado um pouco d'água. Depois que bebeu, sentou-se e concluiu em pensamento: *É isso aí! Essa pessoa tem poderes para prender quem quer que seja, portanto, ele só pode pertencer ao alto escalão da Justiça!*

Surpreso com aquela reação do inspetor, o rapaz perguntou:

– Inspetor, o que houve?

– Você conhece o desembargador Júlio César?

– Sim. Ele é muito conhecido, principalmente no meio político.

– Muito interessante – disse o policial em voz baixa.

– Não o estou entendendo, inspetor!

– Deus queira que essa pista nos leve à pessoa que estamos procurando.

– Você já falou com doutor Roberto?

– Não.

– Ele, como político, deve saber informar melhor quem é essa pessoa.

– Por que, Marcos?

– Todas as ordens da quadrilha partem do prefeito. Não conheço ninguém acima do doutor Roberto ou quem possa ser o chefe dele.

– A sua tia sabe disso?

– Talvez não. Não sabemos quase nada a respeito desse esquema.

AMBIÇÃO

Acho que até o meu pai, apesar de ser senador, também não sabe quem é o verdadeiro chefe. Você tem razão: a pessoa por trás disso tudo tem de ter uma grande influência para deixar todo mundo sem ação.

Falcão segurou a mão do advogado e disse-lhe:

– Você é um grande advogado. Ajude-me nessa investigação e eu farei de tudo para compensá-lo.

– Acordo feito – disse dr. Marcos estendendo a mão para o policial.

– Marcos, você sabe quem tentou me matar nesta última vez? – perguntou Falcão, antes de se retirar.

– Sei. A pessoa foi contratada por mim, porém, já está morta – respondeu friamente o advogado.

O inspetor foi embora.

Marcos ficou pensativo: *Vou ajudar Falcão a partir de agora e, mesmo que eu morra, terei uma oportunidade de me vingar de quem virou a minha vida de cabeça para baixo.*

Na prefeitura da cidade, o prefeito estava despachando, quando sua assessora particular comunicou:

– Prefeito, tem uma pessoa que não está agendada para falar com o senhor, mas mesmo assim, pediu que eu lhe perguntasse se pode ser recebida.

– Não. Ao terminar de assinar esses documentos, vou embora.

– Desculpe-me, prefeito, mas o senhor não quer saber quem é essa pessoa?

– Não me interessa. Só recebo quem tiver sido agendado com antecedência.

– Então, posso agendá-lo para outro dia?

– Pode, mas peça que essa pessoa fale antes com o chefe de Gabinete.

– Ok. Vou agendar o inspetor Falcão Nobre para depois de amanhã.

O prefeito se assustou tanto que imediatamente empalideceu. Ele afrouxou o nó da gravata e bebeu um pouco da água que estava num copo sobre a mesa. Ficou andando dentro do gabinete como uma fera enjaulada.

Pegou o telefone e ligou.

Alguém do outro lado da linha atendeu:

– Alô!

– O pássaro está no meu gabinete. O que faço?

– Se vira, Roberto. Você sabe muito bem que ele não tem autoridade nenhuma para estar aí. Entendeu?

A tal pessoa desligou. O prefeito não percebeu, mas estava sendo observado pela assessora. Ela pensou: *Esse tal de Falcão Nobre é mesmo perigoso. Até o prefeito tem medo dele.*

O prefeito encarou a assessora e disse:

– O que está esperando? Mande o homem entrar logo!

– Sim, senhor.

Falcão adentrou o gabinete e logo cumprimentou aquela autoridade municipal, comentando em seguida:

– Hoje está muito quente, não é mesmo? Eu estava conversando com o doutor Marcos, quando resolvi fazer uma visita ao senhor.

O executivo da cidade permanecia sentado e em silêncio, como se tivesse perdido a fala, mas estava apenas se recuperando para poder conversar com aquela visita indesejável.

– Inspetor, por favor, seja breve – disse o prefeito bruscamente, recuperando o seu controle emocional. – Eu ainda tenho que analisar uns documentos antes de encerrar o meu expediente.

O inspetor levantou-se calmamente, colocando as mãos sobre a mesa de dr. Roberto. Enquanto encarava o prefeito, o inspetor viu em seu dedo anular o mesmo anel que Alonso de Aquino, Angelina e o deputado Josias usavam. *Preciso verificar se o anel do desembargador Júlio César é igual, conforme informação do jornalista,* pensou.

AMBIÇÃO

– Quem lhe deu esse anel?

– Isso não é de sua conta! Esqueceu que sou uma autoridade e o senhor, um simples policial?

– Não. Mas não precisa ficar nervoso. Sei que sequer posso entrar na prefeitura sem ser convidado, imagine fazer-lhe perguntas indiscretas...

Calmamente, Falcão continuou questionando-o, como se estivesse conversando com o seu melhor amigo:

– Quero saber o que levou você a mandar matar o seu amigo Alonso de Aquino – disse o inspetor, blefando para conseguir mais algumas informações.

O prefeito respondeu energicamente:

– Nunca mandei matar ninguém!

– Acredito. Um covarde como você não teria coragem para fazer isso às claras. Falcão apontou para ele e disse, num tom mais severo: – Quero pegar o covarde que está fazendo você de escudo.

O inspetor fez um gesto com a mão e despediu-se naturalmente, como se fosse uma pessoa normal em audiência com a autoridade máxima de uma cidade.

Assim que o policial saiu do gabinete, a assessora adentrou a sala e ficou preocupada com o estado do seu chefe, chamando imediatamente um médico, que logo perguntou:

– Prefeito, o senhor está bem?

Dr. Roberto fitou o médico e começou a chutar a cadeira, espalhando os papéis que estavam sobre a mesa, e esbravejando:

– Moleque safado! Policial morto de fome! Nunca fui tão humilhado em toda a minha vida! Vou acabar pessoalmente com ele!

Quando o prefeito se acalmou, viu que o médico e a assessora olhavam-no como se não acreditassem no que ouviam.

– Deixem-me a sós.

A moça e o médico saíram apressados do gabinete e foram conversar em particular. Ao ficar só, o chefe do Executivo da cidade conseguiu pensar com mais clareza: *Estou perdido!*

Esse homem é realmente perigoso. E o pior é que ele já sabe de tudo, inclusive, que existe alguém dando ordens através de mim.

Assim que deixou a prefeitura, Falcão dirigiu-se para sua residência, pois estava muito cansado, tendo em vista que ainda não havia se recuperado completamente da grande perda de sangue que sofrera na ocasião do atentado. *Vou para casa descansar, e espero não encontrar nenhuma surpresa,* disse para si mesmo.

Entrando no apartamento, ele acendeu a luz da sala e viu dr. Marcos sentado num sofá de canto.

– Como você conseguiu entrar aqui?

– Isso é fácil, você sabe disso.

– Ok.

Falcão abriu a geladeira, pegou um refrigerante e tomou um gole, perguntando em seguida:

– Marcos, você quer tomar alguma coisa?

– Algo quente.

Falcão colocou uma bebida qualquer em um copo e o entregou para o seu visitante, deixando a garrafa ao lado dele. Depois se sentou e colocou os pés numa mesinha de centro.

– Pronto, amigo! – disse o policial, relaxado. – Agora, já posso ouvi-lo.

– E por que você acha que eu vim contar alguma coisa?

– Porque com certeza você não veio aqui para namorar. Afinal, nem você nem eu somos disso.

Marcos começou a rir e pensou: *Este homem não é deste mundo!*

Depois de tudo que aprontei, até mesmo mandando matá-lo, ele não se altera nem dá lugar a ressentimentos. Realmente, ele é um cavalheiro travestido de policial.

– Por que você está rindo, Marcos?

– Nada, deixa pra lá. Estou aqui para ajudá-lo a descobrir duas coisas que muito me interessam.

– Você quer me ajudar?

AMBIÇÃO

– Sim.

Falcão pensou: *Acho que posso confiar nele. Só não sei se ele vai viver o suficiente para concluir essa história.*

– Pode falar. Estou ouvindo, Marcos.

– Vou continuar daquela ideia que conversamos no meu apartamento, ou seja, investigando quem tem poder o suficiente para estar por trás de tudo isso.

Após o relato do advogado, sem haver nenhuma interrupção por parte do policial, Falcão Nobre disse:

– Boa ideia!

Em seguida, o inspetor levantou-se e, estendendo a mão para o advogado, cumprimentou-o e disse:

– Reze para viver até lá.

Um arrepio subiu pelas costas de dr. Marcos; entretanto, ele continuava disposto a fazer qualquer coisa.

– Confie em mim, pelo menos enquanto eu viver.

– Meu caro Marcos, não venha mais até aqui, nem telefone para mim.

– Como iremos conversar?

– Ligue para o Bira – , da turma do Baiano – , e diga qualquer coisa.

Imediatamente, eu entrarei em contato com você.

– Não é perigoso?

– Não. Você continuará sendo o "contato" do tráfico, e Bira é apenas mais um traficante. Isso despistará quem estiver desconfiando de você.

– Entendi.

Ambos apertaram as mãos e Marcos foi embora.

O filho do senador passou a noite sem conseguir dormir, pensando em quem estava por trás daquela quadrilha bem organizada, mas não encontrou nenhuma pista.

Angelina também não conseguia dormir, então pegou seu carro e dirigiu pela cidade sem direção certa. De repente, pensou no ex-namorado e resolveu ir até a casa dele, para desabafar um pouco. Ela não sabia que Falcão havia falado com Marcos. O rapaz estava na varanda de seu apartamento, quando ouviu a campainha tocar. Ele ficou de sobreaviso e pensou: *Quem será a esta hora?* Mesmo assim, com muito cuidado, ficou ao lado da porta e perguntou:

– Quem é?

– Angelina.

Ele abriu um pouco a porta e certificou-se de que era, realmente, Angelina. Ela entrou e perguntou:

– Está desconfiado, Marcos?

– Isso não é desconfiança, e sim cautela.

A ex-namorada sentou-se e observou que Marcos estava muito seguro, como se aquele medo que ela sempre via nos olhos dele tivesse desaparecido de repente.

– Estou atrapalhando o seu sono?

– Não. Estou sem dormir, pensando nos negócios.

– Quer dizer que você resolveu assumir os negócios do seu pai? – perguntou a ex-namorada com voz irônica.

– Exato.

Angelina também observou que ele estava frio. Tentou aproximar-se, mas ele se afastava, sempre dando uma desculpa qualquer. Enfim, ela disse:

– Marcos, eu estou com medo.

– De quê?

– Do Falcão.

– Se você não tem culpa, não precisa ter medo.

– Apesar de ser inocente nessa história, ele está me usando para conseguir seu intento.

– Que intento?

– Descobrir por que mataram Alonso – respondeu ela. – Ontem, ele foi à minha casa e telefonou para dois lugares do meu escritório.

Marcos estava calmo, somente ouvindo.

Angelina continuou:

– Ele consultou uma lista que trazia no bolso e telefonou

para o gabinete do prefeito e para o gabinete do desembargador Júlio César.

Marcos colocou a mão na testa, pensando: *É isso. Por que não me lembrei desse detalhe antes? Agora me recordo de que o desembargador Júlio César era muito amigo de Alonso de Aquino e, além disso, é muito poderoso no Ministério Público.*

Angelina não se espantou, porque o ex-namorado sempre agia assim quando estava com medo. Mesmo assim, ela perguntou:

– O que houve, Marcos?

O rapaz disfarçou e disse:

– Estou com medo desse homem. Ele teve algum motivo para telefonar do seu escritório.

A mulher pensou: *Esse covarde continua o mesmo. Vim aqui para encontrar um pouco de apoio, no entanto, sinto-me pior.*

– Marcos, eu vou embora – disse ela, levantando-se e despedindo-se. – Desculpe-me tê-lo incomodado.

– Fique mais um pouco.

– Depois a gente se vê por aí.

Assim que a ex-namorada saiu, ele foi à procura de um orelhão bem afastado de sua casa e telefonou para Bira.

– Alô! Aqui é o Bira.

– Alô! Aqui é o "contato". Diga para o Baiano que não consegui falar com ele. Volto a ligar depois.

Marcos desligou.

Imediatamente, Bira ligou para Falcão. O inspetor atendeu:

– Alô!

– Alô! Aqui é o Bira. Chefia, o "contato" ligou para mim dizendo que não havia conseguido falar com Baiano. Achei isso estranho e resolvi ligar para você.

– Fez bem. Desligo.

Uma hora se passou...

Após esse tempo, Falcão Nobre e o advogado dr. Marcos

encontravam-se sentados em silêncio em uma casa afastada da cidade.

O advogado estava nervoso. Por outro lado, sempre tranquilo, o inspetor fumava o seu cigarro, o olhar perdido numa janela que se abria para um pequeno jardim, talvez observando os primeiros raios solares de um novo dia.

– Falcão, descobri algo sobre o desembargador Júlio César – disse Marcos de repente.

– Posso saber o quê?

– Lembrei-me de que o doutor Júlio César era muito amigo de Alonso de Aquino.

Falcão fitou o rapaz como se aquela informação não houvesse lhe interessado, disse:

– Isso não é novidade, pois sabemos que Alonso tinha um extenso círculo de amizades, principalmente autoridades, políticos e grandes empresários.

Ambos ficaram um tempo em silêncio.

O advogado pensava: *É, talvez Falcão tenha razão. Alonso era um homem muito bem relacionado, portanto, a minha observação talvez não proceda.*

O inspetor Falcão Nobre levantou-se e ficou em pé junto à janela, sentindo o aroma que as flores do jardim exalavam naquele início de dia.

CAPÍTULO 31

ALONSO FOI ASSASSINADO

O inspetor Falcão Nobre se sentou numa cadeira tosca e continuou em silêncio. Fitou o tempo, pensou e seus pensamentos não encontravam um ponto de apoio, pois, nada foi provado a respeito do "caso Alonso de Aquino". *Devo tomar muito cuidado. Se não resolver esse caso, não tenho dúvidas de que cairei no ridículo, dando condições para meus inimigos zombarem de mim, inclusive moverem processos pesados contra mim.*

O advogado também permaneceu em silêncio, fitando o horizonte através de uma janela.

– Você tem alguma intimidade com o doutor Júlio César? – perguntou o inspetor de surpresa.

– Não. Ele é uma pessoa muito estranha.

– Marcos, eu creio que ainda não chegamos ao ponto final da estrada, mas estamos muito perto.

– Será que o nosso homem é o desembargador Júlio César?

– Pode ser. Porém, meu caro doutor Marcos, se esse homem for o chefão da quadrilha, como faremos para provar que uma autoridade como essa está envolvida com a morte de Alonso de Aquino?

– Além disso, não temos certeza sobre as nossas suspeitas – completou o advogado. – Sabemos apenas que doutor Roberto é "testa de ferro" da organização.

– Não esqueça que também precisamos da confissão dele; apesar de sabermos a verdade, não existem provas concretas – alertou o inspetor. – Além disso, o homem é o chefe do Executivo desta cidade.

O policial respirou fundo, espreguiçou-se e rematou:

– É quase impossível provar as atividades ilícitas dessas pessoas. São ricas, influentes e autoridades de que estão no topo do poder.

– Você tem razão, meu caro inspetor Falcão Nobre – ratificou o rapaz fazendo um gesto com a cabeça.

– Também, não se esqueça que sou um simples inspetor de polícia, sem autoridade para investigar essa gente – comentou o policial. – Só estou fazendo esta investigação porque forcei a situação e milagrosamente ainda estou vivo.

O inspetor foi até a janela e viu que o sol já havia aparecido.

– Doutor Marcos, eu estou curioso para saber algo que me atormenta – disse ele. – Talvez você possa me ajudar.

– Se eu souber, pode contar comigo.

– Por que o Flavinho não está preso sem regalias, como qualquer bandido?

– Ele tem muito dinheiro e uma grande influência no braço internacional do tráfico, que também é composto por autoridades influentes no país. Pessoas como o prefeito, o meu pai e outros são muitos bem pagos por ele.

– Era isso que eu pensava. Você ganhou dinheiro com isso?

– Muito. Tenho contas no exterior. Meu pai tirou suas empresas da falência e tem dinheiro suficiente para financiar sua candidatura à presidência da República, caso ele seja escolhido pelo partido nas próximas convenções.

O inspetor ficou calado.

– O que os pequenos traficantes ganham? – perguntou Falcão.

– Nada. São todos pobres. O dinheiro que ganham gastam com drogas ou armas. Geralmente, distribuem o que ganham na comunidade. A média de vida dessa gente é de dezoito a vinte anos. A maioria dos pequenos traficantes não é presa pela polícia, e sim eliminada para sempre.

– Como bom advogado, você já mandou para a cadeia algum bandido ou criminoso rico? – perguntou o policial, curioso.

– Muitos. Porém, antes de serem condenados pela Justiça e recolhidos para as casas de detenção, seus advogados entraram com ações legais e eles foram soltos, e não se falou mais nisso. Os promotores ficam de mãos atadas, pois duas coisas podem acontecer com aquele que entra com um recurso qualquer contra essas ações: morre ou tem sua carreira destruída.

– O que você sabe sobre o deputado Josias? – perguntou o inspetor pensativo.

– Minha tia mandou eliminá-lo, porque ele ameaçou abrir o bico contra o meu pai e estava pedindo muito dinheiro para se calar. Nesses casos, o próprio sistema silencia e a polícia não faz questão de encontrar o assassino.

– Talvez aí, tenha entrado a força do desembargador Júlio César, distribuindo ordens judiciais a favor da organização.

– Talvez... Mas não se pode confirmar absolutamente nada – comentou o advogado.

– Parece-me que você vacila quando falamos nesse tal de Júlio César.

– Não esqueça, meu caro inspetor, que ainda acredito na Justiça. A maioria das pessoas nesse meio é honesta, porém precisamos extirpar o câncer que se instalou naquela instituição.

Falcão aproximou-se do rapaz e perguntou:

– Será que os governos Federal, Estadual e Municipal sabem disso?

– Nem todo mundo, mas a maioria sabe.

– E por que eles se calam e não tomam providências?

– Porque estão fascinados pelo poder e atrelados ao sistema. Isto é, ou aceitam as condições da banda podre da política ou não se elegem mais, estando comprometidos demais financeiramente para recuar.

– Marcos, você, como um bom advogado, pode me dizer onde está a autoridade da polícia?

– Na caça a ladrões comuns, viciados, traficantes pobres, assassinos de periferia, prostitutas, homossexuais e negros, enfim, aqueles que são as chamadas "minorias" ou os chamados "excluídos".

– Então, a polícia não pode prender um senador?

– Não. Nem pensar. Senador da República tem foro parlamentar privilegiado.

– Quem alimenta esse caos que se instalou em nosso país? – perguntou o policial, como se nada soubesse. Ele queria saber a opinião de dr. Marcos.

– A situação social: o desemprego, a fome, o analfabetismo, as crianças de rua, os idosos abandonados, a violência desenfreada, o sistema financeiro atrelado à vontade das elites. Enfim, tudo aquilo que o governo promete resolver antes de se eleger e não cumpre.

– Será que em todos os países a situação é assim?

– Não. Isso depende da consciência amadurecida e cultura de cada povo.

– Estamos conversando há várias horas, doutor. Você já encontrou uma maneira de pegarmos o assassino de Alonso?

– Falcão, você ainda não desistiu dessa ideia?

– Não.

Marcos sorriu, pensou e perguntou:

– Você acha que pode prender o mentor desses crimes?

– Não sei, porém vou usar todos os meios possíveis para colocar na cadeia essa gente, e, mesmo que eu não prenda ninguém, ao menos vou acabar com a carreira desses bandidos, quando eles se envolverem com os escândalos que vou armar para eles.

Marcos sorriu.

– Vamos embora – convidou o inspetor, levantando-se. – Temos poucas horas para passar tudo isso a limpo, sob pena de irmos parar no cemitério.

Ambos foram embora em diferentes direções. Falcão foi direto para a Central de Polícia. Assim que chegou, um policial disse que o chefe de Polícia queria falar com ele. Antes de entrar no gabinete do chefe, o inspetor notou que o prefeito conversava com dr. Arnaldo. Ele se preparou, pediu licença e entrou.

– Bom dia, senhores.

Ninguém respondeu sua saudação.

– Entre, Falcão, e sente-se, por favor – convidou dr. Arnaldo.

– Em que, posso ser útil? – perguntou o inspetor, sentando-se.

– Você já conhece doutor Roberto, prefeito da cidade?

– Já. Tive o prazer de conhecê-lo ontem.

O prefeito levantou-se com ares de dono e perguntou:

– Sabia, senhor Falcão Nobre, que posso exonerá-lo imediatamente?

– Não.

– Não seja cínico, inspetor! Posso falar com o meu amigo governador e colocá-lo no olho da rua agora mesmo!

– Faça-o enquanto é tempo. Depois, Vossa Excelência pode não ter mais oportunidade.

O chefe de Polícia empalideceu e disse:

– Respeite o prefeito, inspetor!

Falcão pensou: *Vou tentar uma jogada, para ter certeza do terreno em que vou pisar daqui a pouco.*

– Consegui descobrir quem é o "chefe" do doutor Roberto.

O prefeito ficou lívido e sentou-se.

Falcão continuou falando:

– Mas depois conversarei em particular com o prefeito.

– Não tenho o que conversar com você, inspetor!

– Então, chamaremos certo desembargador para conversar conosco.

Dessa vez, foi o chefe de Polícia quem demonstrou medo, olhando para o prefeito como se não quisesse acreditar. Ele sentou-se e pensou: *Meu Deus, o chefão não é o Roberto! Estamos perdidos! Antunes tem que saber desse pormenor!*

O prefeito estava sem fala. Sentou-se e ficou de cabeça baixa.

Falcão viu que dominava a situação e continuou falando:

– Vou para a minha velha sala. Senhor prefeito, se quiser me exonerar, faça enquanto é tempo; posso morrer a qualquer hora ou o senhor poderá deixar a prefeitura sob uma intervenção.

O inspetor não esperou a resposta e saiu do gabinete do chefe de Polícia, indo para a sua sala preparar seus planos para as próximas quarenta e oito horas. Ele estava pensativo, quando ouviu alguém bater na porta de sua sala.

– Entre. Ah, é você, Mauro! Quais as novidades?

– O senador Antunes chega à tarde.

– Muito bem. Os ratos se reúnem.

– Cuidado, Falcão.

O inspetor pensou e disse:

– Preciso me apressar. Vou sair. Anote os recados para mim, por favor.

– Certo.

Falcão saiu da Central em direção ao Tribunal de Justiça. Ao chegar lá, ele procurou o gabinete do desembargador Júlio César e falou com a assessora dele, solicitando uma reunião.

A moça perguntou:

– A quem devo anunciar?

– Falcão Nobre, inspetor da Polícia Civil.

A assessora do desembargador sumiu por uma porta e depois voltou dizendo que dr. Júlio César não tinha tempo para atendê-lo naquele momento.

O inspetor escreveu algo num papel e pediu à moça:

– Por favor, senhorita, entregue esse papel ao doutor Júlio César.

– Entregarei, senhor.

– Muito obrigado. Até mais.

Falcão esperou um pouco e encaminhou-se para a saída do Tribunal de Justiça, quando ouviu alguém chamá-lo:

– Senhor Falcão!

Ele voltou-se para o local de onde vinha a voz e viu a assessora do desembargador.

– Doutor Júlio César vai recebê-lo agora – disse a moça.

Após alguns minutos, o policial Falcão Nobre encontrava-se diante do desembargador Júlio César. Ambos se analisavam em silêncio. Dr. Júlio César rompeu o silêncio:

– Sente-se, por favor.

Após alguns minutos, ele perguntou:

– Você quer falar comigo?

– Quero.

– Estou atendendo você porque foi o prefeito quem o enviou para falar comigo – disse o magistrado exibindo um papel com algo escrito.

Quando dr. Júlio César mostrou o papel, onde estava escrito o nome do prefeito, o inspetor viu um anel no dedo anular dele. O desembargador notou que o policial estava fitando seu anel.

– Este anel foi presente de um amigo muito querido, que já se foi desta para uma melhor – explicou ele, com ar de triunfo. – Gostou?

Falcão Nobre fez que não ouviu as explicações do magistrado sobre o tal anel e não respondeu à pergunta dele.

O inspetor estudava as reações daquele homem e chegou a uma conclusão: *Eu estou diante de uma pessoa extremamente inteligente. Tenho que tomar minhas precauções.*

O desembargador disse meio aborrecido:

AMBIÇÃO

– Senhor inspetor, por favor, seja breve. Não tenho muito tempo a perder.

Falcão fitou o dr. Júlio e pensou: *Vou arriscar meu pescoço, todavia, acho que vale a pena.*

– Por que o senhor mandou matar o doutor Alonso de Aquino, o "pai dos pobres"? – perguntou o inspetor de surpresa.

CAPÍTULO 32

AMBIÇÃO FATAL

O magistrado manteve-se em silêncio, porém, qualquer pessoa poderia notar o pavor que ele tentava esconder. Levantou-se e foi até a pequena antessala do gabinete, dispensando a assessora. Fechou a porta da sua sala a chave, depois se sentou e ficou observando aquele homem que estava à sua frente. *Então, esse é o famoso Falcão Nobre! Ainda hoje, ele tem de morrer. Se possível, assim que sair do prédio do Tribunal,* pensou.

O inspetor estava sentado numa cadeira próxima à mesa de dr. Júlio, pensando também: *Talvez minha morte seja decretada assim que eu sair daqui.*

Finalmente, o desembargador respondeu, tentando ser natural:

– Inspetor, apesar de o senhor não ter autoridade nenhuma para me fazer esse tipo de pergunta, mesmo assim estou curioso para saber o que o leva a pensar que fui eu quem assassinou Alonso.

– Meritíssimo, eu não estou pensando, e sim afirmando, que o senhor é responsável pela morte do doutor Alonso de Aquino – disse com firmeza. – Portanto, só quero saber por que Vossa Excelência mandou acabar com ele.

O desembargador sentiu-se orgulhoso. Aquela acusação verbal soava como um elogio aos seus ouvidos, devido à sua inteligência privilegiada.

Por um momento ele, não resistiu e decidiu revelar toda a verdade para aquele inspetor, somente para provar que era superior a ele, e também porque sabia que nenhuma acusação do policial valeria alguma coisa.

A vaidade humana já levou muitas pessoas à morte e à cadeia, porque se consideraram acima de qualquer punição. O desembargador sabia que seria a palavra dele contra a daquele policial assalariado. Entretanto, o que mais o deixava orgulhoso era saber que em sua presença estava uma pessoa à altura para disputar aquele jogo. Alguém sairia vencedor e seria ele quem ganharia, segundo seus cálculos.

Em breve, o submundo do crime tomaria conhecimento de que o famoso Falcão Nobre fora vencido por ele. Com isso, seus subordinados temeriam discutir suas ordens.

– Falcão, já que estamos a sós, e ninguém tem como provar algo contra mim, eu vou contar toda a verdade – disse ele.

Ele mediu o efeito de suas palavras e começou a relatar o que tinha acontecido:

– Alonso era o meu melhor amigo e sócio em alguns negócios, todavia, ele se considerava intocável, o maior, o dono de tudo. Em pouco tempo já dominava autoridades, empresários, políticos, favelas, lideranças de bairros, enfim, ninguém podia fazer nada sem consultar o "pai dos pobres".

O desembargador ficou em silêncio por alguns minutos, com o olhar perdido no vazio.

– Um dia cansei e comecei a pensar em como assumiria tudo o que pertencia a Alonso, principalmente seus poderes. Cheguei à seguinte conclusão: tinha que tirá-lo de circulação, e foi o que fiz.

Fez uma pausa, respirou e continuou:

– Reuni algumas pessoas e os paguei em troca do apoio e do silêncio deles, eu mesmo matei Alonso em seu quarto, em sua própria residência, com um tiro disparado por uma arma dele, uma pequena pistola. Simulei que ele havia se suicidado, contudo, esqueci um detalhe muito importante, que me tem causado muitas dores de cabeça: ele era canhoto. Além disso, cometi um erro fatal por não ter me informado nem lido algo sobre a posição do corpo de um suicida quando se mata com uma arma de fogo.

Falcão permanecia em silêncio. Dr. Júlio encarou-o e disse-lhe com um sorriso irônico:

– Foram essas falhas que o ajudaram a descobrir que Alonso não havia se suicidado. E, a partir daí, você pôde começar suas investigações, afirmando que não houve suicídio e sim um homicídio.

Ambos estavam em silêncio.

Falcão não fazia perguntas. É conhecida a inteligência de um homem pelos questionamentos que ele faz, e não pelas respostas. Por isso, ele evitava fazer perguntas naquele momento, porque o dr. Júlio poderia alimentar o raciocínio com as suas indagações.

Falsamente arrependido, o desembargador lamentou:

– Ainda hoje, sinto saudade do meu amigo Alonso. Conhecemo-nos ainda muito jovens e éramos amigos íntimos. Tudo começou quando fui nomeado juiz de uma comarca e ele estava começando a vida com pequenos negócios.

– Júlio tirou um lenço do bolso e enxugou uma lágrima que descia pelo rosto. Depois continuou sua narração. – Alonso começou a fazer negócios ilícitos, e eu, como juiz, ajudava-o, defendendo-o e tirando-o dos problemas que o envolviam com a Justiça. Nessa época, esses problemas se resumiam às suspeitas de crimes, contrabando, sonegação de impostos e outros pequenos delitos.

O desembargador pensou e continuou:

AMBIÇÃO

– O interessante de tudo isso é que comecei a gostar daquela vida. Alonso tinha muito dinheiro e eu ganhava uma miséria, então ele começou a me dar altas somas, tornando-me um homem rico. – O tempo passou e ele tornou-se riquíssimo e poderoso. Eu não deveria me queixar, mas a ambição é uma doença que a humanidade dificilmente banirá um dia. Eu queria mais, até que resolvi acabar com ele – continuou a narrar dr. Júlio.

– Quem era o doutor Alonso de Aquino? – perguntou o policial de repente.

Dr. Júlio César pensou: *Ele quer saber quem realmente era Alonso de Aquino. Para ele, essa é a chave da questão. Vou conceder este último pedido a um homem morto.*

– Alonso de Aquino, o "pai dos pobres", era um dos chefões do tráfico internacional e tinha braços estendidos a vários países.

O inspetor levantou-se assustado e surpreso:

– Chefão do tráfico internacional?!

– Exatamente, meu caro inspetor. De onde você acha que Alonso de Aquino tirou todo aquele dinheiro, amealhando um patrimônio fantástico no mundo todo?

Ainda surpreso, o inspetor perguntou:

– E hoje, quem é o "chefão"?

– Alguém que não conheço, que reside em outro país. Aqui, eu sou apenas um de seus braços.

Falcão levantou-se e caminhou pelo espaçoso gabinete, pensando: *A essas alturas, o chefão já sabe da minha história. Minha vida não vale nada. Ninguém vai acreditar que o "pai dos pobres" era um dos chefes do tráfico internacional.*

– Quais foram os seus cúmplices no assassinato? – perguntou Falcão. – Acredito que o senhor não poderia ter simulado todo aquele quadro de suicídio sozinho.

– As pessoas que comprei com muito dinheiro, como eu já havia dito.

– Posso saber quem são elas?

– Angelina e alguns empregados dela, incluindo os seguranças particulares de Alonso. Eles foram pagos a peso de ouro para esquecerem o momento em que cheguei com ele e quando fui embora, pulando a janela com a ajuda de uma planta do pomar que chegava até o quarto do finado, no andar superior da mansão, saindo tranquilamente a pé, pelo portão.

– Por que nenhuma pista da sua "visita" foi encontrada no quarto de Alonso?

– Vicente ficou encarregado de apagar qualquer vestígio que indicasse a presença de um estranho no quarto dele. Evitei tocar em qualquer coisa; além disso, usava luvas quando matei Alonso.

– Como doutor Alonso deixou-se surpreender tão inocentemente pelo senhor?

Dr. Júlio César fitou o inspetor e calmamente, sorrindo, respondeu-lhe:

– Alonso, além de confiar cegamente em mim, havia tomado um cálice de licor em minha residência.

– O senhor colocou algo no licor dele que o fez ficar entorpecido? – completou o inspetor.

– Exatamente – confirmou o assassino. – Conduzi-o até sua casa sem maiores problemas e lá coloquei a pequena pistola que ele sempre carregava consigo em sua mão direita e apertei o gatilho em seu ouvido.

Por isso o exame de Balística acusou pólvora na mão de Alonso de Aquino, demonstrando que realmente ele havia se suicidado, pensou o inspetor.

– Doutor Márcio sabia do falso laudo pericial?

– Claro que sabia. Um médico-legista, principalmente da polícia, jamais deixaria passar esse falso suicídio.

– O senhor também deve ter comprado o silêncio dele.

– É óbvio, meu caro inspetor Falcão Nobre.

– Quem está sabendo que o senhor é o novo chefe aqui, neste país?

– Somente Roberto, prefeito da cidade. É ele quem faz o "contato" com as pessoas que vão executar as minhas ordens.

AMBIÇÃO

– É difícil comandar vários criminosos sem que ninguém saiba a verdadeira identidade do chefe.

– Aprendi essa arte com Alonso de Aquino. Mesmo depois de morto, ninguém sabe quem ele era realmente. Nem Angelina tinha conhecimento da vida dupla que ele levava, que eu saiba – comentou o desembargador calmamente.

– E o senador Antunes?

– Ele também não sabe de nada. Estou preparando-o para assumir a presidência do país, para que os meus negócios possam ser protegidos pelo chefe maior da nação – respondeu dr. Júlio César com voz calma. – A maioria desse pessoal que supostamente está no poder é manipulada por terceiros, que têm muita influência e dinheiro.

Falcão Nobre respirou profundamente, como se estivesse sufocado, e indagou:

– Quem matou Jacaré?

– Baiano. Jacaré estava com muito medo de você, e um homem com medo é muito perigoso.

– Quando você soube que eu não acreditava no suicídio de Alonso?

– No dia em que vocês foram fazer a ocorrência e a perícia da morte de Alonso.

– E quem o informou a esse respeito?

– O policial Vicente.

– Já que vou morrer mesmo, o senhor poderia me dizer se o secretário de Segurança e o chefe de Polícia fazem parte da sua quadrilha?

– Não. Eles fazem alguns serviços com medo de perderem seus cargos. Por isso, falsificaram o laudo pericial da morte de Alonso.

– E o doutor Marcos?

– Esse é um pobre coitado que executa as minhas ordens sob pressão. Ele não tem do que se queixar; ganhou dinheiro suficiente para resolver os problemas dele e do pai. E, antes que você me faça mais perguntas, é bom que você saiba que todos os envolvidos na morte de Alonso de Aquino –, exceto eu e doutor Roberto –, são parcialmente inocentes, tendo em vista que apenas cumpriram minhas ordens em troca de dinheiro ou sob pressão.

O desembargador fitou os olhos do inspetor e viu algo.

– Vejo um brilho diferente em seus olhos, mas aviso-o de que dentro deste gabinete tem várias câmeras filmando todas as nossas ações. Assim que terminarmos essa conversa, eu mesmo destruirei essas fitas.

Falcão pensou: *É, realmente o homem é uma sumidade.* Ele perguntou:

– O que você viu nos meus olhos?

– Uma vontade de acabar comigo, agora mesmo. Se fizer isso, você estará sendo filmado.

– E se eu o fizesse?

– Você não sairia daqui. Além disso, é honesto demais. Esse tipo de trabalho fica para os criminosos, e você não é um deles.

Falcão Nobre passou as duas mãos na cabeça e, fitando dr. Júlio, perguntou-lhe:

– Estou morrendo de curiosidade para saber um pequeno detalhe.

– Todo investigador é curioso, entretanto, posso entendê-lo e responderei a sua pergunta.

– Qual é a história desses anéis?

O desembargador colocou a sua mão à frente e começou a admirar aquela joia rara e talvez caríssima.

– Você é realmente um homem muito inteligente – disse ele. – Essa joia faz parte de um pacto que Alonso fez comigo, assim, que ele começou a expandir seus negócios.

– Explique-se melhor, por favor?

– Esse anel identificaria qualquer um de nós, se por acaso fôssemos sequestrados ou executados, deixando-nos o corpo irreconhecível – explicou dr. Júlio César.

– Quem possuía essas joias, além de vocês dois?

– Alonso presenteou-me com essa que carrego no dedo e deu outra para o Josias.

– Mas eu vi esses anéis no dedo do doutor Roberto e também no de Angelina – disse o inspetor.

O magistrado sorriu e explicou:

– O anel de Roberto foi um presente meu; quanto ao de Angelina, foi presente de Alonso. Porém eles não sabem o que essa joia significa.

– Entendi – anuiu o policial. – O deputado Josias fazia parte do esquema?

– Sim, porém Ester tirou-o do caminho, por problemas particulares.

Falcão Nobre pensou e depois de alguns minutos comentou naturalmente:

– Aprendi algumas coisas com você durante a nossa conversa.

– O que você aprendeu?

– A matar alguém e simular um suicídio. Mas com uma diferença: o erro que o senhor cometeu, eu não cometerei.

O desembargador levantou-se e quis abrir uma gaveta, mas encontrou o olhar gélido do inspetor e parou.

– Faça isso! – disse o policial com ar sério. – Empunhe sua arma e aí, sim, terei motivos para acabar com o senhor como se fosse um cão raivoso!

Dr. Júlio sentiu um frio esquisito e ficou com medo daquele homem, pensando: *Esse homem é estranho! Parece que ele consegue dominar todas as suas ações!* Ele sentou-se e ficou quieto, observando o policial.

Falcão Nobre pensava: *Tenho de colocar o meu plano para funcionar, imediatamente. Se eu demorar mais algumas horas, estarei morto e ninguém jamais descobrirá a sujeira comandada por esse velho nojento e pelo prefeito.* Ele levantou-se, encarou o desembargador e disse:

– Vou embora. Muito obrigado por ter me ouvido.

– Vá, inspetor. Foi um prazer conhecer o famoso Falcão Nobre. Prometo que acompanharei o seu corpo a caminho do inferno.

– Doutor Júlio César, sei que vou morrer, mas a justiça vencerá, pois essa banda podre será extirpada com o passar do tempo.

– Inspetor, o mundo sempre será dominado pelo poder e pelo dinheiro. O resto é filosofia de pobre e a vontade que os miseráveis têm de vingar-se dos donos do mundo.

O desembargador Júlio César encarou fixamente, com seus olhos azuis, o inspetor Falcão Nobre e concluiu:

– O mundo não tem lugar para o senhor. A história tem mostrado que os guerreiros lutaram para dar vida e poder a homens como eu.

O inspetor se despediu e saiu do prédio do Tribunal de Justiça. Meteu a mão no bolso do colete e verificou que seu minigravador, estava ligado.

Voltou a fita e ouviu as vozes dele e do desembargador. Desligou-o e guardou-o. Já dentro do carro, ele ligou para o dr. Marcos:

– Alô! Marcos, aqui é Falcão. Estou em frente ao Tribunal de Justiça. Ligue imediatamente para todos os jornais e canais de televisão e divulgue que o assassino de Alonso de Aquino foi encontrado. Também que o inspetor Falcão Nobre, com autorização do secretário de Segurança e do chefe de Polícia, vai dar uma coletiva no gabinete do desembargador Júlio César.

– Ok, Falcão.

– Seja rápido senão você não me encontrará mais com vida.

Desligou. O inspetor saiu do carro e caminhou despreocupadamente rumo ao gabinete do desembargador. A assessora, que já havia voltado para o gabinete, viu o inspetor e disse:

– Inspetor, se o senhor ainda quiser falar com o desembargador Júlio César, seja rápido, pois ele está no banheiro, lavando as mãos para ir embora.

– Senhorita, onde fica instalado o controle das câmeras

de segurança? – perguntou Falcão. – O meu amigo Júlio me deu um vídeo de um documentário e este se encontra nesse local. Vim pegá-lo agora, porque o esqueci quando fui embora.

A moça levantou-se, apontou para um local e disse:

– Siga esse corredor. A primeira sala é onde fica instalado o nosso controle das câmeras de segurança.

O inspetor correu e entrou na sala, vendo vários aparelhos de televisão.

Como não havia ninguém, imediatamente ele procurou o número do gabinete do desembargador Júlio César e o identificou num aparelho. Tirou o vídeo e guardou-o no colete. Depois, correu para a porta do Tribunal de Justiça.

Os policiais responsáveis pela segurança do Tribunal de nada desconfiaram. O inspetor Falcão Nobre era muito conhecido na Polícia Civil e Militar. Ele só recebia continência e sorrisos simpáticos.

Chegando à porta de entrada do Tribunal, viu algumas viaturas paradas no estacionamento e alguns repórteres correndo. De repente, a entrada do prédio ficou lotada com o pessoal da imprensa.

O desembargador saía calmamente do seu gabinete, quando viu aquela correria e quis recuar, mas Falcão o pegou pelo braço. A essa altura, já havia muitos aparelhos ligados, e os repórteres perguntavam:

– Inspetor, quem é o assassino de Alonso de Aquino, o "pai dos pobres"?

– Perguntem ao desembargador Júlio César.

Todos os repórteres, de jornal, televisão e rádio, colocaram os aparelhos voltados para o desembargador, e as máquinas dos fotógrafos clicavam sem parar, registrando tudo. Os repórteres não paravam de perguntar:

– Desembargador, é verdade que o senhor sabe quem mandou matar o doutor Alonso de Aquino?

– Doutor Júlio, como o senhor soube quem mandou matar o doutor Alonso?

– Quais os motivos que levaram alguém a matar o "pai dos pobres"?

O desembargador ficou sem ação e sentiu as pernas fraquejando. O medo era maior que sua capacidade de raciocínio. Ele sentiu uma dor enorme no peito, que se espalhou, também, pelo braço esquerdo. Sua vista ficou turva, mas, mesmo assim, ele pensou: *O demônio do Falcão venceu, mas o encontrarei no inferno!* Aos poucos, o dr. Júlio foi desfalecendo, ainda levando a mão junto ao peito. Alguém gritou:

– O homem está tendo um infarto!

Dr. Júlio César foi levado, às pressas, para o hospital.

O inspetor pensou rápido e entregou para um dos canais de televisão os vídeos das câmeras de segurança e o minúsculo gravador, nos quais tinham sido gravadas as imagens e a conversa que ele tivera com o dr. Júlio. Ele consentiu que os repórteres tirassem quantas cópias quisessem, contanto que todos os canais tivessem acesso à conversa que houvera entre ele e o desembargador.

O secretário de Segurança desceu do carro com o chefe de Polícia e, desesperado, se aproximou do inspetor e disse:

– O senhor está preso!

Nesse exato momento, o governador chegou, tendo sido avisado pelo dr. Marcos, e viu o secretário de Segurança pegando no braço do inspetor.

Ele perguntou:

– Por que os senhores estão prendendo o inspetor Falcão Nobre, se ele é o responsável pela investigação da morte do doutor Alonso de Aquino? Ouvi nas rádios que o desembargador é o assassino do doutor Alonso de Aquino. Estou sabendo também que o prefeito está envolvido nesse crime.

O celular do governador tocou e ele atendeu:

– Alô!

Ele apenas escutava o que a pessoa do outro lado da linha estava falando. Assim que desligou, avisou a todos:

– Senhores, o desembargador doutor Júlio César não

resistiu ao infarto e morreu. E, olhando para o secretário de Segurança e para o chefe de Polícia, disse: – Senhores, se acalmem. A partir de agora, os rumos dessa história vão mudar de esfera. Ninguém acusou o desembargador da morte de Alonso de Aquino; apenas a imprensa fez suas perguntas de praxe, e ele não resistiu e morreu. Entretanto, tudo vai ser apurado e os culpados serão punidos conforme a lei.

Dr. Narciso e dr. Arnaldo estavam lívidos. O secretário de Segurança anuiu:

– Sim, Excelência. Suas ordens serão cumpridas.

O inspetor olhou para o chefe de Polícia, aproximou-se e, junto do ouvido dele, disse em voz baixa:

– Entregue o anel autêntico do deputado Josias à esposa dele. Aquela pedra custa uma fortuna.

Dr. Arnaldo ficou pálido e passou a mão no rosto.

– O que houve, doutor Arnaldo? – perguntou o governador.

– Nada... nada...

Houve uma revolução na imprensa, pois os jornais queriam soltar a matéria em primeira mão, mas os canais de televisão já estavam com os vídeos e imagens da conversa que houvera entre o inspetor e o desembargador. – Uma verdadeira "bomba".

O desembargador Júlio César confiou demais.

Quando o senador Antunes desceu do avião, a imprensa já o esperava. Ele não aguentou a pressão e foi internado com urgência numa clínica de repouso.

No dia seguinte, Falcão Nobre estava sentado no jardim da residência da namorada. A linda Dalva não se cansava de olhar para aquele homem que arriscara tudo, inclusive a própria vida, para cumprir a lei.

– Você não vai terminar seu serviço?

– Dalva, eu não tenho mais nada com isso. Agora, é com as autoridades competentes.

– Mas você deve estar por lá, para explicar alguma coisa, quando for necessário.

– Minha querida, eu sou um simples policial civil, sem poder algum. Apenas cumpri com a minha obrigação de cidadão e de policial.

– Querido, você tem uma qualidade que está em falta nestes dias: a honestidade.

O homem sorriu.

A mulher abraçou-o e o beijou, enquanto afagava seus cabelos.

Sou feliz por ser assim e agora por ter a mulher mais linda do mundo, pensou Falcão.

CAPÍTULO 33

O CRIME NÃO COMPENSA

Assim como acontecia em todo o país, a população da Favela do Camarão também estava acompanhando as notícias veiculadas pelas emissoras de rádio e televisão a respeito do "caso Alonso de Aquino".

Num certo barraco do Morro do Camarão, os marginais conversavam despreocupadamente, quando Coceira chegou correndo.

– Manos, nós temos de ligar a televisão.

Os bandidos ligaram rapidamente a televisão e, assustados, ouviram as notícias informando que o inspetor Falcão Nobre havia descoberto o assassino de Alonso de Aquino. Após algumas horas, os bandidos, pensativos e desconfiados, se reuniram e nomearam novo chefe do bando.

Bira ligou para o inspetor, que estava na residência de Dalva.

– Alô! Chefia?

– Diga lá, Bira.

– Sou o novo chefe.

– Cuidado, Bira.

– Sei, chefe. Agora, o senhor é famoso e não vai perdoar ninguém.

– Você deve à Justiça e não posso me esquecer disso, pois sou um policial.

– Também sei disso, chefia.

– Bira, Deus é o nosso Pai, infinitamente bom e justo, portanto mude de vida e seja um exemplo para sua comunidade, antes de voltar para a cadeia e cumprir o restante de sua pena.

– Eu estou cansado! Mas estou disposto a mudar, chefe. Vou pedir ajuda ao Centro Espírito João Batista. Não vou prometer muita coisa, mas juro que vou tentar, mano.

– Por que você resolveu mudar?

– Porque vi em você um verdadeiro exemplo de homem de Deus: não nos discriminou, e mostrou que neste mundo ainda existe lugar para as pessoas honestas de bem – respondeu o rapaz emocionado. – Além disso, parece que o capeta anda atrás de mim. Sempre vejo Jacaré subindo o morro todo ensanguentado. Acho que ele quer me levar para onde ele está.

– Calma, Bira! Vá ao centro espírita de sua comunidade, procure o presidente e narre essa história.

– Ok, chefia. Nem posso mais dormir. Eu acho que vou ficar maluco – disse Bira. – Vou acender umas velas para iluminar Jacaré onde ele estiver.

Falcão começou a rir às gargalhadas.

– O que houve, querido? – indagou Dalva, surpresa ao ver Falcão rindo, feliz.

– Estou rindo da ingenuidade do Bira – respondeu o inspetor. – Ele disse que vai acender umas velas para Jacaré.

– Cuidado, meu querido, com esses bandidos!

– Sinto pena deles, porque a sociedade não tem capacidade nem coragem para prender os verdadeiros marginais que acabam gradativamente com os poderes constituídos. Não estou fazendo nenhuma apologia ao crime, mas acredito que a população deveria se empenhar mais na escolha dos seus governantes, pois todos somos parte deste país, e não empregados daqueles que elegemos para administrar nossos interesses.

– Querido, quem são os verdadeiros marginais a quem você se refere?

– São aqueles que não são presos nem se tornam alvos do sensacionalismo da imprensa. Os apresentadores de programas baratos só apresentam uma face do crime, a mais aparente – a do marginal pobre.

– E qual seria a outra face?

– A face oculta.

O famoso policial Falcão Nobre pediu uns dias de férias para descansar em seu sítio. As investigações, processos, julgamentos, condenações e prisões dos integrantes das conexões criminosas descobertas pelo inspetor Falcão Nobre estavam em andamento, sob a responsabilidade dos órgãos competentes.

Na arejada varanda de um sítio afastado da cidade, dois homens estavam sentados confortavelmente, tomando café e conversando.

– Falcão, ainda não consigo acreditar que Vicente estava envolvido com essa quadrilha.

– Meu amigo, duas coisas neste mundo compram a maioria das consciências.

– Quais?

– Poder e dinheiro. Principalmente, o poder.

– Por que o poder exerce tanto fascínio na humanidade?

Falcão tomou um gole de café e respondeu, com o olhar perdido no chão:

– Porque o homem sempre buscou dominar o seu semelhante. Desde o início do mundo é assim, e não vamos mudar essa situação da noite para o dia.

AMBIÇÃO

Os dois homens ficaram em silêncio por alguns instantes.

– Falcão, algo me diz que você já sabia da traição de Vicente – comentou o amigo.

– Eu sabia sim, amigo. Mas também acredito que todo mundo tem direito a uma segunda chance.

– Quando você começou a desconfiar dele?

– No dia em que fomos designados para fazer a ocorrência e a perícia daquele suposto suicídio – respondeu o inspetor, pensativo. – Quando nós entramos no quarto de Alonso, eu o vi agachar-se de costas para mim e tentar afastar a arma da mão do morto.

– Por que ele fez isso?

– Mauro, deixe de ser ingênuo! A mão do cadáver estava fechada em torno da coronha da arma. Vicente quis disfarçar isso, mas eu já havia percebido a intenção dele.

– Ainda não entendi, amigo. Explique-se melhor.

– Você já viu alguém se suicidar com uma pistola e permanecer com a mão fechada em torno da coronha? – perguntou o inspetor.

– Foi aí que você começou a desconfiar dele?

– Exatamente. Não consegui mais aceitar que aquele caso já estivesse resolvido.

– E por que você continuou trabalhando com Vicente?

– Porque ele me fornecia pistas e, apesar de tudo, eu continuava gostando dele. Sei que ele foi envolvido pelo sistema.

O policial Mauro passou a mão na cabeça e calou-se.

– Algum problema, meu amigo? – perguntou o inspetor.

– Por que você desconfiou daqueles anéis?

Falcão Nobre sorriu e respondeu, fitando o amigo:

– Meu amigo, você sabe perfeitamente que, para um investigador, qualquer detalhe é importantíssimo.

– Sei disso.

– Ao observar o corpo de Alonso, percebi que o seu anel

estava com marcas de sangue, ou seja, alguém tentou retirá-lo às pressas, mas não conseguiu, porque chegamos a tempo.

– E daí?

– É óbvio que não foi o morto que tentou tirar o anel com a mão suja de sangue.

– Entendo.

– Neste caso, alguém muito próximo tentou fazer isto e estava com a mão suja de sangue do próprio cadáver.

Mauro respirou profundamente e completou o raciocínio do amigo:

– Então, quando você viu um anel semelhante no dedo de Angelina, começou a desconfiar de que havia algo estranho.

– Exatamente. Isso me fez verificar se outras pessoas usavam anéis idênticos.

– Você ligou os anéis a uma possível aliança?

– Mais ou menos. Doutor Júlio César informou-me que o objetivo dos anéis era identificar os corpos, caso algum deles morresse em situação atípica, difícil de se reconhecer o cadáver.

– Agora entendi o resto.

Ambos ficaram em silêncio, sorvendo o café aos goles, entregues aos seus próprios pensamentos.

De repente ouviram o barulho do motor de um carro.

Neste momento, dois veículos atravessaram o portão do sítio.

Dalva desceu de um deles, enquanto dois homens saíram do outro carro e ficaram vigiando o sítio. Dalva correu e abraçou Falcão, depois cumprimentou o outro policial:

– Olá, Mauro. Como vai passando?

– Tudo bem, Dalva. E você, sempre bonita.

A mulher fitou o inspetor Falcão Nobre e disse-lhe:

– Tenho novidades.

Mauro percebeu que estava sendo indiscreto, então, levantou-se e falou:

– Bem, pessoal, vou andando. Nosso herói Falcão Nobre está temporariamente dispensado, mas eu ainda estou na luta.

– Não deixe de me visitar e trazer notícias – pediu o inspetor.

Antes de despedir-se, Mauro fitou o amigo e perguntou:

– Falcão, por que Ester escondeu o tapete e colocou outro no lugar?

O inspetor sorriu e respondeu:

– Ela pisou no sangue de Vicente e depois no velho tapete, deixando uma marca que a incriminaria para sempre.

– Por que você não me disse isso antes?

– Porque você também era um suspeito em potencial.

– Entendi, amigo – confirmou o colega com um gesto. – Ah! Mais uma pequena dúvida.

– Qual?

– O que o fez telefonar para o doutor Júlio César da residência de Angelina?

O inspetor sorriu e respondeu:

– Apelei para a sorte e acertei.

– Não entendi.

– Na lista dos telefones de Alonso de Aquino, que Vicente conseguiu, constava, entre vários nomes, o do desembargador Júlio César.

– Então você ligou do gabinete dela, para tentar saber algo importante sobre ele.

– Exato. E consegui confirmar. Foi daí que tive a certeza de que o tal Júlio tinha alguma participação nessa trama.

Mauro fitou o inspetor, sorriu e foi embora, falando algo que nem o inspetor nem Dalva entenderam.

Falcão Nobre fitou a bela mulher, que estava sentada em seu colo, e perguntou:

– Querida, quais as novidades?

– Várias.

– Qual a mais importante?

– Você vai ser pai.

E completou:

– Agora, você tem que tomar cuidado com a vida. Além

de mim, agora vai ter um filho. Portanto, não se arrisque tanto, senhor inspetor Falcão Nobre.

O policial tentou esconder sua emoção. Levantou-se e caminhou em direção ao jardim, trazendo uma rosa vermelha. Estendeu-a para a amada e a beijou.

– Para você – disse ele, ao lhe dar a rosa. – Desejo que o meu filho, ao nascer, encontre um mundo mais justo e seja muito feliz.

Dalva, emocionada, começou a chorar.

O MISTÉRIO DA CASA

CLEBER GALHARDI
16x23 cm
Romance Infantojuvenil
ISBN: 978-85-8353-004-6

256 páginas

Uma casa misteriosa! Um grupo de pessoas que se reúnem alguns dias por semana, sempre a noite! Um enigma? O que essas pessoas fazem ali? O que significa esse código? Descubra juntamente com Léo, Tuba e Melissa as respostas para essas e outras situações nessa aventura de tirar o fôlego que apresenta aos leitores uma das principais obras da codificação de Allan Kardec.

LIGUE E ADQUIRA SEUS LIVROS!
Catanduva-SP 17 3531.4444 | boanova@boanova.net
São Paulo-SP 11 3104.1270 | boanovasp@boanova.net
Sertãozinho-SP 16 3946.2450 | novavisao@boanova.net
www.boanova.net